疾病改變歷史

Disease and History

U0111137

疾病改變歷史
Disease and History

Frederick F. Cartwright & Michael Biddiss 著

陳仲丹 周曉政 譯

三聯書店（香港）有限公司

責任編輯　楊帆

美術設計　吳冠曼

書名　疾病改變歷史

著者　弗雷德里克·F·卡特賴特

　　　邁克爾·比迪斯

　　　（Frederick F. Cartwright & Michael Biddiss）

譯者　陳仲丹 周曉政

出版　三聯書店（香港）有限公司

　　　香港鰂魚涌英皇道 1065 號 1304 室

　　　Joint Publishing (Hong Kong) Co., Ltd.

　　　Rm. 1304, 1065 King's Road, Quarry Bay, Hong Kong

發行　香港聯合書刊物流有限公司

　　　香港新界大埔汀麗路 36 號 3 字樓

　　　SUP Publishing Logistics (HK) Ltd.

　　　3/F, 36 Ting Lai Road, Tai Po, N.T., Hong Kong

印刷　深圳市德信美印刷有限公司

　　　深圳市福田區八卦三路 522 棟 2 樓

版次　2005 年 6 月香港第一版第一次印刷

　　　2006 年 1 月香港第一版第二次印刷

規格　16 開（180 × 230 mm）320 面

國際書號　ISBN 962 . 04 . 2467 . 0

英文版序

　　本書是 1972 年初版的增補本，並做了全面修訂。初版本曾印了多次，並被譯為法文和日文。與初版本一樣，這一新版本也是一位醫生與一位歷史學者不斷討論和合作的成果，我們每人都注重向一般讀者介紹他們可以理解的內容，講述疾病對過去產生重要影響的一些方式。在修訂過程中，我們有機會更全面地涉及到一些專題，尤其是談到了天花、流感和肺結核所造成的影響。在結論部分，有關當代關注的問題全部是重寫，特別是現在的一些生態問題以及艾滋病在全球造成的悲劇。在準備這一新版本時，我們從簡‧克朗普頓、薩拉‧庫克、伊麗莎白‧貝里和安德魯‧勞尼所提的建議和幫助中獲益匪淺。我們尤其要感謝我們的家人，他們的支持和鼓勵使《疾病改變歷史》的修訂工作得以順利完成。

弗雷德里克‧F‧卡特賴特

邁克爾‧比迪斯

中文版序

　　這是我的合作者弗雷德里克・F・卡特賴特所寫的最後一本書。他於 2001 年 11 月去世，享年 92 年，結束了他作為醫生和醫學史家漫長、出色的一生。我知道，假如他現在仍健在，他會與我分享我們合著的《疾病改變歷史》的中文版出版所帶來的極大喜悅。這一翻譯工作是由陳仲丹教授所做的。1997 年，我作為歷史學教授訪問南京大學時曾有機會與他見面。感謝他為我與卡特賴特醫生合作的成果能與中國讀者見面所做的所有工作。

邁克爾・比迪斯

目錄

導論：疾病與歷史

Introduction: Disease and History

歷史學家與醫生有許多共同之處。他們都承認人類主要的研究對象是人，也都特別關注生存條件對人的影響。編寫本書的目的，就在於要研究歷史學家和醫生不可避免地共同面臨的一個領域，即疾病對歷史所產生的影響。在醫學診斷中，引起疾病的原因常常是單一的，而在探討歷史時，原因就可能是複雜的。疾病是引起某種歷史巨變的首要原因的說法是荒謬可笑的，但在特別強調歷史的社會學方面的因素時，就有必要審視那些疾病曾經產生重要影響的時段，尤其是在其重要性被大多數傳統的歷史學家忽視或誤解的時候。

我們從曾給世界帶來苦難的眾多疾患中選出一些案例進行研究，目的就是要說明疾病不僅對歷史上的重要人物造成影響，也對普通大眾產生影響。因此，這一研究與歷史有關，不管歷史是被當作偉大人物的史詩，還是被當作有關社會條件和人類整體發展的故事。那些危害文明人的病痛與對它們的預防、治療一樣，都是文明的組成部分。假如疾病本身在歷史上是重要的，那麼征服疾病的重要性也不會低。誠如我們所見，儘管這種征服只是部分的征服，其本身也會帶來不少的讓人困惑的問題，這些問題同樣與我們研究的專題有關。

人是一種群居的動物，有關原始人在洞穴中獨居的描述是在誤導人。家庭單位逐漸發展成為過着共同生活的部落。藤蔓糾葛、杳無人跡的森林使得交往很不方便，這些小規模的部落坐落在人工廓清的空地上，而且各住地之間極少甚或沒有聯繫。至今在遙遠的叢林地區還存在着少數幾個這樣的部落。每個部落都自給自足，依賴天然生成的食物資源生活。例如，在中非，香蕉和木薯是他們的主食，間或吃少量的棕櫚油，人們很少有肉吃，無論是人肉還是動物的肉。這些部落社區的敵人有蛇、食肉動物以及

善用毒箭的矮人。生育時的產褥熱、嬰兒的高死亡率以及像昏睡病和雅司病這樣的流行病，也使得人口不能快速增長。人的壽命不長，部

雅司病　yaws，由感染雅司螺旋體而得的一種病，皮膚損害像梅毒，主要流行於熱帶地區——譯者註

分原因是對已有的病症沒有可靠的治療方法，部分原因是碳水化合物含量高的飲食使得脂肪滲入主要器官而過早肥胖。因而，部落的增長幾乎是靜態的，在有利健康的季節出生數目超過死亡數目時，人口就增加，在死亡率高時，人口就減少。這就是原始部落緩慢增長的自然過程，食物足以果腹，並能抵禦大的災難，但不能對付生育和疾病的風險。

饑荒、戰爭或是疫病這樣的災難只是從外部來打擊土著居民。蝗蟲落在穀物上會造成饑荒；來自北非和東非的阿拉伯奴隸販子會突然攻擊某個村子，把人帶走當奴隸。後來，白人帶來了對他自己無害、但對先天或後天缺乏抵抗力的土著居民卻能致命的新疾病。

數千年前，埃及、美索不達米亞、印度和中國的民族開始從這些自給自足的社區中產生出來，但遭遇大災難的機會也隨之成倍增加。較高程度的文明使人們擁有較高的生活水準和較全面、豐富的精神生活，但也帶來了災難。當更多的人從中心地區遷往開化程度較差的地區時，與陌生疾病接觸的機會也增加了。小徑變成了道路，旅行更方便、快捷，新的疾病也會通過這樣的道路傳播開來，侵襲沒有相應抵抗力的居民。城市建立起來以後，由於城市居民必須依靠外來的食品供應，在食品供應不上時，饑荒就無法避免，因為沒有天然資源可以取而代之。飢餓、擴充生存空間或僅僅是某一酋長對權力的要求，都會使一個部落對另一個部落開戰，因此人類有三個規模不斷擴張的大敵：瘟疫、饑荒和戰爭——《啟示錄》中的三騎士，在他的灰馬上有死亡。

三騎士　此處用典可參閱《聖經・啟示錄》第六章第七節的有關內容："我就觀看，見有一匹灰色馬，騎在馬上的，名字叫做死，陰府也隨着他，有權柄賜給他們，可以用刀劍、饑荒、瘟疫、野獸，殺死地上1/4的人"——譯者註

　　瘟疫、饑荒和戰爭相互作用，造成了一連串後果。戰爭使得農民離開土地並毀了其穀物，穀物被毀造成饑荒，捱餓體弱的人們又很容易成為瘟疫的犧牲品。這三種都是疾病：瘟疫是人體的失調；饑荒是作物和牲畜的失調——或是惡劣天氣導致的惡果，或是更直接的病蟲害侵襲所致；而戰爭一般被認為是一種大眾精神的失調，是對公認行為的一種背離。在下面的幾章中，有關饑荒和戰爭的疾病肯定有所提及，但我們主要關注的還是那些直接影響人類種族命運的身體疾患。

1 古代世界的疾病
Disease in the Ancient World

上帝用瘟疫懲罰埃及人，殺死他們的頭生牲畜。

　　與文明有關的疾病的出現要早於成文歷史，因為這種文明在保存下來的最早文獻之前已經存在。有關疾病及其某時產生嚴重後果的記錄在人類發展的相當早的階段就出現了。已知最早的醫學教科書——中國的《神農本草》可以追溯到約公元前 3000 年，在韋爾科姆歷史博物館有一枚巴比倫的醫生印章大約也是這一時期的。在埃伯斯紙草書中提到過流行熱病，這一紙草書是 1862 年格奧爾格·埃伯斯在底比斯的一座墓穴中發現的。紙草書的年代可追溯至公元前 1500 年，但大部分內容可能是更古老文獻的抄本。在以色列人出埃及時，據記載有一種疫病在公元前 1500 年肆虐埃及，殺死了這片土地上所有頭生孩子，從在位法老的頭生子到地牢中囚徒的頭生子，以及所有的頭生牲畜。這是疾病影響歷史的一個例子，是上帝為勸法老允諾讓以色列奴隸離開而施於埃及人身上的最後一個可怕的天譴。在荒原上經過40年流浪和磨難之後，以色列人終於回到了他們的應許之地。

戰爭—瘟疫的序列在《聖經·撒母耳記》上卷中有很好的記載。我們知道大約在公元前1140年，以色列人起而對腓力斯丁人開戰，被打敗。以色列人帶着他們神聖的約櫃再次對腓力斯丁人開戰，但又遭受失敗。腓力斯丁人擄獲了約櫃，把它抬到亞實突，那裏立刻爆發了疫病。於是應公眾要求，約櫃被移到迦特，然後又送到以革倫，這兩個地方都立即遭受疫病襲擊。在經受了七個月的苦難後，腓力斯丁人得出結論，他們唯一的希望是把約櫃送還以色列。約櫃被送到伯示麥人約書亞的田裏，受到殺牲迎接的禮遇。但好奇的伯示麥人觀看了約櫃，因此遭到了一次大瘟疫的懲罰。疫病似乎傳遍了以色列，死了大約5萬人。

公元前430年在雅典爆發的瘟疫提供了疾病影響歷史的一個明顯例證。公元前5世紀初，雅典帝國正處在權力的鼎盛時期。在馬拉松和普拉提亞

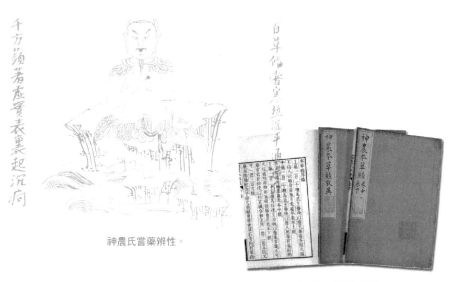

神農氏嘗藥辨性。

中國的《神農本草》。

腓力斯丁人送還給他們帶來疫病的約櫃。

的陸戰以及薩拉米斯的偉大海戰中，這個希臘小國打敗了力量強大的波斯人大流士。伯里克利的開明統治開始於公元前462年。在他統治時，被波斯人毀掉的雅典和依洛西斯的神廟靠着建築師伊克提努斯和藝術家菲迪亞斯的天才被恢復了。但希臘的這一黃金時代太短暫。公元前431年，伯羅奔尼撒戰爭爆發，這是雅典和斯巴達兩個古希臘強國間的內部鬥爭。斯巴達是有優秀陸軍但沒有艦隊的尚武國家，雅典則是有強大海軍但陸軍較弱的海上強國。由於雅典有着牢不可破的陸上防禦，又能通過海運獲得充足的供應，她就可以既不用在陸上交戰，又不會因捱餓而屈服。在陸地上打防禦戰，在海上打進攻戰，她能不費多大力氣打敗斯巴達。在戰爭的第一年，結果似乎是不言而喻的，雅典在陸上和海上都取得了成功，但她在陸上的防禦政策必然導致雅典人擠在城裏，受到包圍。

災難在公元前 430 年降臨。瘟疫被認為開始於埃塞俄比亞，從那裏傳到埃及，再由船經過地中海傳到比雷埃夫斯和雅典。它只肆虐了很短時間，但死了很多人。可能至少有 1/3 的人口死亡，或許是 2/3。更可怕的是災難導致了人們的精神崩潰，在疾疫大流行時出現這種現象並不奇怪。修昔底德描述了這一恐怖時期的雅典人："……對神的畏懼和人為的法律對他們已沒有了約束力。對神，他們認為敬不敬都一樣，因為他們看到所有人都會同樣死去，對於人為的法律，沒有人會預料到能夠活到為犯的罪受審判時。"修昔底德還提到，即使是最穩重、最受人尊敬的公民也終日沉湎於暴食、酗酒和淫亂之中。

當瘟疫看來已被制止時，伯里克利派出一支強大的艦隊去攻佔斯巴達人佔領的波提狄亞據點。但在海軍剛揚帆時 —— 準確地說是剛划槳時 —— 瘟疫就在船上流行開來，來勢之猛使得艦隊被迫返回雅典。在伯里克利本人率艦隊去埃皮道魯斯時發生了類似的災難，"瘟疫不僅奪走了他手下人的命，還奪去了與他們有交往的所有人的命"。伯里克利這時可能也被傳染，他被認為在公元前 429 年死於疫病。

這次天災的性質不明。在名醫希波克拉底留下的著作中沒有提到這件事。據修昔底德描述，病症來勢兇猛，病人發熱，極度口渴，舌頭和喉嚨"充血"，身體皮膚的顏色紅中泛灰，最後長出膿包潰爛。各階層的人都會得這種病，包括富人和窮人。醫生們無能為力，他們自己也大批因此而死。

大多數人認為這是一種非常兇險的猩紅熱，可能因為這種傳染病第一次在地中海海域出現，所以極為致命。其他被推測有可能是的疾病包括斑疹傷寒、天花和麻疹，甚至是一種已消失了很長時間的疾病。但不管它屬於何種病症，這種傳染病都來自另一產生了這種疾病類型的人口聚居中心。因為地中海的民族尚未有機會產生出免疫力，所以這一疫症也就特別有爆炸性。當這一傳染病再次出現時，幸存下來的人已逐漸具有了抵抗力，所以這一疾病也就不再那麼致命。

無疑，雅典流行的瘟疫對雅典帝國的垮台有影響。瘟疫害死了這麼多人，使都城居民士氣消沉，尤其是破壞了海軍的戰鬥力，這就使雅典不能對斯巴達進行決定性的打擊。戰爭拖延了 27 年，到公元前 404 年以雅典戰敗告終。雅典的海軍和海外屬地都被剝奪，陸地上的防禦工事被夷為平地。對後人來說，幸運的是這座城市及其文化完整地保存了下來。

✠ ✠ ✠

無論是其範圍還是影響的久遠，在歷史上最驚人的事件之一是羅馬帝國的覆滅。對帝國覆滅的原因，歷史學家過去爭論了許多年，我們在這裏只探討與疾病及其預防有關的前因後果。

公眾健康和衛生條件在公元 300 年有了較大改進，後來直到 19 世紀中期才再次發展到這一水平。羅馬浩大的引水系統大排水渠（Cloaca Maxima）在公元前 6 世紀開始動工，發揮着現代下水道的作用。帝國的許多地方都有這類工程。在公元 79 年被維蘇威火山爆發毀掉的龐培和赫庫蘭尼姆廢墟上，人們發現了一個連接各噴水櫃的完善供水工程系統。約在公元 70 年韋伯薌皇帝統治時，在羅馬建造了一座配有大理石便池的建築，人們進去要付一點錢。與之相比，倫敦直到 1851 年大博覽會時才有公共廁所。這年，在貝德福德街為女士、在艦隊街為男士作為嘗試建造了 "公共等候室"（public waiting rooms），收費為 "如廁"（lavatory privileges）2 便士，一條熱毛巾 4 便士。建造費用花了 680 鎊。儘管這些廁所離海德公園的博覽會有段距離，但在五個月內上廁所的收費就有 2,470 鎊。

清潔依靠足夠的水供應。羅馬早在公元前 312 年就有了第一條將潔淨水送進城中的水道。在公元紀年開始時有六條水道，到 100 年後有十條水道，每天供應 2.5 億加侖水。公共浴場用去其中一半的水，剩下的供應 200 萬居民每人 50 加侖。這一數量是今天倫敦或紐約一個市民的用水量。 1954 年，這些水道中的四條得到維修，被用來滿足現代羅馬的需要。卡拉卡拉大帝時的浴場從公元 200 年起就可一次供 1,600 名浴客使用。 80 年後戴克里先時建的浴場房間超過 3,000 個。這些浴場很像現代的桑拿浴室，伴隨着羅馬文明的滲透而傳播，有些地方因其溫泉或礦泉水的治療功效而聞名。有幾個地方如英國的巴思和德國的威思巴登今天仍以療養溫泉享有盛名。

巨大的羅馬城雜亂無章地發展成為街道曲折、狹窄和房屋骯髒的城區，其中幾乎有 2/3 在尼祿統治時被大火燒毀。比 1666 年大火後的倫敦幸運的是，羅馬按照一個傑出的計劃被重建為一座有着筆直、寬敞的街道和寬闊廣場的城市。市政官監督公共道路的清潔工作，他們還負責控制食物供應，制訂條規以確保易腐食物的新鮮和優質。其他有關公共衛生的規定還有禁止在城內掩埋死者，這就使羅馬人普遍採用更衛生的火葬制。直到基督教傳播肉體復活的信仰被普遍接受時，火化才被墓葬完全取代。

與中世紀的巴黎或 18 世紀的維也納相比，在潔淨、衛生和供水方面，羅馬與 20 世紀的倫敦和紐約更為相似。羅馬人是第一個大規模在城市居住的民族，他們或許是通過痛苦的親身經歷，很快就認識到，沒有潔淨水的供應、清潔的街道和有效率的排水系統，大量的人不能在一起密集地生活。一個公元 1 世紀的羅馬人會無法容忍一個 17 世紀的倫敦人的生活條件，但他們有一點是一致的，即都不知道生病的原因。在羅馬水道中流淌的看來是潔淨的水，假如恰巧來自一個被污染的水源，那麼羅馬人就會與從混濁的泰晤士河直接取水的倫敦人冒同樣的風險。在羅馬帝國漫長的遭受瘟疫肆虐的衰敗年代，這種缺乏基本知識的狀況使其出色的有關衛生的措施全然無效。

可以把羅馬想像為坐在網中央的一隻臃腫的蜘蛛。在羅馬擴張的鼎盛時期，這具網從南面的撒哈拉伸展到北面的蘇格蘭邊境，又從東面的裏海和波斯灣伸展到西班牙和葡萄牙的西海岸。北面和西面瀕臨海洋，南面和東面鄰近廣闊的未知大陸，在那裏居住着不太開化的民族：非洲人、阿拉伯人和亞洲的野蠻部落。在遠方，印度和中國的文明處在熹微不明的影跡之中。漫長的陸上邊境由駐在戰略要地的駐軍控制。如同蛛網細絲反轉回去，從這些邊境駐地經軍團修築的筆直的道路，從非洲和埃及經海路，條條路徑都通向羅馬。

災難也就因此而生。在廣闊的偏僻地區隱藏着未知的秘密，其中就有人所未知的致病微生物。攻入偏僻地區的軍隊遭到當地居民的進攻，他們或乘船或通過陸路調遣，這些路是為人們快速通行而特地修建的。密集的人群過着高度文明的生活，但卻沒有最起碼的防治傳染病的手段。假如相

羅馬皇帝戴克里先統治時建的公共浴場。

關的環境是這樣，強國羅馬最後一個世紀的歷史成為一個有關瘟疫的漫長故事也就不足為奇。

在公元前 1 世紀，一種異常危險的瘧疾似乎在羅馬附近的低濕地區流行，並在公元 79 年維蘇威火山噴發後不久造成大流行。傳染範圍好像局限在意大利。它在城市中肆虐，使羅馬的蔬菜供應地坎帕尼亞死了許多人，整個地區都被拋荒，成為名聲不佳的瘧疾流行區，直到 19 世紀末情況才有所改觀。

雖然同樣也有其他原因，但主要是因為瘧疾，一度在整個被征服地區出生率不斷上升時，意大利—羅馬人成活胎兒的比率卻在急劇下降，而且，難以治療的瘧疾引起了人們身體長時間患病和虛弱，縮短了人的壽命，使得國力衰退。到 4 世紀，有強大戰鬥力的軍團不再由意大利人組成，不單是士兵，連軍官也來自日耳曼部落。可能是瘧疾而不是傳說的從東方進口的墮落奢侈品，造成了羅馬晚期典型的精神不振現象。

瘧疾可能源自非洲，但另一個危險卻來自遙遠的東方。公元 1 世紀末時，一個殘忍好戰的民族出現了。他們來自蒙古地區，橫掃大草原直至歐洲東南。他們從中國以北地區出發，可能是被疾病或饑荒驅使，抑或兩者兼而有之。這些騎馬的入侵者是匈奴人，他們壓迫居住在歐亞大陸中部的阿蘭人的日耳曼部落、東哥特人和西哥特人，發動了一場不留情的西遷運動，最終覆滅了羅馬，將帝國分解為一批相互征戰的國家。匈奴人帶來了新的傳染病，造成了被歷史學家稱為“瘟疫”的一系列疫症的流行。有趣的是，很可能匈奴人也遇到了一種他們不知道的歐洲疾病。 451—452 年間，在阿提拉率領下，他們向西遠達高盧和北意大利，但在入侵羅馬城前就退了回來，其原因顯然是遇到了傳染疾病而不是防禦戰事。

安東尼疫病，有時又稱蓋倫醫生疫病， 164 年初次在共治制下的皇帝盧西烏斯·維魯斯駐紮在帝國東部邊境的軍隊中流行。在兩年中，這一疾病局限於東方，給阿維狄烏斯·克勞狄指揮的一支軍隊造成極大破壞，這支軍隊是被派去鎮壓敘利亞的一次叛亂的。這種傳染病隨着這支軍團回到帝國，傳遍了鄉村，166年傳到羅馬。很快它又波及到已知世界的各個部分，使得死亡人數如此之多，以致從羅馬和其他城市中不斷運出一車車屍體。

這次天災很著名，因為它使羅馬的防禦線出現了最早的裂縫。羅馬帝國直到161年一直在繼續擴張並確保其邊境。在那一年，一支日耳曼遊牧部落進攻意大利東北部屏障。畏懼以及渙散使得羅馬軍隊在八年內都沒有反擊。169年，一支強大的羅馬軍隊被派出去對付入侵者。入侵者被打退，但看來是軍團帶來的疾病起了作用，因為許多死在戰場上的日耳曼人未被發現身上有傷。瘟疫一直蔓延到180年，最後一批受害者中有一人是高貴的羅馬皇帝馬可·奧略留。他在得病的第七天死去，他拒絕看兒子以免兒子也得病。這一瘟疫在短時間的緩解後，189年再次發作。這場病的第二次流行範圍沒有那麼廣，但對羅馬城影響更烈，在高峰時一天就死了2,000多人。

醫生蓋倫的名字與164－189年瘟疫相連不僅是因為他躲過了這場瘟疫，還因為他留下了對瘟疫的描述。瘟疫起初的症狀是發高燒，口腔和喉嚨發炎，口渴異常並且腹瀉。蓋倫還描述道，到第九天出皮疹，有些是乾燥的，有些化了膿。他推測許多病人在出皮疹前就死了。這些地方與雅典的瘟疫有一些相似之處，但無疑疾病源自東方並且使人的皮膚化膿，這就使許多歷史學家認為，這種病是天花流行的最早記錄。

一種觀點認為，因為惡性的天花疫病出現在蒙古，這種病迫使匈奴人西遷，傳給日耳曼部落，再傳染給羅馬人。但與這一觀點不合的是，後來羅馬人發病的後期症狀與16－19世紀歐洲人得天花的後期症狀毫無相似之處。但正如我們要在後面的一些章節中看到的，一種疾病第一次出現的形式和過程常與人們熟知的這種病大為不同。

從 189 年起直至 250 年前，沒有再發生任何一種嚴重的“瘟疫”。到 250 年出現了無疑改變了西歐歷史進程的西普里安大瘟疫，不過這種傳染病的病因不明。迦太基的基督教主教西普里安描述了其症狀：劇烈腹瀉，嘔吐，喉嚨腫痛、潰爛，高燒，手腳潰爛或是生了壞疽。另一種描述說，這種病很快就發遍全身，並令人感到難以忍受的口渴。沒有人提到出皮疹，除非從“迅速傳遍全身”這樣的字句中推測其有明顯的體徵。與雅典的瘟疫一樣，其起源地據說也是埃塞俄比亞，從那裏經過被當作羅馬糧倉的埃及和羅馬在北非的殖民地傳來。在這方面，西普里安瘟疫頗像 125 年的奧羅西烏斯瘟疫，後者是饑荒─瘟疫

中間一人是羅馬醫生蓋倫。

接踵而來的一個例證，在其之前先爆發了一場毀了北非谷地的蝗災。西普里安提到，手腳壞疽讓人想到可能是因為麥角中毒病。麥角中毒流行是由吃了被麥角真菌感染的黑麥做成的麵包引起的，這肯定會經常發生，但很少有材料表明，黑麥這種北方的而不是南方的穀物在羅馬被大量地用來做麵包。西普里安瘟疫傳播範圍很廣且延續時間長，也使這種看法站不住腳。保險一點的做法，是讓這種病的病因存疑。

西普里安瘟疫很像 1918 ─ 1919 年間大流行的“西班牙感冒”；也就是說它影響了已知西方世界的各個地區。它迅速蔓延，不僅靠人與人之間的

接觸，還靠病人穿過的衣服和用過的東西傳播。先是出現一場災難，繼之緩和下來，然後又來了一場同樣猛烈的疫病。其傳播有季節上的變化，秋季開始爆發，延續整個冬天和春天，到夏季熱天來臨時漸漸退去：這一往復變化表明這種病是斑疹傷寒。據說死亡率超過以前有記載的任何瘟疫，被傳染的死者數目超過得病幸存者的數目。西普里安瘟疫的猖獗階段延續了 16 年，在此期間引起了極大恐慌。成千上萬人逃離農村湧入城市，這又導致瘟疫再次爆發，大批農田被廢棄，有些人甚至認為連人類都有可能無法生存下來。儘管在東部邊境的美索不達米亞和高盧有戰事，羅馬帝國仍然克服了這場災難，但到 275 年羅馬軍團被迫從特蘭西瓦尼亞和黑森山撤退到多瑙河和萊茵河之時，形勢看來是這樣危險，以致奧雷連皇帝決定加強羅馬城自身的防守。

很有可能，這種傳染病在猖獗階段過後還一直存在，但不是那麼嚴重。在以後的 300 年間，當羅馬在哥特人和汪達爾人的壓力下逐漸崩潰時，一種類似的瘟疫一再出現。在黑暗降臨羅馬以及強大的羅馬帝國解體時，疾病的跡象漸漸變得更加模糊不清，人們總是在講述的是戰爭、饑荒和疾病。日耳曼民族湧入意大利和高盧，並越過比利牛斯山進入西班牙，甚至還進入了北非。在北非，480 年的一場瘟疫削弱了汪達爾人，使他們無法抗擊後來摩爾人發動的一次入侵。有傳言說，467 年在羅馬以及 455 年在維也納附近都死了很多人。

讓人特別感興趣的是 444 年在英國的一次天災，這顯然是某次瘟疫大流行的一部分，對盎格魯—薩克森人的歷史有很大影響。按照比德的記述，英國死亡人數之多，使得沒有足夠的健康人來掩埋死者。這場瘟疫使羅馬裔不列顛酋長沃蒂根的軍隊受到嚴重削弱，使得他不能對付蠻族皮克特人和蘇格蘭人的入侵。傳說在與手下的酋長們商量之後，沃蒂根決定向 449 年到達的薩克森人尋求幫助，讓他們在首領亨吉斯特和霍薩指揮下當僱傭軍。

拜占庭皇帝查士丁尼與其隨從。

可能確實有一場傳染病削弱了不列顛人，使得薩克森人得以成功進入。

　　與此同時，一個新的羅馬帝國出現在東方。公元前 1 世紀小亞細亞被併入羅馬。 330 年，君士坦丁大帝在拜占庭（君士坦丁堡，今伊斯坦布爾）建立了東都。連為一體的東部和西部帝國維持了約 150 年，然後，西羅馬帝國解體，但東部的拜占庭帝國一直延續到 1204 年被第四次十字軍東征的拉丁軍隊推翻。在 6 世紀期間，查士丁尼這位或許是拜占庭歷史上最偉大的統治者，幾乎就要成功地將恢復羅馬、合併舊日帝國兩部分的理想變成現實。 532 年，他對西方發動了一次進攻，奪回了迦太基和大部分的北非沿海地區，重新攻佔了西西里並渡海進入意大利本土。那不勒斯落入他的將軍貝利撒留手中，帝國軍隊還攻佔了不設防的羅馬以及意大利中部和南部大部分地區。540年，日耳曼人的抵抗看來已被粉碎。在征服了部分西班牙後，查士丁尼制訂了一個大膽的計劃，要去征服高盧甚至去征服不列顛。

他的勝利沒有延續下去。摩爾人把拜占庭人趕出了他們新獲得的大部分非洲沿海地區。541年，年輕傑出的哥特人首領托提拉重新攻佔了意大利大部分地區。托提拉願意與查士丁尼媾和，但拜占庭皇帝卻決心重新征服所有地區。艱苦的戰事又延續了11年，羅馬被圍攻了五次。在其中一次圍城戰中，哥特人為迫使對方投降，切斷了水道。中世紀骯髒和邋遢的生活習俗部分地與這次行動有關，因為有着壯麗建築和歷史聲望的羅馬從來也沒有完全失去它對歐洲人生活方式的影響。假如羅馬依然發揮這一作用，大量供應潔淨水，其他歐洲城市也會以它為榜樣。

查士丁尼統治時應該是帝國的輝煌時期。他用一連串設防的城堡和碉樓環繞在屬地四周，還建造了許多宏偉的建築，包括聖索菲亞大教堂。他的法典收錄了古代羅馬的法典，構成了以後許多世紀中歐洲法制的基礎。他還徵召了由名將貝利撒留和納西斯指揮、受過良好訓練的軍隊。然而在他的長期統治時期，匈奴人幾乎攻下他的首都，斯拉夫人攻佔了阿德里安堡，波斯人洗劫了安條克。他的統治開始時處於極度的榮耀之中，之後慢慢衰敗了。當查士丁尼83歲去世時，他留下一個比他527年登基時要貧困衰落得多的帝國。540年，就在他獲得最大成功的那一年，一個比哥特人或汪達爾人更加可怕的敵人來到他身邊。

查士丁尼瘟疫是曾襲擊過世人的最致命的疾病之一。從查士丁尼統治時的書吏或檔案官普羅科匹阿斯所寫的敘述中，我們知道了一些它的情況。最早被記錄的病例出現在下埃及的佩盧西烏姆，瘟疫從那裏傳遍埃及，還傳到巴勒斯坦，顯然再從這裏傳到已知世界的其他地區。542年春天，君士坦丁堡開始流行瘟疫。死亡率起初不高，但在夏季來臨時迅速升高到每天死亡大約1萬人。挖墳坑不可能有這麼快，所以只好把堡塔的頂掀掉，在塔裏放滿屍體再蓋上頂。船上也裝滿死者，開到海上扔掉。

這是我們第一次可以正確使用“瘟疫”一詞，因為這種病無疑就是腺鼠疫。患者突發高燒，頭一兩天內在腹股溝或腋窩出現典型的淋巴結腺狀腫塊。許多病人很快就陷入深度昏迷，其他病人則發展為高度的癲狂，他們看到幻影並聽到預示死亡的聲音。有時淋巴結潰爛為膿瘡，病人在極度痛苦中死去。死亡通常發生在得病的第五天，或許還會早些，但有時會拖延一兩個星期。醫生不能判斷哪個病例的病情不重，哪個病例必然會死。

治療鼠疫的醫生身穿皮質防護服。

因為不知道治療方法，他們對此也無能為力。到這場瘟疫結束時，40％的君士坦丁堡居民都死了。普羅科匹阿斯談到引人注意的兩點。第一，這場瘟疫總是先起於沿海地區，再傳播到內陸。第二，與預料的情況不同，醫生和照料病人、抬出死者的護理人員似乎並不比其他人更容易得病。

瘟疫不斷地反覆發作，大約一直延續到590年。它沒有放過任何城鎮或是村莊，即使是最偏遠的居住區。假如有一個地區慶幸自己逃脫了，瘟疫肯定會在適當時間出現。西普里安瘟疫發病的程度有季節的高低，一般是在冬季到達高峰。查士丁尼瘟疫也有季節性的變化，在盛夏死人最多。許多城市和村莊被毀壞或是放棄，土地荒蕪。恐慌使整個帝國陷入混亂。吉本記述道，各地農村從未恢復到以前的人口密度。普羅科匹阿斯從許多有關瘟疫的記錄中注意到，在一次天災爆發期間以及以後出現的墮落和淫亂中，只有最邪惡的人活了下來。

傳染病對羅馬覆滅以及阻礙查士丁尼的事業到底起了多大作用，還有待研究。無法治癒的傳染病對任何人都沒有偏私，不加區別地折磨很有教養的人和沒有教養的人。城市居民要比農村人冒的風險大：遇到致命的傳染病，一個緊密結合的組織要比一個鬆散的聯合更快瓦解。最重要的是，生活舒適的人要比了解生活艱辛的人更有可能喪失勇氣。因此，儘管瘟疫肯定嚴重影響了野蠻部落的戰鬥意志，但其對羅馬人和拜占庭人生活的影響要大得多。我們在考慮帝國衰落過程中打擊帝國的瘟疫的可怕後果時，可不必去注意導致災難的更重要的原因。

除了毀滅了羅馬帝國以外，公元頭三個世紀的瘟疫還產生了兩個廣泛而深遠的影響，這些影響尚未得到廣泛認可。首先，假如羅馬帝國不是在基督誕生後的一些年中受到無法治癒的疾病的打擊，基督教就不能成功地成為一種世界性的力量，也肯定不會成為現在這樣的形式。再者，假如醫學不是落入基督教會的控制之下，那麼從 4 世紀到 14 世紀 1,000 年間的醫學史就會完全不一樣。為了理解這些事，我們需要回溯到歐洲文明的開端，那時祭司和醫生是同一個人。

在希臘傳說中的早期歲月，阿波羅神殺死了一條毒蛇，蛇是疾病的一種象徵。因為這一行動，阿波羅被看作是健康之神，但他同時也是瘟疫的傳播者，用箭把疾病傳給世人。所以人們必須不僅要崇拜他，也要安撫他。阿波羅把他有關治病能力的秘訣傳給了半人半馬的客戎（Chiron），客戎又把這些知識教給了埃斯科拉庇俄斯。後者可能又與公元前 1250 年一個給人治病的人混淆不清，被尊為神在古希臘各地的廟中受到供奉。

對埃斯科拉庇俄斯的崇拜不斷發展成為一種廟眠儀式（temple－sleep）。病人給治療之神獻上祭品，並以沐浴來淨身。然後他再在一條露天長廊中躺下睡覺，埃斯科拉庇俄斯會出現在他的夢中指點他，或者是神的聖蛇會來舔他的患處為其治病。在後來的歲月中，神奇的廟眠還被加上了實際的療法，如鍛煉、食療、按摩和洗浴。許多病人在廟中待上幾周或幾年，接受一種很像 19 世紀的 "水療" 的療法。治療無疑在兩個方面都是同樣成功的。

希臘人創造了 "科學的方法"。畢達哥拉斯（公元前 530 年左右）是數學之父，但他也建立了一套醫學體系。他的學生闡述了四元素（土、氣、火和水）理論，並提出了有關呼吸、視覺、聽覺和大腦作用的理論。他們的教學內容被記述在科斯醫生或 "科斯學派" 編的文集中。被稱為 "醫學之父" 的希波克拉底（約公元前 460 —前 377 年）傳說是這一學派的創立

科斯　Cos，古希臘小亞細亞的一個島嶼，此地以有名醫著稱——譯者註

者。《希波克拉底文集》從元素理論中發展出氣質理論，並趨向於否定疾病是神做出的一種懲罰的說法。

到公元前 4 世紀中葉，希臘醫學不再僅僅是魔法，開始有了理性的基礎，但這種 "科學的方法" 對實際做法有多大影響顯然仍有爭議。科斯學派不會僅僅是理論家，因為他們記述了已被確定的疾病以及對症治療的效果。但埃斯科拉庇俄斯崇拜肯定在整個希波克拉底時代都存在。值得注意的是，這位偉大的醫生以其是埃斯科拉庇俄斯的直系後代享有盛名。所謂 "科斯學派" 很可能僅是一個醫生團體而不是一個教學組織，他們的理論不大可能廣泛傳播，產生多少直接的影響。

在羅馬醫學史上還有一點也很重要。按照老普林尼的說法，羅馬人有 600 年沒有醫生也過得很好。那裏只有一種治病方法，一家之長用民間療法或是向特定的神獻祭來給家人治病。阿波羅和埃斯科拉庇俄斯都有其崇拜者，羅馬還向世

羅馬醫神埃斯科拉庇俄斯。

希波克拉底。

界各國求助神靈，公民們承認不少地方小神，其中許多與疾病或身體功能有關。神的數目是這樣多，以致據說羅馬人對身體各個部位和各種疾病都有一個特定的神，每個神都必須以他或她特定、恰當的儀式來安撫。這就使醫生碰到的問題要比今天簡單得多。假如治療不起作用，那就是求錯了神或是儀式不對頭。

行醫是有損羅馬公民尊嚴的。羅馬早期的醫生是希臘血統的奴隸。大約在公元前 220 年，其中一人阿卡加索斯（Archagathus）出現在羅馬。其他許多人也步他的後塵，他們感興趣的是金錢而不是病人的幸福。尤利烏斯·愷撒給了這些奴隸醫生以自由。他們的地位在奧古斯都統治時得到改善，但據說行醫權仍控制在外邦人手中。當大瘟疫襲擊羅馬時，公民們只能去求古代的神或是希臘的醫生。顯然兩者都沒有效果，因此羅馬人向別處尋求幫助就並不奇怪了。

因為與外國有接觸，羅馬帝國中囊括了許多民族，庇護並容忍了眾多宗教。羅馬不但有自己國內的神，而且還尊重來自希臘和東方的神。比如，在軍團中最常見的神密特拉就來自印度或是波斯。在被征服的民族中，猶太人的宗教很有影響力。不大的猶太社區分佈在整個地中海沿海地區，在公元 66 年戰爭引起的大流散之後，猶太社區的數目大大增加。

這些猶太社區以其道德法則著稱，他們買賣公平，樂善好施，關心病人、窮人。許多非猶太人都發現自己被他們的生活方式吸引，但討厭他們像割禮、拒吃做祭品的肉這樣的具體做法。比較自由的猶太社區接受非猶太人，不堅持要他們遵守這些習慣。他們被允許進猶太教堂，組成被稱為"敬神者"的外圍層。最早的基督教傳教士包括使徒保羅在內最初都是由"敬神者"改教的，正是從這些猶太教外圍的教眾中，羅馬帝國的基督教開始建立

基督給人治病。

起來。這就是為什麼當皇帝強調他們自己獨特的神時，一神教的猶太人和基督徒被看作是一回事而遭受迫害的原因。

在公元 1 世紀的大部分時期，基督的親近門徒都還活着，以口頭的方式傳播他的故事。最終基督教教義的基本類型在教義和聖經新約中開始得到總結。福音書中記載了一些"奇蹟"，其中 20 件被聖路加記載下來。分析表明，其中只有 3 件與醫學無關。其餘的 4 件是驅逐污鬼，2 件是死者復生，11 件是疾病或殘疾得到治療。另外，路加還明確寫道："他把 12 人召集到一起，給他們戰勝一切惡魔、治癒疾病的力量和權柄。"後來這一權柄又傳給了 70 門徒。藉此，基督把帶有神性的治療力量授給了他的信徒。

正如我們看到的，公元 2 世紀是傳染病流行的時代。對那些極度恐慌的受害者來說，基督教給予他們在任何其他宗教信條中都找不到的希望：允諾人死後肉體能夠復生，還有保證給予真誠改悔的罪人以永久的喜樂。可能更重要的是，基督的奇蹟以及授予門徒的神奇力量代表神最真誠的干預，能夠治癒疾病甚至戰勝死亡。因而，在多次瘟疫流行時，專門的行醫佈道

促進了基督教會的發展。到 3 世紀中期，分散的小基督教社團合併為一個固定教會，西普里安瘟疫以及西普里安的說教大大加快了這一過程。在各個有饑荒、地震或瘟疫爆發的時代，改教的人特別多。在西普里安瘟疫肆虐的高峰時期，西普里安和與他在一起的教士們在北非每天為多達兩三百人洗禮。

人們就這樣形成了對治病者基督的崇拜。戴克里先在 3 世紀後期鎮壓基督教失敗，313 年，君士坦丁大帝以皇帝的名義允許基督教存在。4 世紀末，狄奧多西在頒佈法律禁止信仰異教後，將基督教定為帝國的官方宗教。行醫的權力落入教會手中，在拜占庭皇帝統治時，教士與醫生成為一回事。繼猶太人之後，護理病人由基督徒來負責，成為基督徒的七種義務之一。在社區承擔起這樣的職責時，教會施藥所成為它生活中的一個基本組成部分。早期的教會和早期的醫院都按同樣的規劃設計：有一個中心聖壇，再有兩個或四個通向聖壇的殿堂或病房，還有許多小的側廳病室或壁龕，每個都由一個聖徒資助。醫院的治療由教士來做，並得到俗家兄弟姐妹的幫助，所有人差不多都是靠訴諸超自然力量來對付疾病。

拜占庭和中世紀的"醫生"的看法與近代基督教科學家的看法基本一致：疾病是因背離基督徒純潔生活的罪孽所致。如果神決定治病時，治療是通過行神蹟的干預進行的，但治療並不是只由神單獨來做。就像羅馬早期異教的神干預治病一樣，基督教會的小神或聖徒也可被請來行奇蹟。實際上，許多神和早期基督教聖徒都是一回事，有些連名字都幾乎沒改。就這樣，羅馬的寒熱女神費布瑞斯（Febris）成了基督徒聖費布羅尼亞（Febronia），其他的神則與基督教死亡、復活以及再死有關。"醫學"聖徒科斯馬士（Cosmas）和達米安（Damian）是這種叫法的著名代表。他們被看作是移植手術的提倡者，因為他們成功地為一個人接上一條新腿以代替傷腿。人們指控他們在行巫術，用石頭砸死了他們，但他們又奇蹟般地復活了，只是在被殺頭之後才再次死去。

　　雖然現在被看作是神話，有關聖塞巴斯蒂安的傳說仍讓人特別感興趣。據說他指揮着戴克里先皇帝的一隊近衛軍，但他也秘密地成為一個基督徒。他讓其他人也改信基督教，其中包括兩個年輕貴族，馬可和馬塞林努斯。這兩個年輕人受到指控，在被折磨後坦白。他們被判處死刑，其父母懇求他們放棄信仰，但塞巴斯蒂安卻在堅定他們的信仰。在這樣的堅定信念影響下，看守他們的衛兵和審判他們的法官都在 288 年改信了基督教，並都被處死。戴克里先本人要塞巴斯蒂安放棄信仰，遭到拒絕，於是就判決將他用箭射死。在受刑、被棄後，他被那兩個年輕人的母親艾琳發現，因她的照料恢復了健康。儘管有人懇求他離開羅馬，但他仍守在城門，請求戴克里先饒過他的基督徒夥伴的性命。戴克里先下令把他送到鬥獸場用鞭子抽死。他的屍體經大排水渠流出，有人發現後，把他埋在地下墓穴裏。聖塞巴斯蒂安教堂就在那個位置。

　　將聖塞巴斯蒂安作為控制傳染病的神來崇拜大約始於 680 年。他最早的形象是一個蓄鬚老人，身着盛裝，斗篷的夾縫擋住了一枝箭。在後來的圖中則把他畫成一個儀表堂堂的年輕人，除了腰布外全身赤裸。畫中經常出現一枝箭射穿他的腹股溝的情形，以暗示鼠疫。由此可以推斷塞巴斯蒂安與美貌的阿波羅已是一致的了，都同樣有箭的象徵。阿波羅的箭帶來了疾病，而塞巴斯蒂安的箭則表明他逃過了疾病。因此作為一個奇蹟般擋住疾病之箭的人，聖塞巴斯蒂安有力量保護其他遭受疾病攻擊的人們，並讓他們康復。

　　有關他的傳說表明，基督教治病的方法是從希臘—羅馬的做法中學來的。向神獻祭變成了對聖者的還願奉獻。廟眠還沒有什麼改變，但熱心這樣做的人祈願在夢中出現的是治病的聖者。淨身儀式仍是基督教治療方法的一個基本組成部分，但也隨之從對人有益的清潔身體蛻變為一種撒"聖

科斯馬士和達米安在給傷者接腿。

水"的儀式。這一習俗在羅馬天主教和東正教
會中還能見到。一種不大引人注意的變化是
古代的收放（binding and loosing）療法。
這原本與作為生育保護神的卡爾納女神有
關。在羅馬時代，收放療法包括按摩和人
工催眠。基督教士接受了這種儀式，但把
它改為將手平放。現在它仍被那些自稱為
"精神治療者"的人採用。

塞巴斯蒂安被箭射中。

　　於是，對治病者基督的崇拜也就成了早
期教會的基本工作和信仰。顯然，把耶穌基督
尊為是一種醫學新體系的最偉大、最成功的建
立者沒有什麼褻瀆他之處。他的門徒們更多的
是精神和信仰治療者而不是醫生。在 1,000 年內，他們主要依靠超自然的干
預，只是在次要方面依靠塵世的療法。這種治療大多顯然是魔法：吞下祈
禱文或聖骨碎片、悔罪、齋戒和還願奉獻。不過這在具有心理醫學堅實基
礎的同時，也還有醫學理論、解剖學和草藥治療的理性基礎。

　　如果基督是基督教醫學學派的奠基者，那麼蓋倫就是這一學派公認的
權威和不容挑戰的導師。這樣說有些奇怪，因為他不是一個基督徒，儘管
看來他維護基督教並贊同一神教，而不贊同羅馬眾神中的主神。蓋倫 129 年
生於小亞細亞的佩爾加莫斯，他先被任命為給城裏角鬥士治病的外科醫生，
後來移居羅馬。他在那裏行醫並教授醫學，從事科學實驗，還寫了一大批
"書"。據說在以他的名字命名的瘟疫流行期間，他逃離了羅馬，但馬可·
奧略留把他召回了羅馬。 216 年他在羅馬去世。作為一個有能力的學究式
的教師，他享有盛譽且聲名久遠，在把醫學思想傳之後人方面一點也不亞
於希波克拉底。在解剖學和生理學方面，他都取得了許多進展，但他也用

大量有害無效的療法糟蹋了以前較為簡單的草藥療法，於是出現了荒唐的合劑，經常內含多達 50 味藥，由此人們很不公正地記住了中世紀的行醫者。

在差不多 1,200 年間，以至整個中世紀時期，希臘醫學的燈火在分散的寺院和那些文化小島閃爍，這些文化小島成功地抵制住了羅馬帝國覆滅後的普遍的衰退。在地中海另一側的亞歷山大里亞，所謂的阿拉伯醫師學派給醫學技藝增添了一些內容，這些醫生中許多人是猶太人和基督徒。他們也向基督的門徒學習，因為他們承認自己的知識來自於在耶路撒冷的基督教主教聶斯托利的會眾，431 年聶斯托利被當作異端流放。阿拉伯人尊敬蓋倫，但他們比基督徒更自由，質疑、試驗並改造了蓋倫的理論。最終這兩個

聶斯托利　Nestorius，此處似有誤，聶斯托利應是駐君士坦丁堡的主教——譯者註

學派合二為一，但這一合併是在 15 世紀初文藝復興引起思想方法大解放時才完成的。到這時，教會對醫學的統治開始讓人感到壓抑，蓋倫的影響已大為減損，以致對他的權威提出疑問不再被視為異端。

2 黑死病
The Black Death

老鼠是傳播鼠疫的寄主。

　　在歐洲歷史上最具毀滅性的瘟疫出現在 1348 － 1361 年。這是一場腺鼠疫天災，後來一般稱為黑死病。我們要繼續沿用這一為人熟悉的叫法來稱呼 14 世紀爆發的鼠疫，而保留 "瘟疫" 一詞稱呼後來曾在 1665 年襲擊倫敦的這類疫症。

　　腺鼠疫的 "腺" 一詞指的是典型的腹股溝腺或腫大的淋巴腺。腺鼠疫主要是嚙齒類動物的一種病，通過那些通常寄生在老鼠身上的跳蚤在老鼠中傳播。跳蚤叮咬被感染的老鼠，通過血咽進鼠疫病菌。這些病菌能夠停留在跳蚤腸道中長達三個星期，在跳蚤再叮咬別的老鼠或人時又重新泛出。在原型腺鼠疫病例中，只有當跳蚤從老鼠身上跳到人身上，或從被感染者身上跳到未被感染者身上時才會讓人得病。腺鼠疫不會通過人的呼吸或直接接觸傳播。

通常的傳染源是黑鼠，有時又被稱為老英國鼠（Old English Rat）。這種動物與人關係密切，是一種有着黑絨毛的很漂亮的小傢伙。與棕鼠不一樣，牠喜歡住在房屋或船上，而不是住在農莊或下水道裏。這種與人的親近關係使得跳蚤很容易就從老鼠身上跳到人身上，也就會傳播鼠疫。這種病不管是鼠還是人，傳染上後都有很高的死亡率。據記載，有些地方得病的死亡率為90%，60%的死亡率則被認為是"正常"情況。致病細菌巴斯德鼠疫桿菌（Pasteurella pestis），現在叫耶爾森氏鼠疫桿菌（Yersinia），迅速在血管裏成倍增殖，引起病人發高燒並死於敗血病（血液中毒）。但因為其傳播需要有大批跳蚤，所以原型鼠疫流行時只有很少人患病。

　　可見這是一種非常危險的病，但並不常見，只是出現一些孤立病例，或是偶爾爆發。但在某些特定情況下，出現了一種肺炎類型的鼠疫，不需要跳蚤叮咬傳給人，可能是靠呼吸或接觸就直接在人與人之間傳播，其原因尚不明確。在鼠疫大流行時，這兩種類型的疾病都存在，而且傳播速度快，範圍廣，發病率高，就像肺炎通常是致命的一樣，肺炎類型鼠疫的死亡率也很高。

✠ ✠ ✠

　　1348－1666年，在歐洲一直有腺鼠疫流行。但在一個更長的時段內我們只知道有四次世界範圍的腺鼠疫大流行。這四次是540－590年的查士丁尼瘟疫，範圍可能遠及英國；1346－1361年的黑死病，1348年傳到英國；17世紀60年代的"大瘟疫"；1855年最早在亞洲大流行的一場疫病，在廣州、香港和俄國死了很多人，1900年傳到英國，在格拉斯哥、加的夫和利物浦只死了幾個人。在最後這次大流行中，奧加塔·馬薩諾里記述到，由於老鼠死亡數目如此之多，他給鼠疫起了"鼠害"（rat-pest）的名字。肺炎

表現黑死病肆虐場景的畫作。

類型鼠疫在中國，也許還在俄國蔓延，但鼠—蚤—人類型的鼠疫則主要在歐洲流行。

在查士丁尼瘟疫和 "大瘟疫" 期間，其流行開始是鼠—蚤—人的傳播類型。從沿海向內陸傳播，照料病人的人並不比不照料的人冒更大的風險。在君士坦丁堡，開始得病者不多，但人數迅速增加，直到來不及以常規方式埋葬死者。類似情況還見於 1665 年的倫敦瘟疫。塞繆爾·佩皮斯記錄到，6 月 7 日在德魯雷街有兩三幢住宅標上了紅十字架。從 6 月的第一周周末到 7 月 1 日，死亡簿上記錄的死於瘟疫的人數分別為 100 人、300 人、450 人，然後不斷增加，在 7 月最後一周達到 2,000 人，8 月底為 6,500 人，9 月的第三周高峰時超過 7,000 人。估計 1665 年倫敦的人口是 46 萬人，這年瘟疫一直在城裏流行。一個星期死亡人數上升到兩三百人可以歸罪為是帶菌老鼠的增加，但數千人的死亡數則表明有人與人的直接傳染。因此，在查士丁尼瘟疫和倫敦瘟疫中，有些發病類型肯定已由原型鼠疫變為肺炎類型。同樣的情況也出現在黑死病中。

基本可以肯定黑死病源於蒙古。一個被傳染了的韃靼人部落把病菌帶到克里米亞地峽，在那裏的加法（Caffa，現在稱西奧多西亞，Theodosia）商站，韃靼人圍攻一小隊意大利商人。按照一份文獻記載，這種病無疑是

由老鼠傳播的。1346－1347年冬，瘟疫在加法爆發。還有一種說法認為，這是韃靼人把得病者的屍體扔進牆內故意傳播的。雙方都死了不少人，韃靼人不得不撤圍。這個部落四處星散，把瘟疫傳到裏海沿岸，再從那裏向北傳到俄羅斯，向東傳到印度和中國。1352年，中國最早有人被傳染。活下來的意大利商人乘船逃往果阿。編年史家加布里埃爾・德米西宣稱，航行中沒人染上瘟疫，但在船靠碼頭後的一兩天內，瘟疫以致命的形式爆發。他的敘述表明這是通過鼠－蚤－人的方式傳播的。

通過在果阿的歐洲人，瘟疫經意大利、法國、德國和斯堪的納維亞呈半圓形向西向北大流行開來，1532年到達莫斯科，破壞力極大。歷史學家估計，大約有2,400萬人死亡，約佔歐洲和西亞人口的1/4。這裏應該提及的是，這場恐慌在斯堪的納維亞國家對世界歷史造成的影響最終要超過其他任何事件。船隻把疫病帶到格陵蘭居住地，這些居住地最早是由紅鬍子埃里克在936年建立的。這些殖民區受到瘟疫打擊，又不能從遭到削弱的挪威運來補給，以致在一次遭受因紐特人進攻時被消滅。最後一個維金定居者在14世紀後期消失，直到1585年約翰・戴維斯重新發現格陵蘭之前，這裏仍是一塊不為人知的荒原。據說維金人定居點不時與“文蘭”（Vinland）保持着聯繫，而“文蘭”是加拿大沿海地區的一部分，或許是紐芬蘭，因而，黑死病可能完全改變了北美的歷史。

黑死病約在1348年6月24日傳到英國，可能是通過停靠在梅爾科姆（現在是多塞特郡韋茅斯的一部分）小港的一條船從加斯科尼傳播開來的。直到8月初，傳染看來還局限在當地，屬於原型鼠疫。從梅爾科姆開始，瘟疫通過陸路和海路傳播，海船把病菌帶到位於西南海岸和布里斯托爾海峽的港口。在陸上，瘟疫經多塞特郡和薩默塞特郡迅速傳播，到8月15日或

表現黑死病肆虐場景的畫作。

經海路或經陸路傳到了大港口布里斯托爾。格洛斯特的居民得知布里斯托爾的情況後，企圖用斷絕一切聯繫的方法來防止傳染，但這已無濟於事。瘟疫從格洛斯特又傳到了牛津，11月1日傳到倫敦。向西經過人煙稀少的德文郡和康沃爾郡時，瘟疫傳播得要慢些，直到聖誕節前還沒傳到康沃爾中部的博德明。此時包括多塞特和薩默塞特在內的巴思及韋爾斯整個主教區都被傳遍了。1349年1月4日教區主教寫到，死了很多人，許多教堂轄區連一個主持葬禮的教士都沒留下。

黑死病在冬天得到短時間的緩解，這時老鼠、跳蚤和人的活動都不太多。牛津在1348年11月前遭到傳染，直到1349年3月死亡率都沒到達高峰。倫敦在冬季只死了幾個人，但死亡人數在3月迅速增長，4月和5月到達高峰，然後逐漸下降。從倫敦開始，傳播的主要路線是人口密集的東部各郡。1349年3月傳到諾里奇，5月底傳到約克。這時英格蘭的整個南部、東部和中部都遭受侵襲。在人口較少的北部和最西部，疾病傳播的速度慢了下來。1349年，經海路愛爾蘭被傳染上，但威爾士和蘇格蘭直到1350年才受到侵襲。在1349年秋英格蘭北方各郡死亡率到達高峰時，蘇格蘭人決定利用英格蘭遇到的困難對其發動進攻。如果不是這樣，蘇格蘭可能會躲過這場瘟疫。瘟疫在駐紮在塞爾扣克附

醫生對黑死病束手無策。

近的蘇格蘭軍隊中爆發，當士兵們回家時傳遍了蘇格蘭。

沒人知道在恐怖的 1348－1349 年間到底死了多少人。這裏沒有像 1665 年瘟疫時的登記簿，也沒有末日審判書和人口調查。在 14 世紀沒人通過隨機取樣調查，算出個大概數字。使情況更複雜的是，黑死病並不是只出現一次的天災。到 14 世紀末之前，這一一再出現的疫症已流行了四五次，其中最糟糕的一次在 1361 年傳到英格蘭、法國和波蘭，也傳到其他國家。從這次發病的名稱兒童瘟疫（Pestis puerorum）上，或許能發現一點線索，它表明在 1361 年兒童出現了不正常的高死亡率，而在 13 年前所有年齡組都有相當高的死亡率。

> 末日審判書　英格蘭在 11 世紀末進行人口、財產調查後編制的登記冊——譯者註

另一線索是 1377 年對全英格蘭徵收的人頭稅提供的。與此相關的材料表明其人口在 250 萬到 300 萬之間。而在 1347 年對人口最可靠的估算在 450 萬到 600 萬之間，看來在 30 年間人口數減少了 200 萬左右。從諾曼征服至 1300 年間，人口在緩慢增長。從 14 世紀末開始，人口又開始持續增長，到 16 世紀中期，英格蘭和威爾士的人口又達到 300 萬左右。在這兩個例子中，人口能夠得到增長，說明出生率一定超過了死亡率。普通疾病和傳染病在 1066 至 1550 年間整個時期都會造成人員死亡，但隨着正常死亡過程的進行，正常的生育過程也同樣在進行。因此在黑死病至徵收人

> 諾曼征服　1066 年法國諾曼底公爵威廉率軍征服了英格蘭，並在英國稱王，即威廉一世——譯者註

頭稅間約 30 年中，人口至少減少了 200 萬，這只能歸咎於不正常的高死亡率。由於育齡成年人大大減少會降低出生率，可以認為死亡的高峰期出現在這一時期開始時。

因為近來有人傾向於認為黑死病“只是又一次流行病”，死亡人數至多只佔人口的 1/10，也就有必要強調一些很枯燥的數據。很有可能，黑死病造成的死亡人數超過了英國 1/3 的人口。這本身肯定就足以造成一場社會

變革，正是這種特定的死亡類型以及死亡總數導致了 14 世紀後期的社會大動蕩。雖然缺乏統計數字，但有幾家修道院有數字記錄。坎特伯雷的基督教堂 80 名修士中只有 4 個死亡，肯定都死於其他原因而不是疫病。克羅蘭修道院似乎是另一個完全逃脫的例證，儘管它的莊園損失嚴重。盧菲爾德修道院是完全不同的另一種情況，所有的修士和見習修士都死了。桑頓的聖瑪利亞修道院裏沒有一個人活下來，沃爾索普的一家女修道院中只有 1 名修女幸存。在這兩種極端之間，有 11 家修道院損失了 75% 的人，是這一系列統計數字中最多的一組，9 家死亡率在 50% － 75% 之間，只有 3 家記錄死於瘟疫的人數低於 50%。雖然這一證據不很充分，但仍可公正地推測，在寺院與城市及村莊社區，死亡率的變化有某些相像之處。

這一模式與已知的肺炎類型鼠疫的情況吻合。在英國和歐洲其他各地，染病和死亡的情況有很大差異。有城牆的擁擠城鎮顯然危險較大。人口密集以及交通方便使得患病容易、傳播迅速。在人口稠密的英格蘭東部各郡，那裏村莊緊挨着，路上遍佈馬車，死亡人數肯定就高。內陸水道和沿海航運都有助於鼠疫迅速傳播。在人口稀少的北部和西部，甚至在南部一些郡，肯定有廣大地區徹底逃過了劫難，原因只是交通不便。但在 1348 年的英格蘭，富庶而人口多的地區都集中在東部和中部各郡。那裏的高死亡率造成了嚴重影響，以致人們可能都不去注意，大部分由森林和荒地組成的地域很少受疫病波及。

在我們考慮這一驚人的死亡率對英國歷史的影響時，必須記住死亡類型的這一變化，其對英國的影響要超過對其他歐洲國家的影響。原因在於，英國的社會制度已經顯示出緊張狀態，黑死病大大加快了其崩潰的到來。而在歐洲，這一制度在多年中被嚴格地加強而維繫了下來。14 世紀初，英國仍受封建制度統治，這一制度規定任何東西最終都屬於別人。大領主佔有的土地來自國王，騎士佔有的采邑來自領主，鄉間地主的土地來自騎士，

痛苦的病人祈求着神靈的拯救。

農民或農奴的土地來自鄉間地主。租金以勞役來支付。因此，男爵向國王提供了許多騎士，騎士向他的領主提供了許多武裝兵丁。在耕自己的田之前，農民被迫要在領主田裏幹許多天活。這當然是一種過於簡化的說法，實際上這一制度遠要比這更為複雜，也沒有這麼完善。其中複雜的一點是，有貨幣存在。在貨幣供應極為短缺並只局限於統治階級使用時，上述的基本原則還能廣為施行，但當錢幣普遍流通時，就會出現以勞役折兌貨幣的趨勢。領主會待在家裏而不是去統率騎士，騎士也會發現，讓他的農民留在田裏耕作，再拿錢去僱一小隊職業士兵更加有利可圖，甚至農民有時也會把他服的勞役折抵成貨幣租金，或是出工錢去僱其他的勞力。愈來愈多的人組成了很大的無地勞工階層，僱主要用貨幣去支付他們的勞動。

不斷增加的貨幣流通削弱了封建制度。13 世紀時，農業有了很大發展，穀物的產量超過了全國人口生存需要的程度，並有了積餘。社會上層尤其是教會這時成為國內最大的地主，他們把精力和才智都用於農業經營。自諾曼入侵時起，商業和工業就在發展，但農業仍是英國最有收益的主導產業。

從 13 世紀末開始，與以前相比，或許可以說自有史以來，英國從沒有這麼多的土地被開墾。英國開始成為一個糧食出口國，其商船隊的小船不斷向大陸提供糧食，從南部運出做麵包的小麥，從北部運出大麥和燕麥。這些穀物在用馬車送到港口之前必須被收集到中心地區、城鎮和采邑的穀倉。負重的馬車運輸需要有維護良好的道路，因為這一原因，修建於羅馬後期的英國道路網的狀況在 1300 年要比 18 世紀末之前的任何時候都好。農業繁榮使得人們的生活水平提高，進而又影響到出生率和人的壽命。從諾曼征服到 13 世紀後期，自羅馬佔領晚期開始下降的人口在穩步增長。

穀物的出口使得英國不僅能進口奢侈品，而且貨幣流通增加。因為農業繁榮以及貨幣的流通範圍更廣，早在 13 世紀就有相當多的土地被自由農民買賣，供不自由的農民交換或租用。但一個農民擁有錢財這一事實並不意味着他就成了一個自由人，他獲得自由的機會要依當地的情況而定。一般來說，在北方要容易一些，那裏離大陸的市場更遠，也較少需要使用大量勞力的耕地。

到 13 世紀後期，相當簡單的封建國家結構已經被多種變化弄得複雜起來。有礙穩定的最大弱點和危險在於這樣一種反常現象：在耕地開墾較少的地區，比較窮的農民更有機會獲得自由，而在以農業為主的郡，相對富裕的農民卻發現對他們的束縛在不斷增強。更大的危險潛伏在經濟繁榮的事實背後。在人口不斷增加、居民密集的耕作地區，出現了勞力過剩、耕地短缺的現象，結果使耕地擴大到不適宜穀物生長的邊緣地段。接着，大約在 1290 年時發生了一些事情，但人們對這些事情的實質存有分歧。這時，長期以來炎夏寒冬的大陸氣候開始讓位於較為潮濕、不那麼酷烈的大西洋型氣候。不斷在邊緣地段耕作、沒有足夠的施肥或適當的輪作，可能耗竭

焚燒黑死病人的衣物。

14世紀在田裏播種的英國農民。

了地力，使得種植穀物已無經濟利益可圖。15和16世紀時在農業經濟中佔據首位的養羊業，在13世紀末發展成一個相當重要的行業，這時缺乏勞力並未使耕作方式朝減少勞力的方向改變。無論背後有什麼原因，14世紀前期，經濟開始衰退，繼之出現了生活水準的下降和人口增長的趨緩。

　　一場歉收會導致四處饑荒，只有身體好的人才能有希望捱過長時期的極度匱乏，活到新收成帶來新的供給時。年幼者和老人會死於明顯的營養不良或不時發生的疾病，他們羸弱的身體對疾病已沒有多少抵抗力。這時，濕病和寒病尤其是肺部傳染病，肯定奪走了許多老人和孩子的生命。整體抵抗力下降，使得整個社會更容易遭受傳染病侵襲。在農業繁榮的13世紀，只有一次大規模的因饑荒引起的患病（可能是傷寒）記錄，發生在1257－1259年間，但顯然從1295年至1315－1316年最嚴重的大饑荒期間，多次出現歉收。

由於難以讓牲畜過冬，所以轉產乳品和肉食也不可能。農民的生活水平普遍下降，出生率也隨之下降。農民的經濟地位又遭到1296年對蘇格蘭人的戰爭和1337年開始的對法國人的百年戰爭的進一步削弱，尤其是愛德華三世在大陸進行的戰爭不能靠徵召封建兵員來維持，而徵召付薪的"契約"軍隊的費用最終都落在了種地人頭上。

　　因此，在1347年，表面穩定的封建制度結構中已出現了一些漏洞，王國的經濟不穩定，農民生存有賴於收成的豐歉。良好的道路網將內地社區與海峽和北海的港口連接起來，絡繹不絕的戰鬥人員來來往往，通過路程不長的海路去法國的戰場。假如歐洲大陸接連出現歉收、人民捱餓和爆發瘟疫，疾病隨之傳入英國就不可避免。

　　人們回顧驚天動地的事件時，一般都會記起在此之前已有重要的天象顯示。據說在黑死病流行前夕，有地震、火山爆發甚至還有海嘯，但假如真有也是巧合。在此之前，有記錄可證，確實影響了瘟疫進程的是一種令人震驚的氣候類型，似乎整個歐洲在1346－1348年都籠罩在這種氣候下。連續三個夏天都不正常，潮濕涼爽。其中1348年夏最為明顯，據記載，從仲夏季節到聖誕節雨一直下個不停，這意味着食物的長期匱乏，其結果是人們營養不良、疾病纏身以及對傳染病的抵抗力減弱。

　　在英國，黑死病的直接後果無疑是導致了社會普遍的癱瘓，貿易幾乎停頓。1349年5月2日簽訂停戰協定，停止了對法戰爭，協定一直維繫到1355年9月。1350年，許多身強力壯者的死亡使王國處於危險之中，沿海城鎮被要求從它們已耗竭的資源中提供兵員、船隻和水手。當瘟疫勢頭正猛時，田地已經播種或正在播種，1349年收莊稼的人要少得多。那些活下來的人獲得了原來不太可能有的財富：每個人都有了更多的錢、牲畜和糧食。因為這是個買方市場，所以農畜產品的價格急劇下跌，一匹原來值40先令的好馬現在只能賣16先令，一頭肥膘公牛只能賣4先令，一頭母牛1

先令，一頭羊4便士。小麥過去在一些好年景時價格低廉，每夸脫16便士，而在1315－1316年的荒年，價格昂貴，每夸脫26先令，現在則賣每夸脫1先令。

1349年秋季，收割莊稼的急切需要迫使地主支付高工錢。在東部、中部和南部，各郡收割者據說得到了至少是通常兩倍的工錢。由於物產豐富，活下來的幹活者伙食都相當好。當時威廉・朗蘭德寫到，饑饉不再盛行，乞丐都不要豆製的麵包，而是要牛奶麵包或是小麥做的優質白麵包，還要最好的棕色麥芽酒。幹活的日工過去都滿足於吃些不新鮮的蔬菜、一塊冷火腿，喝上一點啤酒，而現在他們除了鮮肉、煎魚、烤魚之外，其他的都不屑一顧，還要供應熱食，以免他們的胃着涼。

地主開始蒙受苦難。他們依靠農產品獲得收入，但其價格卻急劇下跌。他們比農民使用更多的進口產品，現在卻要為此付出更多的錢。但勞工拿高工錢的時代也沒延續多久，因為只有數目有限的牲畜和數量有限的田畝需要人數減少的勞力放牧、耕種。在1348前的年份中，人口的不斷增長超過了可耕地。黑死病完全改變了這種情況。1347年時，勞力過剩，土地不足，而到1350年則變為勞力不足，土地過剩。

如果這場瘟疫引起的死亡在全國都屬同一類型的話，那麼困難也就能靠自身在短時間內解決：較少的人口可以在較少的地區內耕作覓食。但死亡情況不是同一種類型，麻煩也就隨之而來。1350年，在一些逃脫了黑死病流行的采邑，勞力過剩，土地不足，而就在幾英里開外，在遭受瘟疫嚴重打擊的地方上，卻是土地荒蕪，勞力短缺。我們知道在克羅蘭修道院擁有的三塊采邑上發生的事。1349年秋，有88塊農民租種的土地無人耕種。修道院的地產如此之多，於是立刻從未遭打擊的采邑轉來無地農民去耕種其中的79塊土地。但這一勞動力轉移用光了可用勞力，還剩下9塊土地直到1352年都無人耕種。修道院不得不在幾塊地產上擴大租地面積，以使空着的農莊有佃戶耕種。

正是由於這樣的原因，英國農民在歷史上第一次有了流動性。1349年秋，參加收穫的需要使得現有勞動力有目的地動員起來。這一流動起初局限於當地，但未遭受打擊的采邑上的富餘勞力發現，他們可以在遭受打擊的地產上得到工錢和土地，這就使流動變得更加廣泛。大多數地主發現，出一份有吸引力的工錢來僱勞工更為方便，而勞工很快也發現他可以要更高的報酬。因此，有更高工錢的傳聞誘使農民走得更遠，去尋找新的主人。雖然這些主人更希望實行封建的擔保，但他們發現，因為缺少勞力，他們不得不僱用流浪者而不必問其來歷。

中央政府很快就採取了行動。1349年的法規和1351年頒佈的勞工法令，目的就在於禁止一切形式的勞工將自己要服的勞役由一個僱主轉到另一個僱主名下，針對的主要對象自然是農民。法令還試圖將物價固定在1347年的水平上。這一法令對僱主和僱工有同樣的影響。法令不但禁止僱工要更高的工錢，也禁止僱主出更高的工錢。這些法律不可能從根本上解決問題，但卻用防止工錢和價格完全失控的辦法，成功地恢復了一定程度的穩定。它們對僱人不多的小僱主壓力最大。僱主並不總是大地主。許多農奴成了條件不錯的小自耕農，耕種四五十英畝地。他們不是自由人，佔有土地要向領主服勞役或是把勞役折成現金支付，但對他們僱用的勞工而言他們又是主人，那些被僱的人都來自無地或幾乎無地的"茅舍農和邊地農"階層，這些人在13世紀期間數量大大增加。

隨着情況變化，政府有必要制訂法律，雖然這些法律帶來了苦難，並引起諸多怨憤，但全國的經濟狀況卻開始恢復，甚至到1355年時有可能重開對法國的戰爭。工資和物價再也沒有回落到1347年的水平，但至少已停止增長。勞力短缺的情況繼續存在，因為所有年齡組的人在1348－1450年間都遭受打擊，正常的死亡人數超過了到達幹活年齡的孩子數目。由於出生人數超過死亡人數，人口在緩慢增長。到 1360 年時，一個能全面考察全國情況的政治家可能會認為，最壞的時候已經過去了。

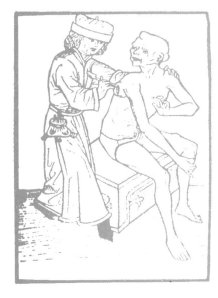

一幅描繪醫生切除發炎淋巴結的木版畫。這個部位的膿腫和疥癩是黑死病的症狀。

在 1350－1361 年間，沒有關於嚴重瘟疫流行的記錄。1361 年時的瘟疫名為兒童瘟疫，是因為兒童的死亡率特別高，這表明一場瘟疫過後人們會形成一些抵抗力，但兒童缺乏得自母親即遺傳所得的抵抗力。另一種說法認為，這次的病不是鼠疫，而是像白喉和腦膜炎這樣的兒童易得的病。不管真實情況如何，有一大批 13 歲年齡組以下的孩子死了。

白喉 diphtheria，由感染白喉桿菌而得的一種病，患者有全身中毒症狀，咽部有灰白色膜，不易剝離，有的聲音嘶啞——編者註

由於一個 14 歲的男孩已被看作是已到幹活年齡，在以後一些年中，勞動力的提供又下降了。現在地主發現，自己面對着一種實際無法解決的困境：為他服勞役的佃農死了，他們的租地又回到了他手中。假如他要自己種地就需要勞力，假如他自己不種，唯一有利可圖的選擇是把地租出去。唯一願意租地的人是活下來的農奴，他們過去的職責就是種地主的地。擁有土地的政府企圖以毫不留情地推行封建義務的辦法來解決這一困境。不僅用現金折算勞役的辦法被完全禁止，而且那些已經折算過的人仍要服勞役。

在現有勞動力減少的情況下，顯然這樣的解決辦法增加了新的苦難，同樣顯而易見，這又引起出賣勞力階層的明顯敵視，這些人已經嘗到獲得

相對自由的甜頭。敵視情緒在飽經苦難的 20 年中不斷增長，具體表現為 1381 年的農民起義。這次起義的爆發受到 1380 年徵收不得人心的人頭稅（是四年中的第三次）的推動。這主要是一次農民起義，其主要目的是要把所有該服的勞役折算為每英畝交 4 便士的 "公平地租"。起義沒能實現其直接的目的，隨後遭到嚴厲鎮壓，但最終地主還是明白了，他唯一能做的是與他的農奴達成盡可能有利的協議。他保留對土地的所有權，但不再通過監工去耕種土地。以前監督僱工在領主地裏幹活的監工成了農莊向領主的佃戶收租的管家，需要服勞役的僱工或農奴發展成為租地的農戶。

因此，黑死病給已遭到削弱的封建佔有制度以打擊，使之在兩代人的時間裏失去了其主要內涵，並在 150 年中完全消失。但租地農戶本身也需要僱人，從能力欠缺的農奴以及茅舍農和邊地農這些無地階層中僱人。這一新的模式到 15 世紀前期已很明顯，而到 16 世紀完全形成。英國成為一個租地農場主的國家，他們的土地由無地的農業無產者耕種。在大多數歐洲國家，封建的地主和農民制度延續了四五個世紀，而在英國，農奴不再存在，自耕農與地主取而代之。

舊的貴族地主知道，他們只有一種財富來源 —— 土地。在發現自己處於貧困中時，貴族地主能夠想到的唯一解決辦法是獲得更多的土地。而新的租地農戶其生活貼近土地，他們知道大塊土地只有使用較少的勞力才能在經濟上有收益。因而，他們很快就開始減少可耕地，增加牧場。即使是在主要種穀物的東盎格利亞，羊也成為農場的大宗產品，而在北部和西部，養羊實際上排擠了其他所有農業生產。都鐸王朝的繁榮依靠的是羊毛。變化如此之快，以致勞動力的短缺又轉為 15 世紀時的過剩。到亨利八世時代，有人抱怨說羊吃人，沒活幹、餓肚子的莊稼漢在哼着如同蚊子般聲音的催眠曲：

叭，叭，黑羊，你有毛嗎？

有，先生；噢，不，先生。

滿滿三口袋，

兩袋給我的主人，一袋給他的夫人，

但什麼也不留給街頭啼哭的小男孩。

　　因此，在一個多世紀中，由農奴轉變而來的自耕農發展成為羊毛貴族。英國 150 年幾乎連綿不絕的戰事造成的日益嚴峻的社會緊張局勢給了他們很大幫助，而這種局勢對地主階級造成很大壓力，其頂點就是被稱為玫瑰戰爭的 1455－1485 年王朝戰爭。封建貴族把戰爭轉變為爭奪土地的大戰，為此大開殺戒。租地農戶利用這種混亂局面，購買他們已完蛋的主人的地產，成為地主。絕大多數舊式的英國 "鄉村家族" 都是在這時以這種方式產生的，他們最早出身於某個薩克森農奴世系，而不是出身於諾曼人血統。這些 "新人" 在都鐸王朝時執掌權力。與諾曼貴族不同，他們與其下人有着同樣的出身。雖然他們有時也有嚴厲和自大的表現，且經常怨恨不已，但他們從未發展成為一個像大陸上的貴族那樣封閉、游離的階層。英國社

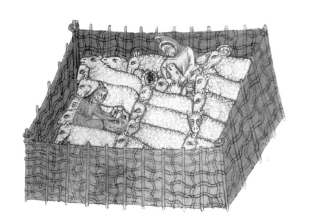

14 世紀英國的養羊業。

屠殺被懷疑向井裏投毒的猶太人。

會結構的力量在於其不斷的變動防止了在階級之間形成一個僵硬的分野。

回眸英國海岸一側，我們發現社會變動遍佈四處，儘管其延續時間較短。對普通人來說，黑死病有其超自然的來源，是因為人們的罪惡，由更高的力量施加於犯罪者身上的一種懲罰，於是開始尋找罪犯，貴族、殘疾人和猶太人相繼遭到懷疑，尤其是猶太人，其被懷疑有意用一種所謂毒藥污染井水或是"塗抹"房屋和人來傳播瘟疫。1348年，迫害最早在日內瓦湖畔的奇隆開始，並迅速發展到巴塞爾、弗賴堡和斯特拉斯堡。在弗賴堡，所有被認出的猶太人被趕進一個大木屋裏燒死。在斯特拉斯堡，據說有2,000多人被吊死在豎立在猶太人墳地的一個絞刑架上。迫害如此殘酷，以致開明的教皇克萊蒙特六世頒佈了兩道詔書，宣佈猶太人是無辜的。許多猶太人逃離西歐去德意志東部和波蘭。在那裏，他們受到寬容並建立了數量迅速增加的社區，這一現象可以部分解釋為什麼19世紀和20世紀前期在俄國西部、德國東部、波蘭和奧地利東北會有大量猶太人。黑死病加強了中世紀時把猶太人當替罪羊的基督教傳統，因為黑死病導致如此多的猶太人遷往東歐和北歐，這就為沙俄的集體迫害和奧斯威辛的毒氣室提供了條件。

與試圖尋找罪犯相伴而生的是道德價值觀念的普遍鬆弛以及世故的、不正當的尋歡作樂，這是一種自然的反應，這在歷經了第一次世界大戰恐怖之後的20世紀20年代也能看到。同時，還出現了一種願意接受上天懲罰，且從中獲得快樂的受虐狂慾望。這種慾望最戲劇化的表現是對組織集體鞭笞的狂熱。鞭笞派信徒的出現並不是單單由黑死病引起的，因為在 1258 － 1259 年間，一次嚴重的饑荒－瘟疫流行時，他們在意大利和德國就有了一些惡名。1348 年，鞭笞運動遍及整個歐洲，有上萬名信徒。鞭笞派將信徒編成組，每組有一個領導人，穿一種特殊服裝，按規訓生活，並按照一定儀式進行公開的和私下的自我鞭笞。按我們現在的思想方式，鞭笞的做法很可能是性變態，但他們如此怪異的行為的理由卻非常合乎邏輯。黑死病是神施加的一種懲罰，因此就試圖要用鞭笞懲罰自己來轉移神的懲罰。正是這一謠傳而不是瘟疫，引出了這種引人注目的做法。鞭笞派要以在自己身上施加懲罰的辦法，來防止對其同人的懲罰。

這一運動開始時受到教會歡迎，將其當做一種集體的悔罪苦行。教皇克萊蒙特本人就下令在阿維農公開鞭笞以制止瘟疫。但鞭笞派很快就不受教皇控制，將運動當做是針對猶太人、富裕階層和教會本身的一場革命運動。1349 年 10 月，教皇頒佈詔令，譴責鞭笞派，並禁止再進行任何列隊行進的活動。許多人被砍頭、吊死或燒死。教士們出於一種奇怪古怪的心理，判決將許多鞭笞派信徒由牧師在羅馬的聖彼得高壇前鞭打。

基督教會上升到統治地位部分是由於以前爆發瘟疫的原因。假如像黑死病這樣大的災難不會對 1,000 多年前建立的宗教權威產生一些影響，人們會覺得奇怪。在歐洲佔據統治地位使得基督教經受了暴風雨，但教會的權威經過黑死病不會不受傷害。

在某種程度上，教會的影響對公眾是有益的。在紛爭的時代，它確保有一定限度的和平，並試圖實施有關人的得體行為的規範，其作用像一個學校校長。教會利用並培育有才智的人，提供並指點行政官員、律師和醫生，鼓勵並維護文學、建築和藝術。但是，雖然教會有時鼓勵有創造性的工作，但更經常見到的是有創見的思想遭到嚴厲壓制。迫害之道成了中世紀基督教的一個有機組成部分，那些寫出或說出其思想，不遵守教會允准的僵死教條的人，就有被當做異端迫害的危險。

在物質方面，教會深受黑死病之苦。大量人力的損失，因無法耕種遍佈各地的田產帶來的貧困，使得教會在 1350 年要比 1346 年時統治地位受到更大的影響。但更大的傷害還源自於在這一災難歲月中教會所處的無能為力的狀態，源自於教士和修士的大批損失，源自於教會不能控制教士和修士的繼任者。教會牧工中最可愛、最有用的教區教士成百成百地死去，據威廉·朗蘭德介紹，他們留下的聖職經常是匆忙地被"許多年輕人頂替，這些人任神職的準備只是剃個頭"。假如朗蘭德說的可信，那些以前以神聖和仁愛聞名的修士這時都沉湎於"歡樂和口慾"之中，而鄉村牧師和教區教士則在倫敦度日，忙於謀求高位而不是照料其教民。朗蘭德還特地舉了兩個例子說明，這些濫用權力的行為"自瘟疫流行時起"成倍增加。

再者，教會所具有的似乎帶有國際或超國家的優勢也對其權勢構成威脅。在有些國家，比如像德國和英

黑死病流行期間的鞭笞教派。

國，民眾與教會在許多年中都不能情意相投。教會在各國的分支機構大聲疾呼，要求改革，但其自身沒有改革的權力，因為它們缺乏自主權。實際上，它們是一個有着巨大力量與權勢的外國組織的邊遠部分。

由於上述所有這些原因，在黑死病流行後的歲月中，出現了對教會的公開對抗。民眾的反應可從對兩位坎特伯雷大主教被謀害這一事件的不同

態度中體現出來。1170年，由於國王亨利二世出言不慎，托馬斯‧貝克特被處死。雖然貝克特的政策並沒得到普遍的贊同，但民眾對這一瀆聖行為公開表現出的震驚情緒還是迫使國王接受羞辱的自我懲罰。而在1381年，一隊反叛者抓住了性格溫和的西蒙‧薩德伯里，在大群人熱烈的掌聲中把他的頭掛在倫敦的塔山上。G‧M‧屈勒維廉對此寫道："自民眾跪在犁前為神聖烈士托馬斯‧貝克特祈禱以來，同樣的民眾與教會間的關係已發生了深刻的變化。"

還有比薩德伯里遇害、朗蘭德不贊成的鞭笞派的異端行為更為深刻的變化。約翰‧威克里夫（約1330－1384年）是一位著名的神學家，牛津巴利奧學院院長。他對神聖教會未曾被挑戰過的權力提出了疑問，他認為這一權力來自於帝王，而不是來源於神。他要求在做禮拜儀式時使用民族語言，並把部分聖經譯成了英語；他還攻擊崇拜偶像和聖物，以及出售贖罪券和對死人做彌撒。威克里夫獲得了大批被稱為羅拉德派的信徒的支持，他們不僅來自普通人，還來自貴族、托缽僧和一些下級教士，這些人有理由討厭富裕的修士和主教。

威克里夫超前於他所處的時代。當教會重建其已被動搖的權威時，羅拉德派遭到迫害，被迫轉入地下。到亨利七世和亨利八世統治時，又一次出現。隨之，他們再次受到迫害。等到再出現時，與馬丁‧路德的新教徒聯合在一起。馬丁‧路德有些地方得

托馬斯‧貝克特被殺。

益於波希米亞早期的改革家約翰・胡斯的教義，
胡斯承認自己是威克里夫的學生。因此，可以這
麼說，新教改革運動、1620年9月6日（原文
如此，實際應為16日——譯者註）在"五月花"
號船中勃朗派聖徒從普利
茅斯啟航，以及貴格派信徒威廉・賓（Penn）1681年建立賓夕法尼亞，都
可能與黑死病災難發生後對既定宗教的背離有聯繫。

勃朗派 Brownist，又稱公理會，
因英國人勃朗首創得名，主張教
會應由公眾治理——譯者註）

人們或許會認為，在這樣大的一場瘟疫中，醫生和教士都同樣顯得無
能為力，這肯定會深深影響到神性醫術的發展。事實並不是這樣。黑死病
引起的醫學上的唯一進步是在公共衛生領域。1347年，威尼斯共和國任命
了三名官員，職責是監督並驅逐所有受到感染的船隻。1377年，拉古薩城
扣留從疫區來的旅行者30天（trentini giorni）。在這樣做不見效果時，扣
留的期限延長到40天（quaranti giorni），由此產生了我們現在用的"防疫"
（quarantine）一詞。

黑死病還為宗教紀念活動又增加了一個聖徒。聖羅克是有關鼠疫的專
門的守護聖徒。他是蒙彼利埃人，黑死病流行期間在意大利北部照顧病人，
自己也成了犧牲品。羅克被丟在一旁等死時，被一條狗所救，得以恢復。
在倫巴第，他又被懷疑是個外國間諜，被投入獄中死去。這又是按照受了
致命傷、奇蹟般恢復、最終死去的順序登上神壇的。

我們應該讚賞教會長期不懈的對病人的關心，但也應注意到其對醫學
和科學發展的影響幾乎全是負面的。在歐洲，從羅馬陷落至文藝復興期間，
教會對有創見思想的上千年的壓制給後人留下一幅因襲守舊的悲慘圖景。
這個時期雖建立了有影響的醫學院——在意大利的薩萊諾和波倫亞，在法
國的巴黎和蒙彼利埃——但在這些學院所教的內容是不加評判地復述古代
的理論，其研究採用的形式是對某個文本的含義進行爭辯。在這一時期，
大量醫學文獻包含了許多新穎的觀察記錄，但很少富有創見的思想。其形

意大利的薩萊諾醫學院。

式往往是一系列的材料彙編，內容來自公元 1 世紀時作者留下的拉丁文本以及伊斯蘭學者所做的註釋。當然偶爾也會有非凡的創造，因為壓制的力量不可能完全窒息創造力。因此，波倫亞的芒丁努斯不顧教會對人體解剖的禁令，努力將解剖科學恢復到希臘學者公元前 300 年所達到的水平。另一簇黑暗中的火光來自牛津和巴黎的羅傑·培根（約 1214－1294 年），他不是一名醫生，而是一名哲學家，並且肯定是一位有創見的思想家，但他的創見使他在監獄中度過了他生命的最後 13 年。

直到 15 世紀末，由神權的不寬容鑄就的思想習慣窒息了醫學的發展。蓋倫仍是不容置疑的權威。這種一人佔統治地位的情況本身已經夠糟了，而蓋倫著作的文本內容又減損到了幾乎沒有價值的地步。蓋倫真正的學理是到 15 世紀末才被恢復起來的，那時一種新的思想方法拓展了學識和審美的範圍。文藝復興這一讓人稱奇的現象不僅僅是恢復古典文化，而且還是思想者整個觀念的一種改變。這些思想者要求不受教條的專橫約束，並且不受教會對思想所做的限制的約束。雖然直到 17 世紀威廉・哈維否定蓋倫血液往返流動的理論時，蓋倫的鬼魂才最後消散，但正是文藝復興最終消除了教會對醫學的抑制。

╬ ╬ ╬

在黑死病流行之後的三個世紀內，鼠疫仍是歐洲最為致命的疾病之一。18 世紀前期，鼠疫在歐洲大部分地區消失了，但在地中海南岸和東岸地區、亞洲、非洲和南美洲，仍在流行，並且已成為全國性的傳染病。現在對鼠疫的防治已經相當成功。1884 年，致病病原體幾乎同時被日本細菌學家北里柴三郎（Sharamiro Kitasato）和瑞士細菌學家亞歷山大・耶爾森（Yersin）發現。後者的名字現在還被用於鼠疫桿菌的命名。可能的預防辦法是用取自疫苗接種或是注射尚存活但已無毒性的耶爾森氏桿菌（Yersinia）製劑。鏈霉素、四環素這樣的抗菌藥被證明對控制病情很有效。還可以用殺蟲劑來對付老鼠和跳蚤。但鼠疫尤其是肺炎類型鼠疫仍然相當危險，照顧病人的人必須戴面罩、手套，穿保護外衣，就像在黑死病或 1665 年大瘟疫流行期間他們做過的或要他們做的那樣。

沒人能解釋 17 世紀末瘟疫為什麼會突然在歐洲消失。對此有不少說法，其中"老鼠理論"流傳最廣。這種理論認為，在住宅和船上與人關係密切

的黑鼠被比較兇的棕鼠或是挪威鼠殺掉了，而棕鼠據說在歐洲最早出現在
18 世紀 20 年代，住在下水道裏，它們身上寄生更多的是另一種很少會跳到
人身上去的跳蚤。這一理論讓人很感興趣，但實際卻站不住腳。首先，棕
鼠殺黑鼠的理論僅僅是一種假設。實際上，這兩種老鼠不會爭奪生存空間
或是食物。在許多它們毗鄰而居的地方，每種老鼠都待在自己所處的環境
中，而不去干預別的老鼠。甚至在那些大家都有足夠空間、有自己喜歡的
生活條件的地方，它們還異常親密地生活在一起。其次，就算是黑鼠曾經
消失過，但它們後來又出現了。在 1910 年以後，黑鼠的數量在歐洲不斷增
加。對這一情況，F·E·盧歇斯說得很清楚："假如瘟疫的流行同黑鼠
確實有關，有必要對這種老鼠現在的增加做出仔細的研究，如果可能的話
還要設法制止它。"

　　這是一種稱為"田野型"或"森林型"動物所生的疫病，這種病會傳
染給野生的嚙齒類動物，如老鼠、兔子和松鼠。嚙齒動物–跳蚤–嚙齒動
物的傳播鏈會把病帶給住在城裏、與人關係密切的鼠類，如黑鼠、倉鼠和
豚鼠。也有可能是，這種病曾經是人身上的病，由人傳給了嚙齒類動物。
我們的先人與我們一樣也很注意觀察，他們顯然沒有發現老鼠死得特別多，
而這種情況是後來鼠疫在印度、中國和蒙古爆發時的一個明顯特點。或許
流行病學說得不錯，但卻是反向流行的。大瘟疫可能來源於人，但又被跳
蚤傳給了老鼠。

　　不管答案到底是什麼，上面所說的僅是猜測，瘟疫在歐洲 300 年的流行
是自然結束的，並非是由人的積極措施結束的。沒有什麼醫學的或科學的
發現，社會衛生條件的發展以及生活標準的改善可以用來解釋瘟疫消失的
原因。瘟疫結束了或是隱而不見。我們必須記住，從 1665 年開始有三個世
紀我們未受瘟疫影響，而在查士丁尼瘟疫至黑死病期間有八個世紀未受瘟
疫影響。

黑死病在佛羅倫薩流行。

　　假如有人讀了這些內容，認為對黑死病的描寫誇大其辭，與現代醫學知識不合的話，就讓他們看看彼脫拉克留下的證言。這位偉大詩人了解實情，因為他在意大利經歷了黑死病的流行。他的柏拉圖式的神秘戀人勞拉1348 年 4 月 6 日死於瘟疫。他描寫到了房子空空、城鎮被棄、鄉村潦倒、屍橫遍野，整個世界沉浸在萬籟無聲的可怕寂靜之中。他提到，史家在被要求描述類似的災難時默不作聲，醫生智窮力竭，哲學家聳肩皺眉，把手指放在嘴唇上。彼脫拉克用這樣的語句結束他的描述：“後人會相信這樣的事嗎？連我們親眼目睹的人也不能相信。”

3

梅毒之謎
The Mystery of Syphilis

15 世紀時的意大利醫院。

15 世紀末突然出現並很快被稱為梅毒的細菌傳染病是如何且又為何會在歐洲出現，這是醫學史上最有爭議的問題之一。現在，梅毒主要是一種性病，在性交時由一方傳給另一方。但也可能會以別的方式得病，比如通過胎盤途徑傳染，或是某人嘴上有破口卻與梅毒病人合用一個飲水器具，或是共用皮下注射針頭，或是不戴保護手套照顧一個患者，或是某個病理專家在解剖屍體時粗心大意。受到梅毒感染後有個潛伏期，可能是 10 到 90 天，但通常是兩到四個星期，然後出現最初的病症。具體病症是出現被稱為下疳的潰瘍，接觸的部位局部產生反應。顯然下疳一般會出現在生殖器上或在其附近，但在非因性交得病時，下疳也會出現在接觸部位，比如嘴唇或手指。即使不治療，下疳也會在三到四周內立即消失，留下一個很薄的不明顯的疤。有時下疳很大，但經常只是一個很硬的丘疹。這就是為什麼梅毒的開始階段會這樣危險的原因。梅毒會傳給其他人，但由於開始的小潰瘍以及後來的疤痕可能很不明顯而不被注意。在診所裏，大約有1/4的病人說他們沒有注意到開始時的損傷。

在下疳出現後六到八個星期，病人通常會進入第二期，但症狀或許會延至一年甚至更長時間。就像對病菌入侵所做的任何反應一樣，第二期是人體的器官組織對感染的一種全面反應：感到不適，頭痛，或許還會咽喉疼痛，發低燒，在大約75％的病例中出皮疹。這種疹子很重要，因為它會以各種不同的形式出現。梅毒被稱為"模仿秀"（the great mimic），就是因為它會與許多其他病混淆。尤其是這種疹子，情況確是如此，有時像麻疹，有時像天花，有時又與別的皮疹類似。總之，第二期不會延續很長時間，然後病人就會進入早期潛伏階段。在此期間，病人似乎症狀全無，雖然有時會再出一個星期左右的疹子，然後疹子消退。在第二期和早期潛伏期，病人的傳染性很強。最危險的時間是早期潛伏期，因為這時病人會傳染給人，但看來卻一點病也沒有。

霍爾拜因畫的亨利八世肖像。

梅毒大約在發病兩年後發展到晚期潛伏期，仍然沒有什麼症狀，且病人基本沒有傳染性。但不能說他的病好了，因為化驗血表明，在身體組織內存在着梅毒病菌，但病情沒有繼續發展。可能在病人的餘生中情況都是如此，病人會死於一些不相關的原因。

潛伏期或許會平安無事地延續多年，而梅毒患者則生活在虛幻的樂境中，相信不再會有危險。實際上，它只是發展到了一個相當漫長的慢性階段。在最早感染後的 3 到 10 年間甚至是 20 年後，第三期梅毒的症狀開始出現。因為梅毒會侵犯身體的幾乎各個系統，因此也就有了許多症狀。第三期梅毒的典型損傷即梅毒瘤會出現在身體各處：骨骼、心臟、喉嚨和皮膚。有些人認為，霍爾拜因畫的亨利八世肖像上，亨利八世鼻子邊的腫塊就是個梅毒瘤。

由於抗菌素治療的進展，與初期和第二期不同的第三期梅毒到 20 世紀後期在西方世界已經很少出現。在過去，症狀表現在血管的變化上，梅毒造成血管壁的脆弱、鼓脹，直至主動脈或是某根腦血管破裂而死亡。神經系統也會因此受影響，引起脊髓癆這樣的病，患者逐漸癱瘓失禁。有的大腦本身也會受損害，出現可怕的個性變化，最終導致麻痺性癡獃（GPI），患者處於不能自理的躁狂狀態。在出現這種結局之前，病人通常還會產生某些表面合乎情理，但實際上卻怪異、荒唐的念頭或設想。柯南道爾曾講過一個年輕農場主的故事──由於農業不景氣，他的農場經營在迅速滑坡，這時他卻對自己的前景非常樂觀，這讓他的鄰居感到吃驚。他提議放棄常規的耕作，在整個地區種杜鵑以壟斷市場。假如市場真的會被壟斷，他的計劃也許合乎情理。大多數沒有得到治療的病人會在出現麻痺性癡獃最初症狀的五年內死去，但也有一些病人從來沒有明顯的精神失常或是不能自理。腦子裏的病症改變了他們的行為方式，但他們多少仍能過正常人的生活，最終死於一些其他病症。他們或許會讓一些愚蠢的念頭毀了自己，也可能會以暴力嚇壞家裏人。

梅毒更讓人害怕的一個特點是，它能通過胎盤供血由大人傳給孩子。假如母親處在發病期或是早期潛伏期，她的孩子可能會在沒出生時就死去，但通常最早也會到懷孕四個月時才會死亡。因此，可以這麼說，在懷孕四個月前有習慣性流產的歷史不能說明有梅毒，而在懷孕四個月後習慣性流產卻很可能是因為梅毒。如果母親拖延到以後的階段，孩子會有很大可能活着生下來，若是病被很快治好或是已經治好，或許就能生下正常的健康孩子。不過梅毒很少有"一成不變的模式"，在一個梅毒病人家庭裏，可能既生健康孩子，也生有病的孩子。

得病的孩子像母親一樣也會經歷同樣的階段，但發病過程顯然因人而異，雖然不總是但卻經常出現一些特殊的症狀。這些症狀包括骨骼缺陷、視覺和聽覺受損以及牙齒畸形。著名的"哈欽森三聯徵"最早是在1861年由倫敦醫院的喬納森·哈欽森描述的。這一病徵包括耳聾、視覺受損以及牙齒呈鋸齒形。耳聾是由聽覺神經受損引起的，會延續終身，或許還會加重。被稱為間質角膜炎的視覺缺陷最有可能出現在5歲到15歲之間，這種病的最初症狀是在角膜中心附近的模糊區域不斷擴展。在兩三個月後，整個角膜一片模糊，另一隻眼睛也受影響。孩子會失明，或者是幾乎失明，但在一年或是18個月內會有明顯改善。渾濁的翳常會終生存在，因此視力不可能完全復原。不知道是什麼原因，受影響的男孩差不多是女孩的兩倍。他們遇到強光會感到眼睛疼，大都養成了像生氣時閉目皺眉一樣的習慣。

上面所說的大多數是現今梅毒得不到治療時出現的情況，在15世紀末歐洲剛出現這種傳染病時，醫生在診治中並不總是正好遇到同樣的情況。

據當時人記載，從1495年開始似乎有一種新的疾病傳遍歐洲，再從歐洲傳到印度、中國、日本直至世界其他地區。早先醫學史家同意這樣一種說法，這種病源自法國查理八世的軍隊。1494年秋，查理八世發動了對意大利的入侵，1495年2月進攻那不勒斯。也有可能這種病源自那不勒斯，被傳給法國軍隊。這支約有3萬人的軍隊實際上並不僅僅由法國人組成，裏面還有從德國、瑞士、英國、匈牙利、波蘭和西班牙來的僱傭軍。大批士兵的患病迫使查理撤軍，放棄了征服意大利北部的企圖。這應該是真的，並且提供了一個疾病如何影響歷史進程的例子。還有這樣的口傳故事流傳，說是他殘餘的軍隊解散回到家鄉，因而把病傳到歐洲的許多地方。此後不久，這種病就有了不同的名字，按照推測中病的源頭命名。我們聽說的有"法國病"、"那不勒斯病"和"波蘭病"。幾年後在中國又被稱為"廣州病"，而在日本被稱為"中國病"。英國人稱之為"法國痘"或"大痘"，在法國通常也稱為"大痘"。法國人還稱之為"西班牙病"。這給我們留下了最早的有關梅毒來源的說法。

克里斯托弗·哥倫布 1492 年 10 月 12 日最早看到了新世界，可能是巴哈馬群島中的一個島。在 10 月到第二年 1 月間，他訪問了古巴和海地。在 1 月，揚帆返回歐洲，1493 年 3 月 15 日，在他出航的港口帕洛斯上岸。與他隨行的有 10 個西印度群島土著和 44 名船員，其中有個土著在上岸後不久就死去。船員被解散，據說有些人參加了岡薩羅·科爾多巴的軍隊，與查理八世一起進軍那不勒斯。哥倫布帶着 9 個土著去塞維利亞，在那兒留下了 3 人，帶着剩下的 6 人去了巴塞羅那。4 月底，6 個全是男性的土著被赤裸着在西班牙宮廷展示。他們被描述為皮膚棕色，相貌清秀，像亞洲人而不像非洲人。沒有提到有什麼明顯的疾病。

25 年以後的 1518 年，有一本在威尼斯印的書最早提到，"一種西班牙病"在 1492 — 1493 年哥倫布領導的遠征中，由海員從美洲（或是西印度群島）帶進來。這種說法得到岡薩羅·弗蘭德斯·奧維多·瓦爾德斯的支持，他還把這一說法傳播開來。此人是西班牙宮廷中的一個侍從，自稱看到過哥倫布展示的"印第安人"。奧維多幾次航行到西印度群島，宣稱他在土著中發現了新病的證據。1539 年，有個叫羅德里格·魯伊斯·迪亞斯·伊斯拉的醫生發表了描述"西印度病"的出版物，還宣稱自己在巴塞羅那至少給一個哥倫布的船員看過病。我們可以合理地想像，當哥倫布在城裏把印第安人向宮廷展示時，他的船員陪伴着他。

所以第一種說法假設，梅毒是在 1493 年由西印度人乘船帶入歐洲的。許多醫學史家支持這種看法。對此有利的證據是，無疑大約就在哥倫布回

哥倫布帶印第安土著回西班牙。

來時，一種危害極大的新病出現在歐洲。另一常被引證的事實是，最早也是較盛行的一種療法是用聖木做藥，從兩種常綠喬木"藥聖木"（Guaiacum officinale）和"聖木"（Guaiacum sanctum）中提煉出樹脂，這兩種樹就出產於南美和西印度群島。聖木在1508年被當做治病的藥，在最早提到梅毒起源於西印度之前十年。這當然對這一說法有利。但反對這一說法的人認為，提到無療效的聖木被引進並不是因為它是當地人的一種傳統療法，而是有意為了支持西印度起源說。對這一說法不利的看法還有，沒有任何證據說明梅毒是被美洲印第安人或是與哥倫布一起回來的24名海員帶來的。有意思的是，哥倫布或是美洲人帶來梅毒的說法，是在他返回歐洲、梅毒被認為第一次出現後1/4世紀時才有人相信。

第二種說法認為，梅毒起源於非洲，是隨着奴隸進口被帶進西班牙和葡萄牙的。1442年，航海家亨利親王領導了一次葡萄牙人的遠航，到達了非洲的大西洋沿岸，在貝寧灣停泊。有一位船長奧塔姆·岡卡維斯俘獲了幾個摩爾人，把他們當做俘虜押到船上。亨利親王命令岡卡維斯放了他們。他這樣做了，得到金砂和十個非洲土著的獎勵。這些獎品在葡萄牙賣出了大價錢，由此引發了規模很大的黑奴貿易，從非洲運黑奴去葡萄牙和西班牙。這些奴隸的許多後代成了基督徒。1502年，斐迪南國王下令把這些基督徒奴隸用船運到西印度群島。被運走的人相當多，使得海地總督對島上非洲人數目的增加感到吃驚，在第二年就要求停止這一貿易。

第二種說法的根據是存在一種叫雅司病的非洲病，這種病的致病菌實際上與梅毒相同。與梅毒不一樣的是，這種病主要不是通過性接觸傳播，而在光着身子一起玩的孩子中特別常見。由於這個原因，真正的雅司病只在熱帶才有，患者身上會長出讓人很不舒服的皮疹。對雅司病和梅毒是否是同一種病的不同表現，有多種說法。有些人認為，假如熱帶的雅司病傳到氣候寒冷的地區，那裏的居民通常都衣着整齊，傳染就會像普通的梅毒一樣主要通過性接觸傳播。這一說法很有說服力，因為它能用來解釋梅毒在歐洲剛出現的那些年的情形。但明顯的皮膚病無疑有時會與真正的麻風病混淆，麻風病讓所有人都感到特別恐懼，部分原因是病人可怕的組織壞死，另外部分原因是大家都相信，麻風病人是上天為其不可寬恕的罪孽而施的懲罰。有人敏銳地指出，哥倫布帶回來向宮廷裸着身子展示的六個美洲印第安人不可能有病，因為肯定會有人注意到他們身上明顯的皮膚損傷。同樣的反對意見也被用來針對非洲奴隸起源說。考慮到對皮膚病的極度恐懼，商人們不會用船運患雅司病的奴隸。

　　非洲起源說的擴展將梅毒傳入歐洲的年代大大提前。赤道附近的非洲人已發現通往埃及、阿拉伯、希臘和羅馬的道路，他們或許會帶去雅司病。這就意味着梅毒是一種很古老的歐洲病，而一些不明原因使其在 15 世紀末危害性和傳染性大增。有些歷史學家主張，常被認為是十字軍從利凡特帶回的麻風病實際上就是梅毒。毫無疑問，在梅毒猖獗前，麻風病從歐洲（或是從歐洲醫學文獻中）消失了。另外，無疑這兩種傳染病都會出可怕的皮

在法國城市麻風病人被禁止進城。

疹，而當時的醫生難以區分它們。

反對任何一種古代起源說的人抱着這樣的證據，梅毒常會在骨骼上造成可以看出的永久變化，現在的病理學家辨認得出來。而經碳元素測定年代，在歐洲 16 世紀初以前的骨骼遺存上沒有找到梅毒侵害的可靠證據，歐洲 16 世紀以後墓葬中發掘的骨骼尤其是顱骨上也沒有證據。對南美和西印度墓葬中發現的證據還有爭議，雖然在哥倫布遠航前的骨骼上發現有明顯的梅毒侵害，但因數量太少不能斷定這種病起源於美洲。

✠ ✠ ✠

因此，我們最好對梅毒起源於何處姑且存疑。我們可以肯定，當時的醫生認為，在 15 世紀 90 年代有一種危害很大的新的疾病迅速傳遍歐洲。他們沒有我們現代用於診斷的輔助手段，對病的描述也不總像我們希望的那樣清楚，但他們能夠做出如實的觀察。假如不驗血或是沒有細菌學家的幫助，僅靠初步檢查，一位現代醫生也可能無法診斷梅毒這種神秘的疾病。

1519 年，烏爾利希‧馮‧胡騰在德國發表了描述這種病的著作。按照他的說法，梅毒最早在 1497 年出現在那裏，傳播範圍很廣，會造成 "讓人厭惡的疼痛"。大約在七年以後，這種病有了變化，這種變化不是任何治療方法引起的。他說，嚴重、明顯的皮膚傷害並不多見，因為病人不再顯得那麼難看，感染的危險就更大。胡騰做了重要的觀察。在 1519 年他寫作時，梅毒傳播看來只是通過性接觸。迪亞斯‧伊斯拉在 1539 年的描述中敘述了今人所知的各期症狀，但還補充了晚期病人會發熱、消瘦、持續腹瀉、出黃疸、肚子腫脹、神志失常、昏迷直至死亡等發病症狀。

早期有關梅毒的最重要的著作是 1546 年吉洛拉莫‧弗拉卡斯特羅的書。1530 年，他在維羅那發表了一首題為《梅毒或法國病》的長詩，他在詩中給了這種病以現代的名稱（Syphilis），來源於一個想像中的牧人西菲盧斯（Syphilus），不過這個名稱直到 18 世紀末才被廣泛使用。在 1546 年出版的《傳染病論》中，他這樣描述梅毒：開始時生殖器上有小潰瘍，接着是出帶膿的皮疹，通常皮疹先出現在頭皮上。這些膿包會潰爛，甚至潰爛得骨頭都會露出來。病人還會患上一種“惡性粘膜炎”，傷害顎腔、小舌和咽部。有時嘴唇或者眼睛都會毀掉。然後會出現梅毒瘤，同時出現肌肉劇痛、困乏和消瘦的症狀。弗拉卡斯特羅認為，這種傳染病在近 20 年內（即自 1526 年起）症狀有了變化，因為在他看來，許多患者的膿包比以前少了，而梅毒瘤卻比以前多了。

這種新病沒有以腺鼠疫那樣的速度傳播。即使我們把 1493 年當做類同梅毒的疾病在歐洲最早出現的年份，到 1496 年傳入英國也有三年的空檔。1499 年傳入波蘭，1500 年傳入俄羅斯和斯堪的納維亞，1505 年傳入廣州。有些國家被傳入得相當晚：1569 年傳入日本，1753 年傳入冰島，直到 1845 年才傳入法羅群島。讓人感到有趣的不解之謎是，此病在 1498 年傳到了印度。乍看起來不可能有這麼早，但實際上這卻表明不管歐洲人的梅毒起源於何處，歐洲本身在把病傳到世界各地中起了作用。1497 年 7 月，瓦斯科·達·伽馬率領一支由四艘船和 160 人組成的遠航隊，繞過好望角，向北向東航行，1498 年 5 月 20 日在馬拉巴河邊的卡利卡特上岸。船員們隨身帶去了梅毒。

這種病在歐洲史上初次出現時，傳染性要比今天大得多。數字並不可靠，據說在 16 世紀初年有約 1/3 的巴黎市民被傳染上了。學者伊拉斯謨在 1519 年寫到，任何沒有感染上梅毒的貴族都被看成“土包子”。對梅毒早期猖獗、後來回落的情況很有趣的證實是托馬斯·莫爾爵士提供的，他是位很可靠的見證人。1529 年，他針對有人要求鎮壓修道院醫院的做法，寫了小冊子《煉獄中的靈魂祈求》。小冊子裏面有這樣一句：“30 年前那裏

16 世紀歐洲由修道院開設的醫院。

有 5 人染上法國痘症，現在是人人染疾。"意思是說，1499 年有 5 個病人因梅毒上醫院，到 1529 年上醫院的每個人都是因為梅毒。

但為什麼在 16 世紀梅毒的傳染性強？假如這種病確是從新世界傳來的，那麼它就會對一個完全沒有適應力的社會造成傳染。人們可能毫無免疫力，不管是絕對的還是相對的，是從母體遺傳的還是前一次得病產生的。因而，在疾病剛出現時，病情會比較嚴重，傳染的機會也較大。但我們也必須承認，有可能歐洲的梅毒起源於雅司病。這可以解釋為什麼會有大面積皮膚損害，傳染危險較大，或是通過直接接觸傳染，或是通過性交以外的方式傳染。有一種很簡單的接觸方式，研究梅毒的史家竟沒有注意到：在都鐸時代，通常的問候方式不是握手，而是接吻。接吻在兩性之間和所有各階層間通行，而且通常是嘴對嘴接吻。

因此，比較常見的傳播方式是非性接觸傳染的，通過嘴對嘴接觸，一個人傳給另一個人，或是通過共用的器具喝水、飲酒傳染。在這樣的情況下，最初的下疳會出現在嘴唇或是舌頭上。在那些不注意個人衛生的年代，這些症狀肯定常會被忽視，或是被錯當做膿包病的"唇瘡"。比如，紅衣主教沃爾西就被指控"以在耳邊喘氣、吵嚷的方式"把病傳給了亨利八世。他或許是這樣做了，但紅衣主教本人也同樣受嘴上的唇瘡之苦。當然肯定也有許多通過性接觸傳染的例子，但我們在探討16世紀早期梅毒情況時，不必去尋檢那些不道德的關係或是說得有聲有色的醜聞。同樣有可能甚至可能性更大的是，梅毒是通過性接觸以外的方式傳播的。

梅毒廣泛傳播的另一原因在於，有神經或動脈損害的第三期梅毒看起來好像與早期無關。並不是所有梅毒都會出現明顯的皮膚病變，早期病變—— 第一期的下疳和第二期的皮疹 —— 會被誤認為是小毛病，不治療也會很快消失。一些名詞第一次被使用的年份也可以給這一假設提供證據。《牛津英語辭典》中給出了下列年份：痘1476年，大痘1503年，小痘1518年。"痘"一詞出現在梅毒傳入前，是任何皮疹的別名。"大痘"一詞出現在梅毒傳入英國後七年，顯然是用於梅毒皮膚病症的通常叫法。1518年出現的 "小痘"（Small Pox）一詞不可能是指疫病"天花"（smallpox）的專門名詞，因為在1518年以前天花早已為人所知，老護士在診斷"窮孩子出痘發熱"時，無疑經常把它與其他皮疹混淆。實際上，"小痘"幾乎肯定是像它字面意思所指，比"大痘"輕一些，用來指第二期梅毒的皮疹，常與麻疹一類的各種 "小痘疹病" 相像。因而，可以這樣認為，許多患者終身也不治療，一直沒有意識到他們得了梅毒。

✠ ✠ ✠

說到這種病在歷史上的影響，其破壞性很大。梅毒造成的災難和悲慘的故事表現在方方面面。像南太平洋島嶼居民這樣重要的人類遺存整個被毀滅；身居要位的優秀政治家成為流口水的白癡；藝術家、畫家和詩人也被毀了。法國的法蘭西斯一世、教皇亞歷山大·博爾吉亞、貝文努托·切利尼和圖盧茲—洛特雷克，溫斯頓·丘吉爾的父親倫道夫·丘吉爾，這些僅是從成百上千受害者中隨意挑出的幾個。數百萬普通男人和女人也同樣成為受害者。正如我們在"恐怖的伊凡"例子中看到的那

伊凡四世。

樣，還有數百萬人間接受害。毫無疑問，伊凡是個梅毒患者，在蘇聯統治時期，他的遺骸從莫斯科克里姆林宮的安息地被挖出，人們發現其骨頭上有明顯的損害。

莫斯科大公、全俄羅斯第一位沙皇伊凡出生於 1530 年 8 月 25 日，1533年 12 月他的父親瓦西里三世去世時，三歲的伊凡繼位為大公。表面上，伊凡是那個時代一位典型的俄羅斯親王，年輕時忙於打獵、調情、飲酒、搶劫商旅以及恐嚇不幸的農民。但有點與眾不同的是，他在內心裏是個嚴肅的學者，喜歡與出身較低但有教養的教士交往，而不喜歡與沒文化的貴族來往。他選擇了一個教士阿歷克塞·阿達舍夫作為最親密的朋友和顧問。1547 年 1 月，伊凡加冕為沙皇，他是第一個有此正式稱號的莫斯科統治者，理由是他是拜占庭皇帝君士坦丁·莫洛馬克孫子弗拉基米爾的後代。兩周後，他與一個虔誠、慈愛的婦女安娜塔西亞·扎卡琳娜·科西娜結婚。

同年，一場大火毀壞了莫斯科城的大部分。大主教馬克里趁這場災難出現的機會讓伊凡意識到自己年輕時的行為放蕩有罪，促使他改革。以後的統治時期被看作是俄國歷史上最開明的時期之一。伊凡制訂了一些法典，放逐了最霸道的貴族，還部分改革了擁有全權的教會，在莫斯科和其他大城市創辦了學校。雖然伊凡既不是勇士也不是良將，但他以征戰的精神激勵軍隊，從異教徒韃靼人部落手中奪得了喀山，把他的帝國沿着伏爾加河擴張到了阿斯特拉罕。1558 年，他轉而向西去對付條頓騎士。1560 年夏，他把領土擴展到了與普魯士交界的里加。

　　按照我們的標準，即使在這些早期歲月裏，伊凡無疑也是個殘酷的暴君。不過按當時俄國的標準，即使是歐洲的標準，他在 1551 — 1560 年間的統治也是明智仁慈的。他在與國務會議商討事務時發揮着主導作用，但他允許暢所欲言。他接受來自各個階層臣民的意見書。傳說在俄國歷史上他是第一個也是最後一個國內最窮的人也能面見的君主。

　　1552 年 10 月，安娜塔西亞生了兒子德米特里，他長到六個月時死了。九個月後她生了另一個兒子伊凡，1558 年又生了第三個兒子費多。沙皇伊凡可能是在婚前與婦女調情時得了梅毒，我們推測 —— 也僅僅是推測 —— 嬰兒德米特里死於先天性梅毒。賈爾斯·弗萊徹在《羅斯國家》一書中寫到了費多，費多在"恐怖的伊凡"死後還活着，他"中等身材，偏矮偏胖，臉色灰黃，有點浮腫，鷹鈎鼻，腿上有毛病，走路不穩，體態臃腫，顯得懶散，臉上通常都帶着笑容。智力顯得獃板遲鈍"。雖然沒有診斷材料能提供一些證據，但上面的描述表明，費多可能也得了先天性梅毒。

　　安娜塔西亞死於 1560 年 7 月。伊凡為此傷心欲絕，在葬禮後不久，他就長時間酗酒放蕩，以此來消除痛苦。他頭腦裏產生了怪念頭，認為他的朋友阿歷克塞·阿達舍夫和他的高參教士西爾維斯特用巫術弄死了安娜塔西亞。他饒了他們一死，但將他們兩人免職並監禁起來。然後他處死了阿達舍夫的兄弟，一個有戰功的軍人，還處死了阿達舍夫 12 歲的兒子。接着，他又下令處死自己的朋友瑪麗亞·瑪格達琳娜和她的五個孩子。1561 年 8 月 21 日，伊凡娶了一個富有的切爾卡西亞人的公主，但這不妨礙他在 1563 年向英國女王伊麗莎白一世求婚。在同一年，他率領一支大軍入侵立陶宛。他奪取了重要的商業城市波洛茨克，整個立陶宛似乎都要落到他的控制之中。然而他的

手持權杖的伊凡四世。

尚武精神消失了，在莫斯科，他又恢復了放蕩的故態，他的新皇后生了兒子瓦西里，卻只活了五個星期。

到 1564 年底，發生了第一件荒唐事，顯然表明伊凡這時已因梅毒影響到大腦，出現了麻痺性癡獃（GPI）。12 月 3 日這天凌晨，在克里姆林宮廣場上停了幾輛雪橇，僕人們從宮中拿出金銀和珠寶放在雪橇上。沙皇、皇后和兩個皇子坐上一輛雪橇，然後雪橇隊列出發，不知駛往何處。在這天晚些時候，伊凡讓人送了信回來：「因為不能容忍我周圍的背叛行為，我不再管理這個國家，而是按上帝指引的路去走。」不知所措的貴族和主

教四處搜尋。他們在莫斯科西北 100 英里遠的小村子亞歷山大羅夫發現了他，懇求他回去。伊凡同意了，提出條件，他有權處決任何他想處決的“叛徒”，在克里姆林宮外面的房子住，並要有一支由 1,000 人組成的個人衛隊（oprichniki，特轄軍團）。 1565 年 2 月 2 日，他回到莫斯科，兩天後，屠殺開始了。“特轄軍團”擴大成 6,000 多暴徒的組織，克里姆林宮外面的房子成了一座奇怪的修道院，伊凡是院長，300 名“特轄軍團”成員當修士，他們在貂皮大衣和金邊衣服外面披上黑袍。每天從早晨四點的晨禱開始，到晚上八點的晚禱結束，伊凡祈禱的熱情之高使得他總是因虛脫而碰傷額頭。一次次的祈禱常被去行刑室打斷，為了方便，行刑室就設在地下室。

伊凡統治後期的日子就是一個有關折磨——鞭刑、火焚和水煮以及各種可怕的死亡方式的故事。因為一次證據不足的謀反，他對諾夫哥羅德全城進行了可怕的報復，在五個星期內有幾千人被鞭打至死、放在小火上烤或是丟在冰塊下。 1570 年 7 月 25 日，在莫斯科處決犯人時，伊凡本人和他的兒子伊凡都參與了這件可怕的事。維斯卡瓦提親王被吊在架子上，被人用刀割下一片片肉死去，這時伊凡強姦了親王夫人，他的兒子強姦了親王的大女兒。這只是從 1565 — 1584 年整個恐怖時期的兩段記錄。伊凡瘋狂的頂點是殺了自己的兒子——皇位繼承人伊凡。 1581 年 11 月 19 日，在一陣致命的狂怒之中，他用有鐵尖的權杖把兒子刺死了。

列賓的名作《伊凡殺子》。

伊凡對與英國的伊麗莎白結婚不成頗為失望，又轉而向女王的表妹女勳爵瑪麗‧哈斯丁斯求婚，在遭到拒絕後，他竟宣稱願意娶女王的任何女性親屬。伊凡不顧自己已結婚這一現實，看來是對與英國建立王室聯姻的古怪想法着了迷。伊麗莎白可能是對俄羅斯公司的財富印象很深，派出使節向伊凡保證，她十多個女親屬中任何一個都會樂於與他結婚。俄羅斯公司是在 1553 年根據伊凡的特許狀建立的。對某個不知名的姑娘來說非常幸運的是，伊凡在這個計劃尚未有進展時於 1584 年 3 月 15 日去世。他最後的日子是可怕的，處在失眠、恐懼和狂亂之中，身邊都是占卜者，他撫弄着珠寶，述說珠寶的治療功效。死亡的直接原因是在某次準備好棋盤下棋時中風發作。

有成千上萬臣民因伊凡患梅毒而送了命，但從長遠來看，他的病對歷史的影響要大得多。假如這第一位沙皇是開明統治而不是冷酷專制的典範的話，整個俄國沙皇制度的類型是否會依不同的樣式發展，對此還有爭議。伊凡殺了自己的兒子，或許是把國家從血腥統治中拯救了出來，因為“恐怖的伊凡”訓練了其兒子的冷酷和貪慾。但伊凡把皇位留給一個先天性的白癡費多去繼承，由於費多無法統治，他先是由鮑里斯·戈都諾夫監國，然後又被取而代之。在 1605 年 4 月戈都諾夫死後，俄國一直處在混亂中，直到 1603 年第一位羅曼諾夫被選出來後才有了統一的跡象。

✠ ✠ ✠

可以肯定伊凡得了梅毒，但與他差不多同時代的英國的亨利八世是否得了梅毒還有爭議。許多作者斷然否定亨利得過梅毒。他肯定得過什麼病，但不同的專家對病的性質有不同看法。痛風、靜脈曲張、股骨骨髓炎、在比武時一次或多次受傷、壞血病 —— 所有這些都被認為可能是他個性改變的原因，這一改變在亨利 40 多歲時已很明顯。考慮到有這麼多不同的看法，看來有理由重新來驗證一下相關的證據，因為不管他得的是什麼病，無疑

40 歲時的亨利八世。

它對國王起的作用曾深深地影響到英國以後的歷史。

首先，可以這麼說，上面提到的病痛亨利都有可能得。在 16 世紀，一個人活到 56 歲的話，如果只得一種慢性病應該算是幸運的，因為那時多數病都無法治癒。亨利參加當時的粗野運動，據說出過兩次事故，受到傷害。他大吃大喝，在晚年長得過於肥胖，假定他有靜脈曲張並不讓人感到奇怪。痛風和壞血病這兩種病都與飲食失調有關，在當時也是常見病，亨利的生活方式肯定容易得痛風。但這不能用來證明他沒有得梅毒。

亨利生於 1493 年，至少是梅毒在歐洲突然出現的前兩年。因而，了解他祖先的情況沒有什麼意義，而了解他後代的情況卻很有關係。他六位妻子中的第一位阿拉貢的凱瑟琳是瑪麗女王的母親，為他生了一個男嬰，卻在幾天內就死了。她至少有三個孩子是在腹中懷到七八個月時死的。安妮‧博林是女王伊麗莎白一世的母親，她曾在胎兒六個月、三個月和不知月份的情況下各流產一次。簡‧西摩有一個兒子國王愛德華六世，這個孩子生於 1537 年。在她 17 個月的婚姻生活中，她看來不會再懷孕。與克利夫斯的安妮的第四次婚姻從來沒有圓房。在 1540 — 1542 年間，凱瑟琳‧霍華德是亨利的妻子，她沒有懷過孕，而凱瑟琳‧帕爾 1547 年在與亨利結婚四年後成了寡婦。

亨利至少有四個孩子。有一個是非婚生男孩里士滿伯爵亨利‧菲茨羅伊，他 17 歲時死於肺部感染，可能是肺結核。我們不知道他別的健康狀況。

伊麗莎白一世死於 69 歲的高齡。據說她眼睛近視，也許有理由相信她不能生育。在聽到邊境以北有一個斯圖亞特王朝的繼承人出生時，她這樣說："蘇格蘭的瑪麗是一艘裝着漂亮兒子的駁船，而我只是一段不結果實的樹椿。"瑪麗‧都鐸死時 42 歲。她眼睛深度近視，說話聲音很大，就像耳聾的人一樣，據說她"鼻子扁平"，流着味道惡臭的膿，她的丈夫菲利普二世對此有抱怨。婚生兒子愛德華四世死於 1553 年，時年 15 歲。他從來就不是個健康的孩子，死亡原因也很神秘。就在去世前一年多的 1552 年 4 月，他生了病，"身上出麻疹和小膿包，這些東西從他身上脫落，被看做是從他身上清除有害體液的一種方法，而這些體液積聚時間長了就會使人生病、死亡"。毫無疑問，從 1553 年初開始，他的肺結核病（癆病）日益嚴重，但在生命的最後兩個星期，他的身上出了皮疹，指甲脫落，手指和腳趾的第一關節壞死。大家都認為他中了毒。

安妮‧博林。

上面所談歷史的每一單個事件都可以被看做是得了別的病而不是梅毒。但證據是連在一起的：阿拉貢的凱瑟琳三個胎兒都死在懷孕四個月以後，安妮‧博林是在六個月時流產的，1552 年愛德華出皮疹，一年多後他就死於某種病症，像是肺結核和先天性梅毒的綜合症，梅毒造成了手指病變。這些都是證據。我們還有其他證據：伊麗莎白和瑪麗近視，據說瑪麗還耳聾，她的鼻樑扁平，流惡臭的膿—— 這些症狀都有可能是先天性梅毒引起的。最後，我們還有亨利後兩次婚姻的例證。正如史家認為的，假如他結婚的原則是想要都鐸王朝的世系人丁興旺，那麼就可推斷他在近 50 歲時已經不能生育，或是已經性無能。這是推斷他患了梅毒的有力證據。

至於亨利本人，在他年輕時威尼斯人帕斯奎尼戈這樣形容他："是我看到的最英俊的君主，超出通常身高，腿肚子上的肌肉很結實，皮膚白皙、明亮，赤褐色頭髮按法國式樣梳得又直又短，圓圓的臉，很漂亮，像個美女，他的脖子頎長、粗壯。"這個19歲少年擁有一切：體格健美，儀表端莊，富有魅力，頭腦聰慧。他可能是戴王冠的人中最有男子漢氣質的典範。他沉迷於各種體育鍛煉、舞蹈和音樂活動，但主理國務的大臣沃爾西明確表示，亨利是自己掌管統治事宜，有主見，不會輕易被人說服。

1514年2月，亨利23歲時得了天花，但沒有出膿包，看來是順利地完全復原了。也許我們有必要對這一診斷提出疑問，就像我們對他兒子1552年出皮疹的情況提出疑問一樣。1521年，亨利第一次染上了瘧疾，這是16世紀英國的一種常見病。在後來的餘生中，他還不時地為這種病所苦。三年以後的1524年3月，他在與薩福克公爵比武時出了一次事故，但似乎受的傷不重。1527年亨利開始頭疼，1527—1528年間他的大腿上開始出現人所周知的潰瘍，在後來的日子裏一直折磨着他。

1527年是關鍵的一年，亨利時年36歲。直到這時為止，他的統治還是明智、溫和的。其間雖然發生過多次危險的暴動，像1517年"罪惡的五朔節"（Evil May Day），都被堅決地鎮壓了下去，但按當時的標準一點也不殘酷。在那些年中，亨利為英國的海軍機構打下了基礎，修造船隻，建立領港協會，改善港口，建造船塢和貨棧。1521年，他在"英國所有有學問人"的協助下，寫文章從學術上對馬丁‧路德進行反駁，為此教皇利奧十世給了他"信仰維護者"的稱號。直到今天他的繼承者在登基時還用這個

領港協會　Trinity House，主管英國沿海浮標、燈塔和領航工作的半官方機構——譯者註

稱號。亨利鼓勵托馬斯‧莫爾為提供潔淨水、處理污水而努力，雖然這些努力大多徒勞無功。由於治療黑死病已不再是教會的特權，結果江湖郎中

和沒有文化的遊醫應運而生。1512年亨利頒佈法令試圖規範行醫，要求由教區主教和他任命的專家來檢查醫生的資質。根據這一法令，英國在1518年建立了醫師學院。亨利本人是個有經驗的業餘醫生，他在這些改革中起了作用。

從1527年開始，他的個性開始改變，由優秀的年輕人變成一個孤僻、尖刻的暴君。改變無疑部分是由於他對與凱瑟琳離婚的擔憂引起的，因離婚引起的爭議持續了不下六年時間。在1531年，他第一次出現了心理失衡的明確跡象。這時亨利允許採用一種新的恐怖懲罰方式，把人用水煮死。至少有三個人是被用這種方式處決的。在亨利去世幾個月後，愛德華六世的顧問廢除了這一法令。1533年，亨利頒佈了第一個"叛逆法"。法令規定，任何人誹謗亨利與安妮·博林的婚姻，或是對此懷有偏見，都犯有叛逆罪，要面臨野蠻的死刑，將會被吊起活着肢解。

1534年亨利的恐怖統治開始，他不加區別地屠殺羅拉德派教徒、路德派教徒、再洗禮派教徒和天主教徒。接着就在1535年，殘酷處決了加爾都西修道院院長和所有修士，還砍掉了聖徒托馬斯·莫爾和主教約翰·費希爾的頭。1536年1月17日，亨利在比武時受了重傷，昏過去兩個多小時，直到2月4日才完全復原。這一事故為認為亨利基本上是"迷糊"（punch drunk）了的看法提供了依據，但這是在他性格明顯改變後九年才發生的。腦震蕩肯定加劇了他的病狀，從這時開始，我們必須把亨利的行為看做絕對不正常。他對待安妮·博林很野蠻。作為英國教會的首領，他可以很容易就與博林離婚，但他卻將她處死，並把她的女兒稱為雜種。在1538—1540年間，他還鎮壓修道院，將敢於拒絕或拖延服從他命令的任何修道院院長或修士都吊死。英國許多中世紀的藝術品被任意毀壞，這樣毫無理由地毀滅文化，肯定不會得到這位在1509年登基時還是位有文化的優秀青年學者的贊同。

在實施鎮壓的年代，亨利不斷受到頭痛和失眠的折磨，喉嚨疼痛，腿上潰瘍或許已成瘻管。1538 年 5 月 47 歲時，據說他"有時說不出話，臉色發黑，極為危險"。法國大使卡斯蒂永記載了這一事件，他認為亨利的變化與腿上的瘻管有關。對此，還有人認為，亨利受到肺部栓塞的折磨，由於靜脈曲張血塊堵塞了他的肺動脈，失語顯然是中風發作的結果。

1539 年，他制訂了"六信條法"。這是一項重要立法，矛頭針對任何對亨利的"英國教會首領"地位提出挑戰的人。他把新教徒當做異端分子燒死，把天主教徒當做叛徒吊死。亨利對宗教改革搖擺不定的政策可能受到他對妻子及其"黨派"的看法改變的影響。無疑，亨利對克利夫斯的安妮的醜陋容貌感到苦惱，而這個女人是主張改革的黨派介紹給他的，這就直接導致托馬斯·克倫威爾的倒台，也給亨利可靠的朋友和支持者克蘭默主教帶來了危險，還引起了他再次迫害新教徒的行為。給人的印象是，亨利開始時想改革他自己的教會，然後又對他的靈魂在末日審判時可能得到的結果感到擔心。這表明他在思想上產生分裂，一方面他試圖要讓教會成為聖母教會的忠實兒子，而另一方面又想讓教會聽從他自己的意願。

亨利從來沒有失去對國家事務的控制。實際上，在 1529 年沃爾西倒台並去世後，他就趨向於實行絕對君主制而不是立憲君主制。在去世前三年，他還在與法國的作戰中親自率領軍隊，並採取積極措施去對付英國可能遭到的入侵。雖然他過早進入衰年，頭髮花白，過於肥胖，但他從未衰退到智力和體力嚴重受損的程度。與伊凡不同，亨利死時沒有驚恐不安、滿口胡言。對他死時的情況說法不一，實際原因不清楚，但他死時很平靜，握着克蘭默主教的手，這是他朋友中唯一到最後還對他忠心的人。

正如上文所提到的，對亨利的病史中是否患有梅毒爭議很大，許多地方都有疑點。對一個現代醫科學生，老師會教導他在寫病歷前先要尋找一些簡單的東西。假如檢查一個 15 歲的孩子，他發熱、腹痛、右側柔軟但肌

亨利八世臨死時指定愛德華王子為繼承人。

肉有點僵硬，這個學生就應該在考慮較少見的病之前先排除急性闌尾炎。再者，醫科學生一般在確定病人肯定有多種不同病症前，應該把各種跡象和症狀歸為一種臨床表現。亨利八世的歷史應該按照類似方式去考慮。無疑，這位國王患有好幾種較輕的病，但他的病史、他的王后的生育史、他的兒子愛德華可疑的死、他的女兒瑪麗的殘疾，甚至伊麗莎白的近視，所有這一切肯定在診斷時都要綜合考慮進去。假如分開來可以解釋他得了不同的病，但合在一起證據就較為明確。梅毒是 16 世紀早期一種很常見的傳染病，沒有理由認定亨利會得以幸免。

　　不管亨利得的病是什麼，這對英國後來都產生了重要影響。他沒有一個健康的男性世系是強有力的都鐸王朝終結的開端。他沒有孫子，不管是合法的還是不合法的。都鐸王朝強有力、有效率的統治讓位於軟弱的斯圖亞特王朝試圖建立的專制統治，這使得國家陷入了一場內戰。

瑪麗女王與她的丈夫西班牙國王菲利浦二世。

亨利死後，九歲的愛德華在他母親西摩家裏人的監護下繼位。在西摩的支持下，愛德華成了新教徒的保護人，更無情地繼續執行亨利剝奪修道院財產的做法。大量修道院的土地、財寶和收入被貪婪的貴族攫取。仍然還有許多人對舊時的信仰天主教有感情，愛德華統治時狂熱的搗毀聖像運動使普通英國人對新教沒有好感。假如愛德華的繼承人、他的同父異母妹妹瑪麗做事適度的話，她也許能成功地恢復羅馬天主教會，雖然也許不能恢復其過去的權力，但能長久地使之成為英國官方宗教。無疑，瑪麗不顧他的天主教徒丈夫、西班牙的菲利浦二世發出的警告，堅持迫害新教徒。如果她只是每年不大肆聲張地燒死幾個狂熱的新教徒，她或許能把自己譽為反異端的純潔信仰的維護者。但幾乎可以肯定，瑪麗精神上不正常，一點也不理智。她在三年多時間中將 300 多普通男女燒死在火刑柱上，此舉使得她的大多數臣民都把羅馬天主教看得比異教更加罪惡。伊麗莎白一世統治時的和解政策來得太晚了，以致在後來許多年中英國都難以達到宗教寬容。

瑪麗迫害的影響直到今天還顯而易見。16 和 17 世紀許多事件的真相仍無法弄清，因為新教作家的敘述與天主教作家的敘述常常大不相同。這些陳年之火慢慢燃燒的時間沒有什麼地方比北愛爾蘭更長了。瑪麗的迫害還改變了英國人對苦難的態度。像他們的北美表兄弟一樣，他們總是崇尚勇敢，但又與其他一些民族不同，他們從不認為自願忍受痛苦有什麼特別高貴之處。這或許就是"麻醉"這一仁慈的科學會最先在美國和英國推行的原因吧？16世紀受難者的痛苦不僅激起了憤怒和憐憫，而且還令人厭惡。這些人自願忍受所受的折磨，因為受難者只要認錯就會得到寬恕，在大多數情況下只要放棄以前接受的信條就行了。對大多數英國人來說，中世紀光榮殉難的觀念在史密斯菲爾德（Smithfield）的火焰中消失了。

最後，讓我們再來看看為防治梅毒所做的努力。已知最早的療法是用對付中毒的瀉藥和半巫術式的解毒藥。雖然遭到更有創新精神的醫生帕拉切爾蘇斯的攻擊，愈創木作為特效藥直到16世紀末還被廣為使用。這些治療肯定毫無療效。一種更有效但也更危險的藥是在水銀中找到的。

存於朱砂中的水銀已被阿拉伯學派的醫生用做治皮膚病，13世紀時盧卡的西奧多利克開的藥方中就有含礦物水銀的油膏。這一早期使用水銀的情況被當做梅毒是歐洲的一種古代疾病的證據。另外，有些歷史學家認為，有關亨利八世的治療一點也沒提到水銀療法（這難以隱瞞），表明他不可能得梅毒。這一看法不能讓人信服。水銀似乎只用於治療嚴重的、難治的皮膚病。在亨利的病例中，除非有明顯的皮膚疾患是不會用水銀的，而沒有證據表明亨利有皮膚疾患。

很有可能是因為有明顯的皮膚損害，喬吉奧·索馬里瓦才在1496年試圖用水銀治療梅毒，但他不是醫生。三年後，醫生雅各波·貝文加里奧·達·卡皮在意大利因使用水銀成功出了名。本文提到的努托·切利尼就是他的一個病人。這種療法被稱為"流涎"，因為服用金屬汞及其

努托·切利尼　Benvenuto Cellini，16世紀意大利的著名雕塑家——譯者註

嗅鹽臨近中毒時，人就會流出大量涎水。這種療法採用口服、油膏和蒸汽

浴的方式，在三個多世紀中很有效，但卻極不舒服，也很危險。人們為找到其他特效藥還做了許多努力，但唯一一種能被長久使用的藥物是碘化鉀，是在19世紀40年代開始使用的，對梅毒晚期有療效。自稱掌握秘方的江湖騙子有很大危害性，英國在1917年把不夠格的人治療梅毒當做犯罪。

除非找到病因，否則就不可能對一種病進行合理的治療。直到20世紀，人們才完全了解梅毒的病因。1905年，Ｆ・Ｒ・紹丁和Ｐ・Ｅ・霍夫曼發現了致病菌，他們給病菌起名為"蒼白螺旋體"（Spirochaeta pallida），此後這一名稱又被改為"蒼白密螺旋體"（Treponema pallidum）。現在已知

15世紀時的意大利醫院。

這種病菌的不同亞種不僅是性病型和非性病型梅毒的致病菌，而且也是雅司病、品他病和非性病性螺旋體病（bejel）的致病菌。野口英世將病菌從已顯麻痺性癡獃的病人的腦中分離出來，因而證實了一個世紀以來一直有人懷疑的致病

品他病 pinta，熱帶美洲和加勒比地區的一種螺旋體性病——譯者註

原因。1906—1907年，瓦色爾曼試驗的問世使得即使在潛伏期也能查出梅毒。1909年，在經過多次試驗後，法蘭克福的保羅·艾利希製出了第一種"內

瓦色爾曼 Wassermann，德國醫生，發明梅毒血清試驗——譯者註

吸抗菌藥"，可以注射進血液，殺死病菌而不傷害身體組織。這就是著名的"606"，是一種有機砷化合物，艾利希稱之為"魔彈"，相信它能殺死許多病菌。實際上，他的看法不對，因為它只對主要的螺旋體或密螺旋體病菌有效。這種藥的處方名是"洒爾佛散"（salvarsan），被廣泛用於治療梅毒，但也產生了相當嚴重的副作用，在第一次世界大戰前夕被新胂凡納明（neosalvarsan）替代。在交戰的特殊情況下，性病猖獗，這些砷劑藥物就很有價值。第二次世界大戰中出現了青霉素，這是抗菌素類藥物中的第一種，1943年，約翰·馬奧尼不僅成功地用它治療梅毒，還用來治療第二種古老的性病——淋病。

就這種病的性質而言，預防比治療更重要。預防的大敵是其隱秘性。到20世紀初年，斯堪的納維亞國家已經積極並切實地對這一問題探討了將近一個世紀。但在維多利亞時代的英國和其他許多國家，賣淫和性病是禁忌的話題，官方不承認其存在。1913年11月1日，英國政府建立了一個皇家委員會研究並提出對梅毒應採取的治療措施。1916年2月，在性病患者大量增加時，這個委員會提出了報告。簡單來說，他們建議授權給地方當局提供免費的診斷和治療。他們還有一個建議，允許住區外的居民也可以得到咨詢和治療，採用匿名這種合乎情理的做法。他們可以不必兼顧實名與匿名，決定以匿名為主。報告中最重要的部分是要求進行適當的教育，

患有梅毒的人。圖中可見梅毒造成的可怕病處和腐爛的肉。

而不是對此避而不談。

在這一報告發表後，社會很快就採取了行動。附屬於志願醫院和市立醫院的診所 1917 年開始工作。許多地方當局採用一種最實際的廣告方式，在公共廁所標上離那裏最近的診所的地址。1925 年又實行了最值得注意的改革，地方當局被授權從事一項教育計劃。由於這類教育必須要經過公眾討論並公開接受討論的內容才能進行，因而掩蓋這整個話題的社會禁忌最終被消除了。坦率承認公眾的危險加上個人可以匿名，消除了人們的不少恐懼和恥辱，這有助於將病人由一個罪人轉變為一個不幸的人。

第二次世界大戰中，世界範圍內的病例在增加，英國政府採取了果斷的措施。社會工作者不僅提醒人們注意治療措施，還與懷疑病人保持接觸，勸他們去做瓦色爾曼試驗，同時還採取措施，對發現已傳染了三人以上的梅毒患者實行通報，並強制治療。採取這些措施加之有療效顯著的青霉素治療，病人人數大大減少。1947 年政府不再執行這些規定，但繼續從事有效的社會工作，以致到 1956 年梅毒顯然被遏止住了，許多診所因沒有病人而關門。類似的措施尤其是青霉素治療，幾乎在全球都取得了卓越的成效。

在後來十年內，這一重要工作的大多數成果又變得成效甚微。與英國和美國的情況相仿，在其他國家，第一期和第二期梅毒病人的數目在增加。這一悲劇的原因部分是病菌出現了抗藥性，部分是出現了毒性更大的病菌，而主要原因是在 "縱容的" 20 世紀 60 年代，年輕人放鬆了道德規範，行為放縱。今天，不僅在西方世界，而且在別的地方，另一種主要靠性交傳播的疾病轉移了人們對梅毒的注意力。對此，我們將在結論中來探討。

4 天花：被征服的征服者

Smallpox, or the Conqueror Conquered

印第安阿茲特克人畫的天花流行圖。

　　現在我們必須更深入地探討一些傳染病，這些病產生於早期文明中心，再從一個中心傳播到另一個中心，有時會造成毀滅性的後果。這些病在其原有的區域已被制服，因為人對傳染病的有機體已產生了抵抗力，但在通過像征服者、傳教士或商人這樣的移民傳到那些碰巧不適應它們的區域時，它們古老的毒性就會復甦。

　　本章大部分內容都用於敘述天花及其預防的歷史。天花是由病毒引起的，是曾被稱為"兒童病"的一組病中的一種，麻疹是另一種"兒童病"。這些都是大眾病，不會在小而分散的居住區存在。它們起初在人體作為致病病原體肯定存在於人口最早密集的地區，因為致病有機體只能通過發病的人直接向另一個未被感染的人傳播才能致病。在這方面，它們與諸如斑疹傷寒和腺鼠疫這類病不同，那些病分別是靠蝨子、老鼠或跳蚤傳染的，可以傳給人，但其存在不靠人作為寄主。

像天花和麻疹這樣的病，被感染一次就會在一段時間也可能是終生對再次感染產生抵抗力或實際的免疫力。一個人有了免疫力就既不會得病，也不會傳給沒有免疫力的人，因為這種病只有發病時才會傳染或讓人得病。這樣的傳染病從不在一個社區中完全消失，而是有零星的病例，在小範圍發作。在此情況下，這種特殊的病就被稱為社區的"地方病"。這種病的延續總是依賴有眾多未被感染、沒有免疫力的人，他們一直處在危險之中。單個"地方"病例會感染許多沒有免疫力的個人，直到它發展成為有許多人得病的一種嚴重"傳染病"。在傳染期結束時，完全或部分有免疫力的人數到達最大數量，這種病就又退回地方狀態。然後易感人群的數量又會增加，全部過程又重複一次。這就決定了有一個年齡組最容易感染。比如，在 20 年內沒有大規模流行，那麼兒童和青少年的危險就最大。

麻疹通常會給人帶來終生免疫力，但在 20 世紀早期，它的傳播卻很容易，醫生估計每五年就要大流行一次，因而大多數得病者都是幼兒。因此，大部分歐洲的成年人都已在兒時得過麻疹，有了免疫力。許多成年人還部分受到來自有免疫力的父母的抵抗力的保護，因而不可能病得很重。這種"母體遺傳抗體"對易感兒童也起作用。這就是為什麼麻疹在歐洲被當做典型的"兒童病"的原因，也是為什麼在麻疹偶然傳到一個完全沒有抵抗力的南太平洋群島社區時情況就會大不一樣的原因。

1872 年，流行性麻疹在南非一個基本上沒有抵抗力的社區出現，1873－1874 年傳到毛里求斯，1874 年傳到澳大利亞。1874 年 10 月 10 日，英國政府正式吞併了斐濟群島。在那年晚些時候，斐濟國王卡科鮑帶着家人和王室隨從訪問了澳大利亞，感受到了文明的快樂。麻疹也是他們感受到的一種"文明的快樂"。訪問團乘皇家海軍巡洋艦"狄多"號離開悉尼去斐濟，1875年1月15日回家。團裏有一兩個人上岸時已病得很重，病情像是得了嚴重的麻疹。在三個多月時間內，至少有1/5也可能是超過1/4的斐濟人死亡，單是斐濟群島死的人總數估計就超過4萬人。病魔還傳遍整個南太平洋，造成差不多數量的人死亡。疾病無論在哪兒出現都引起了恐慌。當時一位作家威廉·斯奎爾寫到，許多人只是死於恐懼，其他人死於為減輕滾燙皮疹的痛苦把身體浸在海中。他相信"只有在每個人都得了病後，這種疫病才會停止"。就是說，不僅是兒童，各種年齡的人都有危險。沒人確切地知道有多少人死於麻疹，因為歐洲人還帶來了其他當地人不適應的致命傳染病，其中有肺結核和梅毒。大家都認為，當地人的優良體質被毀了，人數減少到150年前在南太平洋群島生活人口的約1/10。

在北美，有關麻疹的故事也同樣有啟發意義。在這個地域開闊、社區分散的大陸，不斷有移民從英國和法國遷來，從歐洲中心地區傳來的疾病造成的結果與南太平洋迅速的、爆炸性的流行完全不同。最早是1635年和1687年在加拿大記錄了麻疹的流行。波士頓1657年和1687年麻疹兩次流行，後一次很可能是從加拿大而不是從歐洲傳來。1713年、1729年和1739年麻疹又多次在波士頓出現，1740年的一次更為嚴重。18世紀的帆船長途航海不利於來自歐洲的麻疹傳播。假如直到1747年才有人報告在南卡羅來納、賓夕法尼亞、紐約和康涅狄格有麻疹流行的說法是正確的，那麼看來這時是"美洲"麻疹在蔓延。1772年波士頓是發病嚴重的主要中心，據報告，有幾百個孩子死在馬薩諸塞的查爾斯頓地區。六年後，一種類似的致命傳染病在紐約和費城猖獗，當時這種病被歸為"兒童病"一類，但其危害卻要比同一時期的歐洲嚴重得多。麻疹藉助有篷馬車從東海岸傳到了密西西比峽谷、肯塔基和俄亥俄。

因為麻疹和其他出疹子病之間的區分不明確，所以上面的一些說法可能會有疑問，但在傳染病史上放寬類別非常重要。這樣做，一者可很好地說明某類傳染病是如何形成的，再者又可說明某類傳染病在與另一類傳染病併發時會發生什麼事。麻疹的美洲類型可能與那些在早期文明中心發展起來的類型沒有什麼區別。麻疹在北美發展的途徑不是因傳染病毒的任何變化引起的，而是由人口的增長和聚集引起的。剛開始，分散的社區被各自傳染上，小社區就會產生出一種抵抗力，足以防止致病病毒的生存，如果不從外面傳入感染，疾病就不會再流行。如果新的感染是在幾年內來的，那麼病就會只在孩子中間出現。假如感染拖延到 20 年或更長時間後來臨，成年人也會有危險。當社區間的距離縮短、相互交往更便捷時，感染機會就會增加，易感人群的年齡也在下降，因而麻疹成了一種全國性的疾病而不是地方病。可以這麼說，像這樣出現的任何外來疾病都是開頭毒性特別強，接着就又回復到它以前的狀態。

✜ ✜ ✜

在探討有很大爭議的關於天花的歷史時，我們必須記住，不僅是在一個新社區引進一種不熟悉的病會造成致命的結果，而且一種舊的傳染病在引進新種類的致病機體後也會被激活。有些歷史學家認為，天花早在公元前 5 世紀就是地中海區域的一種疾病，這種病通常會留下稱為痘記（pock-mark）的疤，但是，在希臘－羅馬任何表現人相貌的作品中都沒有描繪痘記。不描繪可能是出於藝術上的考慮，而不能證明它不存在。另一派觀點設想印度是傳染源，他們提出自遠古以來印度女神西塔拉（Shitala）就被用來預防天花。還有一種說法認為，這種印度病及其預防方法還流傳到了中國。最早對此專門、明確的描述是中國醫生葛洪記述的，他生活在公元265 年到 313 年。不管是起源於印度還是中國，天花都有可能是通過絲綢之路從東方傳來的，到公元 581 年前已傳到歐洲。在那一年，圖爾的格里高利已明確談到，在法國有這樣一種傳染病。這時大約是從朝鮮由佛教僧人把天花傳到了日本。天花和麻疹流行是日本從 750 年至 1000 年 "瘟疫時代" 的主要特徵。大約在 980 年，日本人提到有隔離天花病人的專門房屋，還提到一種懸掛紅布的有趣療法。有一個英國人，加德斯登的約翰，在 1314 年建議用紅簾子達到同樣目的。這種 "紅色療法" 在民間醫學中延續了許多世紀，到 1893 年獲得了半科學的地位。在這一年，丹麥燈光療法的先驅尼爾斯·賴伯格·芬森由屏幕濾去紫外線打出紅光。"紅色療法" 沒有什麼價值，但有趣的是這是 "像什麼治什麼" 的一個例證，因為天花會出玫瑰色的連片皮疹。

早期對天花最權威的記述是公元 900 年前後一個通常稱為拉澤斯（Rhazes）的波斯醫生留下的。他的一項成就是更明確地區分了天花和麻疹。自 10 世紀以來，天花肯定已出現在歐洲、亞洲和非洲，但在歐洲，這種病的輕重程度有所變化。在 17 和 18 世紀，這種疾病似乎傳播範圍不那麼廣，對人也不那麼致命。當時一些學者把麻疹當做最危險的傳染病，"天花" 一詞很可能已被用來指好幾種病，麻疹也包括在內，其特徵是出皮疹。天花自身有三種形式：重型天花（Variola major），輕症的類天花（Variola minor），牛痘（Variola vaccinae）。由於所有這三種都是由同一種病毒的變種引起的，所以得了其中的一種也就能免受其他兩種的傳染，雖然這種免疫力可能不是終身性的。各種證據表明，直到 17 世紀，輕症的類天花在歐洲更為常見。

重型天花在西班牙征服墨西哥的過程中起了很大作用。幾乎可以肯定，歐洲輕症的類天花的存在對一支很小的西班牙軍隊不聲不響就打敗了墨西哥整個國家也起了作用。1518 年 11 月 18 日，埃爾南多·科爾特斯從西班牙的殖民地古巴乘船而來，他帶着一支由西班牙人和美洲印第安人組成的

猶太人翻譯的古波斯醫學著作《醫典》。

800 人軍隊。他在尤卡坦海岸登陸，接見了友好的使節，並接受了墨西哥阿茲特克人皇帝蒙特祖馬的禮物。在繼續航行後，科爾特斯建造了維拉克魯斯城，為確保他手下態度勉強的軍隊支持他，他燒了船，斷了回古巴的路，然後向內陸挺進到特拉斯卡拉。在那裏，他遇到了一支敵對的軍隊，但在打了一場硬仗後與特拉斯卡拉人簽訂了條約，又在約 1,000 人的特拉斯卡拉

"友軍" 援助下，向阿茲特克首都特諾奇蒂特蘭（墨西哥城）進軍。

　　這座城市是一個有着約 30 萬居民的大住區，被一個大湖隔絕，靠三條石砌的道路溝通，其中一條有 6 英里長。科爾特斯有一段時間與蒙特祖馬關係不錯，但在這位皇帝鼓動對維拉克魯斯發動了一次進攻後，他們的關係惡化了。科爾特斯監禁了他，罰他交納一大批金子，還迫使他承認西班牙的最高君主權。六個月以後的 1520 年 5 月，科爾特斯聽說，另一支西班牙—美洲印第安人軍隊在潘菲羅‧納瓦埃斯率領下正從海邊向內陸開來，要想恢復蒙特祖馬的權力。科爾特斯留下一個軍官彼得羅‧阿爾瓦拉多控制首都，自己去截擊納瓦埃斯，並在一次夜襲戰中打敗了他。接着又有消息說，阿爾瓦拉多在城裏的一次起義中受挫。科爾特斯匆忙趕回，1520 年

科爾特斯與蒙特祖馬會面。

6月24日返城時發現蒙特祖馬已經死了，阿拉瓦拉多帶着一小股殘存軍隊被圍困，阿茲特克人發動了大起義。科爾特斯經過一番苦戰好不容易衝出城，幾乎損失了一半人，逃到多少還與他保持友好的特拉斯卡拉。 1520年底，科爾特斯得到少數西班牙援軍，又徵召了1萬特拉斯卡拉人從軍，建造了一支規模不大的船隊。他下令挖一條運河，把他的船駛進圍繞城市的湖中。 1521年4月，他開始圍城。科爾特斯親自指揮載有300人的特遣船隊，打敗了乘獨木舟的人數佔優的敵軍，登上進城的道路，但他在第一次攻城時受挫，傷亡很大。然而，到1521年8月13日，這座城市在經過頑強防守後落入他的手中。當西班牙人進城時，房子裏滿是屍體。居民們不是死於受傷或是飢餓，而是死於疾病。

當潘菲羅·納瓦埃斯在1520年5月離開古巴駛向墨西哥時，他還帶來了一些非洲人，可能是按照斐迪南國王的命令用船運到西印度群島的同一批基督徒奴隸（或是他們的孩子）。他們中有些人得了病，至少有一人在美洲大陸上岸時還在生病。這些人把病傳給了別人，這種病在美洲印第安人中傳播很快，被稱為 "大麻風"（the great leprosy）。這種病與麻風不像，傳播很快並立刻出皮疹，這些症狀也不像雅司病或是梅毒。從下面的故事來看，無疑這種傳染病是一種致命類型的天花。

這種病肯定比已知的16世紀歐洲的那種天花更加致命。據推測，在特拉斯卡拉當地人中有一種傳染病，1521年初夏在第一次攻城失敗時，他們把病帶到了這座都城。當科爾特斯在8月進城時，他發現幾乎有一半居民都死了。在六個月內，新西班牙的已知區域沒有一個村子能幸免不被傳染。有人估計，差不多有一半阿茲特克人在天花第一次流行時死去。

第二次流行是在1531年由西班牙人的船重新帶進來的，造成了巨大的破壞。 1545年、 1564年和1576年又有三次天災，將新西班牙土著人口大大減少，從征服前1,000萬到2,500萬這樣尚不確定的人口數，減少到17世

西班牙殖民者屠殺阿茲特克人。

紀初的可能不到 200 萬。與這樣可怕的死亡狀況相比,另一個西班牙征服地區似乎情況更糟。差不多就在同一時期,秘魯的印加人從約 700 萬減少到約 50 萬。毫無疑問,天花是肇事者,但被征服者帶來的腮腺炎和麻疹也使許多人死亡。沒有證據表明,在西班牙征服者來之前,這些傳染病已在這個地區存在。但這樣驚人的死亡還有另外的作用。美洲印第安人一般都把抵抗看作無用,能夠造成如此規模死亡的入侵者不會是凡人,而是復仇的天神。不光是南美土著這樣認為,澳大利亞東南的土著部落在 18 世紀後期,當他們突然遭遇英國殖民統治的最初階段帶來的天花病時,損失很大,也同樣有這種感覺。

認為征服者有神力的理由不是因為他們身着鎧甲,能夠擋住阿茲特克人的武器,也不是他們使用火藥,勝過當地的弓箭。把他們看作超人的主要理由,是他們自己似乎能躲開他們加在美洲印第安人身上的可怕懲罰。1521 年夏,天花在阿茲特克人中開始流行,或許碰巧是某個非洲奴隸帶來的致命的重型天花引起的,也有可能是在傳給一個完全不適應、完全沒有免疫力的民族時,輕症的類天花變為重型天花了。不管是哪種情況,西班牙人來自一個輕症天花流行的遙遠大陸,因此他們多少對這種病有些抵抗力。無論做出什麼解釋,天花以及西班牙人對天花相對具有的免疫力,在毀滅阿茲特克種族的過程中發揮的作用與西班牙人武器上的優勢一樣大,或許作用更大。此後,墨西哥一直是有毒性天花的儲藏地。晚至 1947 年,還有一位來自墨西哥的旅行者小範圍地把天花傳播到紐約。

在整個 16 世紀,歐洲的天花患者病情相對較輕。在 17 世紀,天花變化為一種危害較大的類型。產生這種變化的原因不明,但有可能是從西班牙統治的美洲重新傳來的病毒被激活了。1629 年,倫敦的第一份死亡清單列進了天花,在三四十萬人口中,死亡人數平均每年不到 1,000 人。在 17 世紀後期,這個數字開始陡然上升。天花從一種相對沒有多大危害的兒童常見病逐漸成為對孩子最致命的病。在 18 世紀初，可能除了嬰兒腹瀉，天花比任何別的病毀掉的歐洲兒童都多。在英國一個人口不到 5,000 的地方市鎮，1769 年到 1774 年間有 589 個兒童死於天花，其中有 466 人在三歲以下，只有一人過了十歲。在柏林，差不多同一時期，98% 死於天花的是 12 歲以下的孩子；在倫敦，85% 死於天花的人不到五歲。幼兒這樣規模的死亡肯定約束了人口增長。由於缺乏人口統計數字，有關人數的材料不可靠。

對這樣的 "殺手" 先予以控制、後予以擊敗，為此做出的努力在世界歷史上就如同這一疾病本身的影響一樣重要。讓我們來看看做出了哪些努力。即使是最愚昧的巫醫也肯定會注意到，有些病本身是慢性的，有些病本身是急性的，一個人會多次得一種病，而另一種病卻一生只會得一次並且沒有生命危險。因此，獲得免疫力這種現象已在許多世紀中成為人們的常識。理性提醒人們，假如一種危險的病只會讓一個人得一次，那麼人們就更願意得一次輕症的這種病。由於人們知道這樣的病是以某種方式從一人傳給另一人，也就有理由（並不總是對的）希望，如果去與現有最輕的病人接觸，沒受感染的人就會受益。在約翰・伊夫林的日記中有一個這樣的例子。1685 年 9 月 13 日，伊夫林與他的朋友塞繆爾・佩皮斯一起去樸次茅斯旅行，途中在巴格肖特（Bagshot）停留。伊夫林寫道：

> 我去拜訪詹姆斯・格雷厄姆先生的妻子格雷厄姆夫人。她的長子正生病，在出天花，但正以得當的方式在復原。她的其他孩子在四處跑動，與生病的孩子在一起。夫人說，她讓他們愛做什麼就做什麼，在年幼時就過了這種致命疾病的關。她認為他們總會得一次，這樣最好。在我的貧窮家庭中，這種惡疾來得晚卻發得重，這證實了夫人的說法。

這種實踐加上 "像什麼治什麼" 原則產生了一種稱為種痘的預防方法：

將一個得病者身上的組織或分泌物注到要預防的對象身上。據說中國人最早從印度學到了這種方法,從10世紀以後就採用了一種種痘方法。他們從患輕症天花病人快乾的痘瘡上取下痂,把痂再碾成粉,吹一些粉末在未染病者的鼻孔中。沒有明確的證據表明,在歐洲也這樣做過。

雖然還不能肯定,但有可能取材於天花膿包的種痘療法在小亞細亞已推行了很長時間。第一個確定的例證出現在約1710年,在奧斯曼帝國有一個希臘或是意大利醫生,士麥拉的賈科莫‧皮拉里尼,從一個膿包中取出一點濃漿,將之揉進他的某個想防疫的人手臂上劃出的切口裏。這是我們知道的使用"接種"方法的第一例。1713年,另一位醫生,君士坦丁堡的伊曼紐爾‧蒂莫

為自己兒子種痘的蒙塔古夫人。

尼,成功地給一小批人"接種",並寫信把經過告訴倫敦的約翰‧伍德沃德醫生。伍德沃德在皇家學會的雜誌《哲學學報》上發表了這一成果。他的論文引起了人們的一些興趣,但很少有人實際去試驗。1717年,瑪麗‧沃特利‧蒙塔古女士,英國駐君士坦丁堡大使夫人,給自己年幼的兒子接種。在1721年天花奪去許多人生命的前夕,她回到了英國,當着幾個倫敦醫生的面給她五歲的女兒接種,這個孩子後來發病很輕,給醫生們留下了深刻的印象。這次成功和瑪麗女士的地位使人們對接種興趣大增。國王喬

治一世決定讓他的孫子接種，但又猶豫不決。在得到緩刑的許諾後，新被監獄關押的六個死刑犯自願做試驗品。接着又在11所慈善學校不同年齡的孩子身上試用。這些人後來發病都很輕微，於是國王的兩個孫子都接受了接種。

王室的批准使接種在歐洲成為時尚，許多名醫都讚許這樣做。但在這種方式顯然並不總是成功時，就有不少人反對。在預防後再得天花並不總是症狀輕微，每100個接種者中還是有兩三人死了。再者，許多機敏的人也有理由懷疑，即使接種可以保護單個人，但也因增加傳染病灶而使疾病傳播範圍更廣。因為這些原因，接種在1728年以後就名聲不佳，在歐洲很少使用。

這個故事在北美殖民地的結果卻有所不同。天花最早在17世紀中期由英國殖民者傳入馬里蘭，然後緩慢地傳播到弗吉尼亞、卡羅來納和新英格蘭。天花在這裏從來不像在歐洲那樣流行，但因為這裏人口密度小，天花仍是一種主要“殺手”，相應地也引起了人們的恐慌。可能與英國的流行有關，天花第六次在美洲流行，1721年4月在馬薩諸塞的波士頓傳播。皇家學會會員、著名牧師科頓·馬瑟讀到了有關蒂莫尼所做的試驗，建議醫務界做一次接種的嘗試。起初只有一個醫生扎布迪爾·博伊爾斯頓表示有興趣。他在1721年6月26日給他六歲的兒子和兩個奴隸接種，試驗很成功。在整個夏天，他總共接種了244人。不幸的是，他的六個接種對象死了，他實際採用了天花人痘的傳聞激起了人們對他的敵意。9月，博伊爾斯頓被指控傳播疾病，勉強逃過了私刑。雖然他受到輿論的壓力只能洗手不幹，但他還是在1766年去世前活着看到接種人痘在美洲被普遍接受。

種痘之所以被普遍接受，依靠的是種痘使死亡率大為下降。1738年，在南卡羅來納的查爾斯頓城爆發了一次天花大流行。詹姆斯·基爾帕特里克醫生採用一種“改進方法”，推行了一個大眾種痘計劃，他宣稱因此制止了出現高死亡率。1736 年，本傑明·富蘭克林唯一的合法婚姻所生的兒子死於天花後，他就成為基爾帕特里克最熱情的支持者之一。可能是富蘭克林影響了喬治·華盛頓，華盛頓要求在他的軍隊中接種，並為此建立了專門的醫院。

基爾帕特里克醫生 1743 年從查爾斯頓來到倫敦。在倫敦，他記述了 1738 年疾病的流行，強調他的新方法的成功。以前接種的人認為，只有在膿包滲出液"痘苗"被深深植入皮下脂肪層時接種才能成功。基爾帕特里克只在皮膚上刮破表皮，把從輕症病人身上得來的痘苗揉進刮破處。這種方法造成局部感染而不是全身感染，因而可能要安全一些。在 18 世紀 50 年代，基爾帕特里克的熱情加上天花病情比較嚴重、得病者較多，在歐洲人們又開始關注種痘了。

就技藝而言，種痘人都是專門人員，但卻常常沒有醫學上的資質。其中幾個較為有名的種痘人有羅伯特·薩頓和他的兒子丹尼爾，還有簡·英根豪茲和托馬斯·迪姆斯戴爾。薩頓父子對"取苗"有重大貢獻。他們從能找到的最輕的病人身上取出痘苗，接種到許多接受者的體內，再選擇那些局部感染（反應）最輕的人，從他們身上取出痘苗接種到另一群人的體內，再選擇反應最輕的人，如此反覆。英根豪茲在 1768 年受召為維也納的皇室接種，在皇室接種前，可能他已在 200 人身上反覆十多次取苗。在同一年，在從幾百個農奴身上取苗後，托馬斯·迪姆斯戴爾為俄國女沙皇葉卡特琳娜大帝接種。他肯定得到了皇室的酬勞，他一直有一個後代享有迪姆斯戴爾男爵頭銜以紀念他的成功。可能也是薩頓父子最早使用了"通風屋"，被接種者在屋裏留置觀察直到傳染的危險過去。這些屋子顯然是為了避免指責，避免讓人說種痘給社區增加了傳播天花的危險。

這種謹慎增加了種痘的花費，為此許多醫學史家認為，只有比較富裕的階層才能花得起錢用於預防。英國的證據顯示，這種觀點有些地方不對。

俄國提倡種痘的版畫。

記載表明，雖然在城鎮尤其是在倫敦很少有比較貧窮的階層為防疫種痘，但在鄉村地區卻經常有人種痘，由教區支付費用。這裏有一個教區執事留下的記錄片段，記述的是薩姆塞特郡一個叫菲茨海德的小村子的種痘花費：

　　1769 年 5 月 21 日，今天菲茨海德教區的執事、濟貧助理和居民同意，經本日專門召開的教區會議決定，所有由教區承擔費用的貧窮兒童都將接種，由教區支付費用，見證人有約翰‧科默、約翰‧霍爾庫姆、威廉‧圖古德。

　　1769 年，付教區接種費，01. 15. 00

　　1789 年，付科默醫生為 27 個窮人接種的帳單，05. 08. 00

　　1796 年，付薩利先生為 34 個兒童接種費用，08. 10. 00

　　1798 年，為斯圖克和斯東的孩子接種，00. 15. 00

　　1798 年，付為威廉‧克魯斯三個孩子接種費，00. 07. 06

詹納發現牛痘的功效。

另一個村子伯克郡的斯沃洛菲爾德村要大一些。許多村婦為倫敦的育嬰堂當奶媽。1767－1768年，這個地區許多人得了天花，未來的僱主要求當時七歲或更大些的孩子應該在當學徒前接種。朱莉安娜‧多德夫人是育嬰堂奶媽的監管人，她給人寫信道：“我現在只監管18個孩子，但卻要送20個孩子到醫生那裏去接種，其中有2人已當學徒還要我花錢讓他們接種，因為在送他們當學徒時已向他們的師傅答應過。”多德夫人還在信封裏塞進了兩封來自種痘醫生談條件的信。第一封信中寫道：“僕人作為住院病人最低的價錢是每人3幾尼。然而考慮到預計的人數，以及他們是窮孩子，醫生準備在自己雷丁附近的房子裏照料他們，那裏一切供應齊備，只是洗浴除外，每人2幾尼。”第二位種痘醫生的價格便宜一些：“若是帶有慈善饋贈性質，給20個窮孩子接種並供應齊備，最低價格是20幾尼。所有事必須立即做好，孩子送來時必須體面潔淨，假如有什麼不適必須在接種前治好。”多德夫人還寫到，還有些額外費用用於孩子的“通風”，意思是指這些孩子必須被隔離。假如在全國對窮人接種能到這種程度且都獲得了成功，天花在18世紀最後25年肯定已是一種即將消失的疾病。

　　作為預防方法，愛德華‧詹納在1798年採用種牛痘，使得種人痘大為遜色。在許多世紀中就有一種傳說，放牛郎和擠奶姑娘從來不得天花。牛痘並不常見，但一旦傳入牛群就會傳染給許多頭牛。牛痘的症狀通常是牛的乳房出現局部潰瘍，如果不治療，就會影響母牛的全身健康和產乳。破口的地方傳染性很強，一個人給牛擠過奶就容易在手上起一個牛痘膿包或潰瘍，但人對人傳染的危險很小。只有在極少數情況下，局部皮膚破損後才會有全身症狀，雖然有時也會發低燒、渾身不舒服。它通過直接接觸傳染，但是在人可能得病前必須有潰瘍物觸及到皮膚破口。

　　可能有許多不具名的例證說農場工人有意讓自己感染牛痘，但只有兩例被載入了文獻。 1774 年，在多塞特郡葉特明斯特有一個叫本傑明‧傑斯泰的農場工人，他從牛痘破損處取痘苗，用鈎針在妻子和兩個兒子的手臂上弄出破口，再將痘苗揉進破口。儘管在這一地區天花相當流行，但他們中誰也沒得病。據說 15 年後，他的兒子又接種了天花人痘，局部或全身都毫無反應。 1791 年，一個叫普萊特的德國人做了一次與之極為類似的試驗。

至於詹納本人，他在 1749 年 5 月 17 日出生於格洛斯特郡的伯克利，曾是倫敦聖喬治醫院名醫約翰‧亨特的學生。無疑，亨特激勵他的學生要有"從事試驗"的熱情。 18 世紀 70 年代，當詹納在索德伯里給醫生當學徒時，有關牛痘的故事開始引起他的注意。詹納回到伯克利行醫，與流傳故事正好相反，他在人身上做第一次試驗前已調查牛痘的效果近 20 年了。 1796 年 5 月 14 日，他從一個叫薩拉‧內爾姆斯的擠奶姑娘手腕上一個牛痘膿包中取出痘苗，注入一個叫詹姆斯‧菲普斯的男孩手臂上的兩個淺淺的切口中，每個切口有 0.75 英寸長。於是詹納敘述了事情的進展：

到第七天這個男孩抱怨腋窩處不舒服，到第九天他有些畏寒，沒有胃口，頭有點疼。在整個這一天中，他都感覺不適，整夜沒睡，但到第二天他就感覺不錯。切口出膿漿的情況和發展與出天花的結果差不多一樣。

7 月 1 日，這個男孩又被接種，從一個天花病人的膿包中取出痘苗立即給他接種。在他的雙臂上刺了幾個孔，劃了幾個小口，痘苗注入其中，他後來沒有一點得病的跡象。

詹納不滿足於一次的成功，而決定在獲得多次成功後再報告他的成果。不幸的是，牛痘在伯克利鄰近地區消失了，有兩年時間沒有出現。後來他又給 23 個試驗對象"種牛痘"，在間隔幾個星期後再給他們用天花人痘接種。每次種痘都只有輕微的局部反應。直到 1798 年，詹納才發表了他的偉

詹納種牛痘。

大經典著作，一本75頁的小冊子，題為《對發現於英格蘭西部一些郡尤其是格洛斯特郡一種病——牛痘的病因和影響的探討》。詹納仔細考慮了這一問題並在好幾年中找機會做試驗，直到確信結果已完全無害時才將其理論用於人體試驗。他沒有匆忙將研究成果付印。儘管已有成卷的證據，也有肯定的結果，且又在兩年內因沒有牛痘病例使他感到困擾，但他一直抗拒着公佈其發現的誘惑，直到結果已被證明毫無問題時才予以公佈。愛德華·詹納是一位真正的科學家。

在五年內，詹納的小冊子被翻譯成了歐洲所有的主要語言，但儘管他已做了充分準備，他的《探討》一書仍受到有褒有貶的議論，長期遭到反對。"種人痘者"顯然反對詹納的"牛痘接種"，因為大家接受"牛痘接種"的話就會斷送他們有利可圖的生意。詹納的種痘法成了漫畫家喜愛的一個主題。教士們在講壇上聲討將動物的病傳給人這一罪惡。有些人反對將其他更糟的病由牲畜傳給人，他們的抗議好像比較有道理。這樣的批評還夾有人們天然就有對接種病牛痘苗的反感，使得早期種牛痘變得只要有可能就仍採用臂對臂的技術。通常是從動物身上取出牛痘接種，然後再建立一個從一人向另一人種牛痘的鏈環，就像種人痘者"取苗"的做法一樣。實踐證明這種方法是成功的，並平息了對用"動物痘苗"的反對意見，但卻大大增加了傳播像梅毒這樣其他人類疾病的危險。臂對臂接種也使人對

大規模接種牛痘。

真正意義上的種牛痘有爭議。

　　到 1801 年底，在英國有約 10 萬人種了牛痘，這一方法遂在世界範圍內推廣。這時已難於提供足夠的牛痘疫苗，且因距離過於遙遠，也不能確保其活力，於是人們嘗試了許多不同的方法。 1803 年，西班牙國王決定將牛痘引入他的美洲殖民地。 22 個從沒得過天花的孩子被召來，他們中兩人被種了痘苗。在航途中，每十天有兩個沒種過痘的孩子由種過痘的兩個孩子接種，這樣就保證了在到達委內瑞拉的加拉加斯港時牛痘仍有活力。在加拉加斯，遠航隊分成兩支，一支去了南美，在南美只有在秘魯的 5 萬多人種了牛痘。另一艘船裝載了 26 個沒種痘的孩子，帶着這一接種鏈環繞過合恩角，到達了菲律賓、澳門和廣州。從那裏，英國和美國的傳教士再把接種牛痘的方法傳入中國內地。

在經過幾次不成功的嘗試後，1802 年，發病率很高的印度次大陸也接受了種牛痘。接種的痘苗最早來自在伯克利的詹納，但路上轉道經過了倫敦、維也納、土耳其、巴格達和波斯灣的布索拉港，痘苗已失去活力，只有一次種痘在到達孟買時還有活力。就是這唯一一次的成功給痘苗繼續傳到馬德拉斯和錫蘭（今斯里蘭卡）提供了足夠的痘苗。

因此，最早的"詹納世系"傳到了亞洲，但另一個世系傳播範圍更廣。1799 年 1 月 22 日，在格雷旅舍街的一家養牛場，倫敦的天花和種痘醫院醫生威廉·伍德維爾發現兩頭得了牛痘的母牛。他立即在天花醫院裏給七個人種了牛痘，然後再從一個天花病人的痘漿中取苗，給所有這七個人接種，其中有三人是在間隔五天後接種的。他從這最早的七人中取苗給第一批 200 人"種牛痘"，然後是第二批 300 人。伍德維爾報告說："有幾例表明牛痘是一種很重的病。在 400 例中有四五例病人很危險，有一個孩子死了。"

詹納很憤怒，他有意在一個多月內暫停給種過牛痘的人做接種天花的試驗。他認為，伍德維爾的牛痘世系感染了天花病毒，所以導致了危險的疾病。但詹納是在農村地區行醫，而伍德維爾不僅在英國天花流行的重要中心都市工作，而且他還在專門為接種和隔離建的醫院工作。接種牛痘的要求是這樣強烈，因而很少有人會提出疑問。伍德維爾的世系在世界範圍內傳播，據估算在 1836 年前至少傳出去 2,000 份痘苗。北美的世系可能就來自伍德維爾，因為他向巴思的種痘醫院提供了痘苗，1800 年海加思大夫又從巴思將痘苗送給波士頓的本傑明·沃特豪斯教授。

直到 1881 年，所有種痘都採用臂對臂方式。從人身上不停取苗導致病毒的作用過弱，又增加了傳播像丹毒、肺結核和梅毒這些人類疾病的危險。在英國制訂了一部"動物痘苗法"，規定要養專門感染牛痘的小牛，對外分發痘苗。這種痘苗質量很不穩定，但在發現甘油能延長痘苗的保存時間後，其質量得到改善。第一批"甘油牛痘苗"在 1895 年分發出去，對那些反對接種動物痘苗的人則向他們提供"人痘苗"。

在19和20世紀，一直有人反對種牛痘。在英國，反對勢力主要來自沒有受過教育的階層，矛頭主要指向要被威脅強制種牛痘。但讓人驚奇的是，社會下層卻贊成接種人痘。1837－1840年，一場天花流行死了3.5萬人，幾乎全都是城市工人階級家的嬰幼兒。下院議員托馬斯·沃克利是《柳葉刀》雜誌的編輯，他直截了當地指責種人痘，認為假如禁止種人痘，天花就不會爆發。英國議會採納了他的看法，通過一項法案，規定接種天花人痘是犯罪。

這樣，在1853年，種牛痘就成了預防的唯一措施，政府以納稅人的錢強制嬰兒接種。不幸的是，沒有強制執行這項法律的機制，許多人都在規避。大約只有一半生在英國城鎮的孩子種了牛痘，人數比大多數的農村地區少得多。1870－1873年是關鍵時期，是接種牛痘歷史上最重要的年份。在歐洲比較專制的國家已經實行強制種牛痘。第一個國家是巴伐利亞，1807年起在德國全面推行強制種痘，軍隊徵兵都要重新種痘。法國對平民和軍人都沒有強制種痘。1869年，在全歐洲開始了一場天花大流行。1870年，普法戰爭爆發。在這場戰爭中，德國軍隊中有4,835人染上天花，278人死亡。而在德國關押的法國戰俘中，有14,178人染上天花，1,963人死亡。法國戰俘的總人數不清楚，但他們的數目肯定比整個德軍的人數少得多。

儘管任何歐洲大陸國家與英國之間的人員交往都會把天花傳到英國，但人們還是責備這是法國流亡者的過錯。天花流行的結果是死了44,079人，倫敦貧民區就幾乎佔了死亡人數的1/4。平均死亡人數是每10萬人中死148人，而在種牛痘前估計是每10萬人中死400－500人。這次流行使得要求給嬰兒種痘的呼聲更加強烈。在1871年的高峰歲月，出生在英格蘭和威爾士的孩子有821,856人，其中93％都接種了牛痘。這時政府任命了專門官員，以保證所有孩子都接受種痘。強制種痘遭到反對，結果是在1871－1888年約有20%的孩子逃避了，到1897年這個數字上升到差不多30%。那年政府制訂了一項"道德條款"（conscience clause），允許在經兩位兼職治安官（Justices of the Peace）或一位專職治安官（Stipendiary Magistrate）同意後可以免種。可能是因為這樣的豁免相當麻煩，在以後十年中，嬰兒種痘的人數增加了。強制種痘在1948年7月5日停止了。

直到1899年，在英國才有了非致命天花發病的準確數字。這一年政府規定要公佈發病情況。此時發病人數已大大減少，並一直呈下降趨勢。從1911－1921年，年度公佈的患者數字每10萬人中從315人下降到只有7人，死亡人數從30人下降到2人。然後病人突然多了起來。1922－1932年，公佈的數字大大上升，1927年上升到高峰時有14,767人。但死亡人數達不到這樣的規模，在這一高峰年份只死了47人。1928年4月，當輕症的天花還在流行時，一艘來自印度的船給利物浦帶來了重型天花，有35人發病，11人死亡。這種重型天花很容易控制，所有接觸過患者的人被接種並實行嚴格的隔離。到5月底就不再出現新的病例。輕症的天花就難以控制，因為許多人病情不重就不去找醫生。實際發病人數肯定高於公佈的數字，直到1943年底天花才不再流行。這顯然是16世紀流行的類天花，但它是在經種牛痘部分防疫後自己發展起來的，還是來自美洲仍不清楚。

各地種牛痘取得了成功，開始有人想在全球範圍內消滅這種疾病。1851年，在巴黎召開了一次國際會議，着手在各國之間統一檢疫標準。1907年在巴黎成立了第一個有關世界衛生的組織——國際公共衛生署。1923年，國聯接手並擴大了其工作範圍。1946年，在紐約召開了一次國際衛生會議，合併了巴黎的衛生署和國聯有關機構，並於1948年4月7日組成了世界衛生組織。世界衛生組織對許多疾病開戰，包括肺結核、瘧疾和性病，還推行大規模的種痘計劃。這一計劃執行得相當成功，被宣佈最後根除天花的國家是孟加拉、索馬里和埃塞俄比亞。到1979年，世界衛生組織可以宣佈，

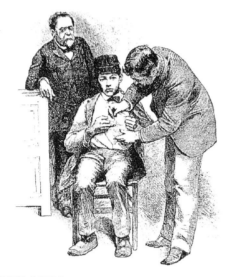

接種狂犬病疫苗。

除了實驗室裏的一些標本，現在在全世界已經沒有天花病毒了。只要保持嚴格的監控，這個可怕的"殺手"應該不會再來侵害人類。

但到底是誰擊敗了天花，是愛德華·詹納還是威廉·伍德維爾？20世紀的種痘人在這全世界範圍的戰役中到底使用了什麼，是牛痘還是一種毒性減退的天花病毒？對這些問題已詳細討論過。只要被重型天花感染一次似乎就能終身有免疫力。考慮到西班牙人在致命的阿茲特克天花流行時相對比較安全，看來16世紀輕症的類天花即使不能讓人有免疫力，肯定也能給人帶來相當的抵抗力。詹納宣稱，他的種痘方法能讓人終生有免疫力，但事實證明他講得不對，因為德國人每七年強制種痘一次，並且不管是否種過牛痘，所有入伍的士兵都要再種痘。大多數醫生建議每五到七年種痘一次，並堅持有人只要與天花患者接觸就要重新種痘。直到不久之前，一個旅行者要去某個天花流行地區仍被勸說要重新種痘。一言以蔽之，沒有人能保證牛痘會給人帶來終生的免疫力。

那麼種痘為什麼能成功地消滅天花？一位很有地位的流行病學家，阿瑟·蓋爾醫生，在1956年他悲劇性的早逝前不久出版了一本小書，給了我們正確的答案。在給詹納以充分肯定後，他討論了我們前面提到的伍德維爾的著作，繼而寫道：

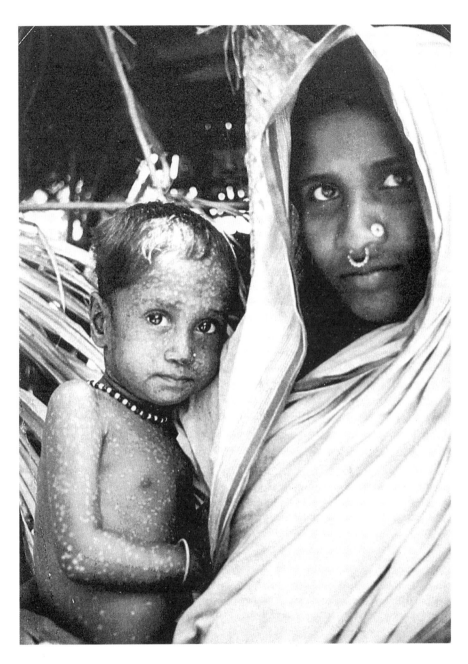

這個女孩是 1979 年在孟加拉發現的最後一個天花病人。

要想弄清牛痘疫苗早期歷史的所有影響是不可能的，甚至都難以解釋伍德維爾的試驗為什麼會這樣好。人們只能猜測 1799 年以後在倫敦發生的事。對我來說最說得過去的猜測是，將牛痘和天花病毒混在一起以某種方式產生了一種毒性低的天花病毒，再經由種痘者的實際選擇過程，天花病毒逐漸變得愈來愈安全。直到 1881 年病毒還以臂對臂接種來保存，此後甘油牛痘疫苗開始取而代之。直到 1898 年才最終禁止臂對臂接種。現代在實驗室所做的病毒研究在一定程度上支持這一理論，這項研究表明，雖然牛痘病毒與接種的病毒有類似的抗原結構，但接種的病毒更像天花病毒而不是牛痘病毒。

蓋爾沒有談到給小牛接種用的牛痘疫苗以及 1881 年後提供的新疫苗的來源。由於牛痘不常見，提供人痘也不是免費的，很有可能到這個故事結束時接種的鏈環還在延續，使用的仍是牛痘—天花病毒混合的毒性減退的世系，不過這只是推測。

不管怎麼說都不能忽略愛德華‧詹納對世界做出的傑出貢獻。他不知道這種疾病的病因，但他所做的工作肯定是以免疫制服疾病的所有努力的起點。1880 年，在發現了存在着的致病微生物後，路易‧巴斯德開始從事詹納因缺乏相關知識而被迫放棄的工作。這種致病微生物，巴斯德稱之為“細菌”。他成功地研製出了狂犬病疫苗，使人們開始關注人體自身防疫的方法。由他的工作不僅生產出了防疫疫苗，還生產出了成功用於治療已患疾病的抗毒素。1891 年首次使用的白喉抗毒血清降低了倫敦傳染病醫院患者的死亡率，從 1894 年確診病人的 63% 減到 1910 年的 12%。

詹納所做的工作以及他造成的影響改變了傳染病的類型。雖然他本人渾然不知，但他實際上激發了一場社會革命。在許多國家接種牛痘，使得官方介入其中，在歷史上，政府第一次積極涉足在全國範圍內不斷努力去消除疾病。個人選擇的自由讓位於群體的利益，國家所做的努力最終匯為一場全面的國際性戰役。雖然有許多人反對，有時其理由是要求尊重人權，但毫無疑問，大規模強制種痘將天花由一種當地常見病變為一種很少見的外來疾病，最後又將其消滅。對接種的得失有再大的爭議也不能改變這樣一個不爭的事實，接種的強制執行是人們第一次為消除疾病做出的大規模行動。因此，預防並最終征服天花是社會史上的一個里程碑。

5

拿破崙將軍
與斑疹傷寒將軍

General Napoleon and
General Typhus

大衛畫的拿破崙騎馬戎裝像。

　　拿破崙‧波拿巴是一位偉大的人物。拿破崙的冒險經歷與他本人一樣，是一部有關他的軍隊的歷史。其軍隊誕生於一個遭到革命破壞的國家，是自羅馬軍隊出現以來最偉大的部隊，征服了除英國之外的全部歐洲。拿破崙的命運不能與他的士兵的命運分離，而他的士兵的命運也不能與拿破崙的命運分離。這位皇帝得勝的生涯隨着他的大軍（Grand Army）的毀滅終結，軍隊本身成為他奢望的犧牲品。在幾乎連續獲勝近 20 年後，這支軍隊在 1812 年夏末垮掉了，部分原因是拿破崙判斷失誤，還有部分原因是因為疾病。在 1812 年戰役期間，有好幾種病襲擾着他的軍隊，這些病中主要的也是最具毀滅性的是一種被稱為斑疹傷寒或監獄熱（gaol fever）的戰場流行病。

斑疹傷寒是一種與不講衛生有關的病。致病有機體立克次—普洛瓦切克氏體（Rickettsia prowazekii）屬於一種中間類型的病原體，比它大的細菌可以在實驗室普通顯微鏡下看到，引起像梅毒和肺結核一類的病；比它小的病毒只有在電子顯微鏡下才能識別，引起像天花和麻疹一類的病。這種病菌是由蝨子攜帶的。人們經常可以在動物身上和老房子的縫隙中找到蝨子，它們還寄生在不洗澡的人的身上，藏在這些人的髒衣服的衣縫中。不是蝨子的叮咬而是它們的排泄物和被壓扁的身體傳播這種病菌。

斑疹傷寒還有一個名字：監獄熱，這是由於它與貧窮和骯髒有關。因為熱病被認為是由壞味道引起的，所以法官要禮儀性地別上味道好聞的小花束。這種病起源於骯髒的監獄，然後再由被告席上的罪犯傳給審判席上的法官。三次著名的"巡迴法庭病流行"就出現在 16 世紀，但這幾次流行在斑疹傷寒流行史上可能是較晚的事。斑疹傷寒的起源還不清楚。有一種說法認為，它在東方起源於一種蝨子和老鼠之間的病，但後來成為一種蝨子和人之間的病。有人認為，斑疹傷寒最早從塞浦路斯和利凡特傳入歐洲，能夠確定傷寒在歐洲最早爆發是 1489－1490 年在斐迪南和伊莎貝拉的西班牙軍隊中流行。另一種說法主張，斑疹傷寒是一種古老得多的歐洲疾病，在文獻中被稱為"饑饉病"（famine sickness）。

無疑，斑疹傷寒在許多世紀中與戰爭的特殊條件有關。戰爭使許多人密集地集中在一起，長時間穿同一件衣服，缺乏保持自身清潔的條件。在這樣的環境中，蝨子的數量會迅速增加。由於斑疹傷寒是一種會死人的病，生病和死亡率就會對戰爭結果有深刻影響。一個有名的例子是，1528 年 7 月一支法國軍隊圍困那不勒斯，一場規模不大、在當地流行的斑疹傷寒使法軍士兵患病者的死亡率不低於 50％，從而對教皇克萊門特三世最終向西班牙的查理五世屈服起了決定性作用。斑疹傷寒還迫使馬克西米連二世的軍隊在 1566 年放棄了攻打土耳其人。在 1618－1648 年的三十年戰爭期間，士兵們把斑疹傷寒傳遍了歐洲，在這一時期這種病似乎已根深蒂固。

從 17 世紀到 20 世紀初，斑疹傷寒在整個歐洲都是地方性疾病，只有在爆發戰爭、饑饉或是極端貧窮的情況下才會大流行。美國直到 19 世紀前期才出現傷寒，1837 年在費城造成一次大流行。不過，因為有好幾種斑疹傷寒，情況較為複雜。"重型"斑疹傷寒很危險，其病情特徵為發高燒、神志不清、有病危症狀並出斑疹。其他沒這麼嚴重的斑疹傷寒類別有落基山斑疹熱（Rocky Mountain Spotted Fever）、布里爾病（Brill's Disease，現在證明這是一種復發的流行性斑疹傷寒，被重新命名為布里爾－津瑟病）和戰壕熱（Trench Fever）。最後一種病流行於第一次世界大戰中，是由蝨子傳播的，但 1961 年其致病病原體從立克次氏體中分出，被定名為羅切利馬體菌（Rochelima）。因為住在自中世紀以來從未有過的骯髒、匱乏的環境

一戰中終日在戰壕中生活的法國士兵在製作工藝品。

中，所有在歐洲戰壕裏作戰軍隊的士兵身上都生了蝨子。而在西線戰場，不會使人死亡的戰壕熱似乎代替了重型斑疹傷寒，德國軍隊和協約國軍隊都被感染上了。雖然在巴爾干戰線和東線的塞爾維亞、奧地利和俄國軍隊中引起了恐慌，但重型斑疹傷寒沒有在他們中間出現。俄國人遭到了沉重的打擊。在 1917 年革命和隨之而來的內戰之後，飢餓和疾病肆虐全國。在 1917 — 1921 年間，僅在俄國的歐洲部分就約有 2,000 萬人得了重型斑疹傷寒，造成 250 萬— 300 萬人死亡。

1911 年，有人第一次談到通過病人體蝨傳播斑疹傷寒的方式。1916 年，巴西人 H・達・羅徹・利馬分離出了致病有機體。他用美國人霍華德・泰勒・立克次和波蘭人 S・J・M・馮・普洛瓦切克的姓命名，但在查清病因時兩人都已去世。在第二次世界大戰中，由於衛生條件改善，使用了效用長久的殺蟲劑，尤其是毒性強的 DDT，以及早在 1937 年赫勒爾德・考克斯研製出了疫苗，使得斑疹傷寒的危險大大降低，以致在美軍中只有 104 人得病，無一人死亡。自 20 世紀 40 年代後期以來，廣譜抗菌素也開始作為一種更重要的抗病手段投入使用。有關這種病還有一個謎：在它隨着大批蝨子肆虐前似乎還需要有一些很特殊的條件。斑疹傷寒可能在荼毒流行前還需要營養不良和骯髒的生活環境。這種病仍在安第斯山、喜馬拉雅山和非洲部分地區存在，並致人死亡。因此，我們希望在世界範圍內能夠制訂並確保有一個足以制止這種病的生活標準。

✠ ✠ ✠

拿破侖的倒台不是不可避免的。假如有時間、耐心和一定程度的運氣，他就能將他的帝國擴展到東方，鞏固他對被征服地區的管轄，迫使英國處於無所作為的孤立狀態。雖然英國在海上難以戰勝，但它無法干預歐亞大陸的事務。運氣不好以及缺乏耐心，是拿破崙大軍失敗的主要原因。

　　拿破崙在 1812 年春天到達了他權力和榮耀的頂峰。他的帝國從俄羅斯和奧地利的邊境延伸到北海、大西洋和地中海海岸。他的三個兄弟都戴上了王冠，約瑟夫是西班牙國王，路易是荷蘭國王，熱羅姆是威斯特伐利亞國王。一個妹妹是托斯卡納的女大公，另一個妹妹是鮑格才親王夫人，第三個妹妹嫁給了拿破崙的元帥若阿基姆·繆拉，而繆拉這時是那不勒斯國

拿破崙娶奧地利女大公路易絲為皇后。

王。拿破侖前妻約瑟芬‧博阿爾內的兒子歐仁擔任意大利總督。拿破侖本人 1809 年在與約瑟芬離婚後，又與身為最後一任神聖羅馬帝國皇帝和第一任奧地利皇帝的弗朗西斯的女兒瑪麗‧路易絲女大公結婚，路易絲還是瑪麗‧安托瓦妮特的姪孫女。由於這次聯姻，他的第一個合法兒子和繼承人在 1811 年 3 月 20 日出生後，就立刻被授予羅馬王稱號。

瑪麗‧安托瓦妮特　法國國王路易十六的王后，在法國大革命中被處決——譯者註

所有這些家族的榮耀和帝國的威勢都在海岸邊結束了，因為找不到辦法渡過隔開法國和英國的狹窄海峽。雖然海峽只有 20 英里寬，是在陸地上步行不到一天的路程，但皇家海軍擋住了法軍的去路。再者，傲慢的英國人近來致力於在葡萄牙建立一個基地，他們在托雷斯‧維德拉斯的堅固設壘防線後面構築了工事，還通過海路提供軍隊給養。但英國在陸上仍是軟弱的，她的很大一部分貿易和財富來自印度，通過東印度公司管理。英國需要印度的錢支持戰爭。法國海軍無法攔截並俘虜“約翰公司”裝載着印度財富去英國的武裝商船，但，如果奪取了印度，這本身不僅將剝奪英國的財富，而且還會大大損傷她的威望。去印度的陸上通道既漫長又艱難，但留在這條路盡頭的獎賞卻差不多值得冒任何的風險。

拿破侖已經試過穿越地中海，經埃及和阿拉伯到印度洋的南方路線。那次冒險終止於 1798 年 8 月 1 日的阿布基爾灣。那天，霍雷肖‧納爾遜大敗法國海軍，把地中海變成了不列顛的一個湖。被困在埃及和巴勒斯坦的法軍受到疾病的蹂躪，在經過千辛萬苦後總算返回了歐洲。阿布基爾海戰表明，從海上入侵太危險，根本不現實。只有在俄羅斯的幫助下或是在俄羅斯被打敗屈服後，征服印度和東方才能辦到。

1807 年 6 月 25 日，在贏得了與俄國人的一場軍事勝利十天後，拿破侖在提爾西特會見了沙皇亞歷山大一世，並在 7 月初與他簽訂了一項永久友好條約。六個月後，拿破侖制訂了法俄聯合從土耳其和波斯入侵印度的計

（上）拿破崙與沙皇亞歷山大一世在提爾西特會面。

（下）拿破崙頒佈大陸封鎖令後法軍焚燒來自英國的走私貨物。

劃。此時吉星高照，拿破崙在陸地上打敗了一切敵人，甚至英國人都沒能保得住在葡萄牙的基地。他手上有足夠的軍隊。有俄國提供供給和一定的軍事援助作後盾，這場戰爭只不過是一次漫長而道路難走的行軍。

但是，因專制度造成的不正常的心理使得法俄談判難以成功。假如與法國合作，通過幫助拿破崙，亞歷山大會得到一切，同時能把他國家的範圍擴展到達達尼爾海峽、巴爾干地區和中國海。假如與俄國合作，拿破崙就能穩定他對歐洲的征服，用來自東歐遼闊穀物產地的糧食餵養他統治的各民族，獲取印度的財富，加強海岸防守，並輕蔑地把空曠的海域留給英國海軍。這一計劃很有可能成功，假如成功的話，就肯定會在整個歐亞大陸出現一個無法戰勝的法俄統治範圍。但兩者缺乏基本的信任和合作，未來的勝利者甚至在贏得戰利品前不能決定戰利品如何劃分。亞歷山大要求將君士坦丁堡和達達尼爾海峽作為俄國提供幫助的最低酬勞。拿破崙期望能重新征服地中海和直布羅陀海峽，他不願意看到在他的東側有一條牢固的俄國戰線。在沒有結果的爭論中，這一稍縱即逝的良機被錯過了。1808年5月，拿破崙面臨着一場西班牙起義。8月，一支英國遠征軍在葡萄牙的維米羅打敗了讓·朱諾元帥，打響了半島戰爭的第一槍。拿破崙被迫承認，他在歐洲面臨着一場全面戰爭，於是調動其大部軍隊去西班牙。同時，俄羅斯捲入了一場四年之久的與奧斯曼帝國的戰爭。計劃中的大聯盟被不聲不響地放棄了。

1808年9—10月，兩位皇帝在德意志的愛爾福特會談。兩人表面上關係友好，但有一個大問題仍沒有解決。1807年，拿破崙創造出華沙大公國，亞歷山大把這一做法看做是從俄國肢解出波蘭從而恢復一個獨立的波蘭國家的第一步。在愛爾福特，亞歷山大向拿破崙許諾在法國與奧地利作戰時提供幫助，但他對阻止這場戰爭什麼也沒做，還在1809年4月戰爭爆發時一動不動。這時他的主要興趣是遏止法國在波蘭的野心。1810年2月，問題變得尖銳起來，這時亞歷山大正式堅持要求"決不要恢復波蘭王國"。拿破侖在一張信紙的邊上寫道："上帝只會按俄國要求的去說。"

另一個私人間的不合造成了兩位皇帝間的摩擦。拿破侖與約瑟芬的第一次婚姻沒有孩子，但約瑟芬以前與博阿爾內的婚姻曾生過孩子。於是拿破侖懷疑他沒有能力有自己的孩子，而且在法國大家都有這樣的懷疑。 1807年，他的懷疑消除了，因為這年他的情婦埃萊奧諾爾·德尼奧給他生了個兒子，是繼瑪麗婭·瓦列斯卡的孩子之後的另一非婚生子。這時拿破侖對沙皇亞歷山大提出向他15歲的妹妹安娜求婚，但卻被有權勢的俄國皇太后毫不留情地拒絕了。皇太后不僅仇恨與法國結盟，而且還聽說並相信有關拿破侖性無能的謠言。 1801年，拿破侖突然以向奧地利哈布斯堡王朝女大公瑪麗·路易絲正式求婚的方式結束了談判。這一求婚立刻被接受了。

瑪麗婭·瓦列斯卡　拿破侖的波蘭情人——譯者註

這一戲劇性的大轉向是俄法關係破裂的徵兆，而不是原因。自從在提爾西特簽訂協議後，亞歷山大就遭到某些貴族的敵視，這些貴族從出售木材給航海國家尤其是英國的貿易中獲利頗豐，拿破侖的大陸貿易體系加上英國對歐洲的封鎖切斷了這些人的收入來源。 1810年12月，一直默認大陸貿易體系的亞歷山大頒佈了一項帝國敕令，對法國商品徵收高關稅，還對中立國船隻開放港口。由於英國控制着海洋，這就等於允許與法國的主要敵人開展貿易不受限制。俄羅斯放棄了大陸貿易體系，中斷了與法國的聯盟。

這時，在1810 — 1811年拿破侖很顯然應該清理他受威脅的西側以鞏固帝國。雖然英國人在築壘防線內固若金湯，但他們不能召集起一支超過3萬人的軍隊。毫無疑問，拿破侖以佔壓倒優勢的人數進攻，就能把英國趕出歐洲。但這樣的作戰會持續很長時間，花費高昂，也得不到什麼榮譽。作為一個軍事獨裁者，假如他要存在下來，就必須以戲劇般的勝利來補償他的人民的犧牲。向東進軍有可能獲得一系列輝煌戰役的勝利，並最終見到莫斯科的鍍金穹頂和蠻族的壯麗建築。

除莫斯科外，這條路還通往燦爛的東方。拿破侖是個自我陶醉的人，有些好出風頭——他作為皇帝卻身穿簡樸的軍服，與他的參謀軍官身着披掛金飾的彩色軍服形成對比。他委託意大利藝術家安東尼奧·卡諾瓦為他雕了一尊像，除古典的遮羞樹葉外全身赤裸。他設計了自己的綴滿寶石的加冕長袍。在埃及時，他曾考慮改信穆斯林的信仰，還披上了一件阿拉伯酋長寬鬆的外套。也許就是綴有寶石的頭巾、鑲有鑽石的羽飾和有穿着異國禮袍的機會誘使拿破侖要去印度，同時這還是一個給予英國羞辱性打擊的機會。

因此，拿破侖犯了一個為了夢想不顧實際的大錯。1812年1月，他從西班牙抽調了不少有經驗的軍隊來增援他在東線的軍隊。他把自己計劃中的戰役很平常地稱為 "波蘭戰爭"，法國要充當被俄羅斯奴役的波蘭的救星。他對軍隊宣佈："我們要締結的和平將終結俄國50年內在歐洲施加的決定性影響。"他告訴法國駐俄大使阿芒德·科蘭古："我要永久地結束這個野蠻的北方巨人。"但在1812年初，他私下裏對孔德·納爾博納講出了他的真實野心："亞歷山大（大帝）進軍恆河的路程與我從莫斯科要走的路一樣遠。"納爾博納認為，拿破侖的計劃介於瘋人院和先賢祠的人之間。

從1811年8月開始，拿破侖為入侵俄國做了大規模的充分準備。1812年3月，他誘使普魯士和奧地利簽訂同意為他的冒險出兵的協議。4月，他主動提出與英國簽訂一項和約，但沒有成功。另一方面，沙皇亞歷山大明智地確保了他的南翼和北翼：他結束了土耳其戰爭，還誘使瑞典王室親王讓他的國家站在俄國一邊，交換條件是俄國同意幫助瑞典對付挪威。

拿破侖的軍隊開始在從德意志北部到意大利這條戰線的戰略營地集結，1812年6月開始向東普魯士集中。這支龐大的軍隊總數有36.8萬步兵、8

萬騎兵、1,100門大炮和一支10萬人的預備隊。在作戰時，連同增援部隊軍隊總數超過60萬。俄國軍隊數量不到25萬，這就意味着拿破侖在他軍事生涯中第一次有了佔壓倒優勢的軍隊數量。

傳說拿破侖整個龐大軍隊在從莫斯科退卻時被摧毀了。這一傳聞不準確，在經波蘭和俄羅斯西部進軍時，法軍死的人比退卻時多得多。不算主要由德國人和奧地利人組成的側翼部隊，拿破侖的主力部隊人數約有26.5萬人，這些人中只有9萬人到了莫斯科。

剛開始一切都很順利。1812年夏天不像通常那樣炎熱、乾燥，人們可以沿着簡易道路迅速進軍，被安排在前面、行動緩慢的輜重縱隊也能保證其位置。所以，食物供應充足並近在身邊。軍隊健康狀況全都良好。在馬格德堡、愛爾福特、波森和柏林建立了戰地醫院，但都很清閒。1812年6月24日，這支軍隊在普魯士和波蘭的界河尼門河西岸駐紮。在這裏，拿破侖以讓人眼花繚亂的檢閱儀式視察了他的軍隊。然後，大軍到了河邊，走過造橋工兵搭起的狹窄浮橋。四天後，軍隊到達維爾納。在這裏，拿破侖睡在一個星期前亞歷山大撤退時騰出的房間裏。

拿破侖幾乎考慮到了一切，但他卻忘記了波蘭十分骯髒的環境。境遇淒慘的農民不洗澡，發臭的頭髮纏繞在一起，被蝨子和跳蚤叮咬。他們衛生狀況極差的茅舍裏滿是各種小蟲。不正常的炎熱、乾燥天氣影響到了水井，水不多且受到有機物污染。這時敵人威脅到了隊伍前列，因而供應車隊不得不向後移到戰鬥團隊後面。波蘭的低等級道路因浮灰變得鬆軟，在春雨和烈日影響下，路上出現溝槽並又變硬，使得大車落在後面，主力縱隊食物匱乏。軍隊因過於龐大而難以統一指揮，紀律鬆弛。只有最好的分隊才能適應路途遙遠、隊伍整齊的進軍，以密集的軍隊隊形前進，但大部分部隊都已分散為隊形凌亂、缺乏紀律的團夥。儘管有嚴格的命令和嚴厲的懲罰，這支巨大的散兵遊勇還是因飢餓而劫掠他們名義上的同盟者波蘭農民的茅舍、牲畜和田野。即使波蘭人不把法國人當做他們擺脫俄國專制的解放者，也不應受什麼責備。拿破崙考慮到的供應品、輔助部隊和游擊隊戰士這些因素都沒出問題，但他半飢半飽的軍隊總是四處劫掠，激起了波蘭人的慍怒，這些在部隊退卻時都報應到了他的士兵頭上。

如果戰爭已經不再是解放戰爭，那麼也就失去了輕易戰勝俄羅斯的機會。差不多有 2 萬匹馬因缺水、缺草料死於去維爾納的路上，其數目是預計在一場大戰中損失馬匹的兩倍。人員也備受煎熬。飢餓和水被污染造成了腹瀉和腸熱病這些常見的戰場病。雖然他們匆忙在但澤、哥尼斯堡和托倫建立了新的醫院，但這些醫院無法對付成群返回的病人。然後，在順利渡過尼門河後，又出現了幾個災難性的新病例。病人發高熱，出粉紅色斑疹，臉色偏藍。許多人很快死去。這時斑疹傷寒已無情地牢牢抓住了這支軍隊。

在許多年中，斑疹傷寒只在波蘭和俄國當地流行。沒有可靠的證據表明拿破崙的軍隊在 1812 年前遇到過斑疹傷寒，也肯定沒有大流行過。拿破崙軍隊的醫療和衛生系統是由偉大的戰地外科醫生 D・J・拉雷男爵組織的，安排周到，在世界上是最好的，但也不能對付已發展到這樣規模的病症。任何預防方法都被證明是無效的，因為傳染病的病因不明。缺水和沒有衣服換洗使洗澡變得不可能。由於害怕俄國人進攻以及波蘭人報復，人們都大群地睡在一起。成窩的體蝨聚集在衣縫裏，排泄糞便，被壓碎後傳播斑疹傷寒病菌，病菌通過最輕微的傷痕進入人體內，甚至是通過抓沖洗部位形成的傷痕進入。到 7 月的第三周奧斯特羅納戰役時，已有 8 萬人病死或是因病重不能值勤。在一個月內，單疾病就奪去拿破崙主力近 1/5 的有生力量。他的軍隊已離普魯士邊境約 150 英里遠，而莫斯科還在 300 英里以外。

雖然規模不同，但肯定有人像病死一樣死於作戰。俄國人沒有通盤的戰略計劃，他們的兩支軍隊一支由巴克萊・托利統率，另一支由巴拉格拉季昂公爵統率，各自獨立行動。托利在維爾納剛剛成功地避開了拿破崙，而同時熱羅姆‧波拿巴和達武元帥也沒能引巴拉格拉季昂上鈎。繆拉在奧斯特羅納以及達武在莫吉廖夫都與俄國人進行了激戰，但俄國人仍盡力讓他們的大部分軍隊避戰以保存實力。拿破崙相信這兩支軍隊將匯合在維捷布斯克頑抗，這實際上是他們的原計劃。7月27日，拿破崙與托利的軍隊接觸，但就在同一天，托利聽說巴拉格拉季昂決定退到斯摩棱斯克。這天夜裏，當拿破崙還在準備作戰時，托利順利地躲開了。

托利成功的退卻使法國的將軍們行動更為謹慎。7月28日，路易‧貝爾捷、若阿基姆‧繆拉和歐仁‧博阿爾納與拿破崙商談。他們感覺到，俄國人放棄抵抗和戰鬥是要把法國軍隊引到一個最危險的境地。他們告訴拿破崙，部隊生病減員以及不可靠部屬的擅離已使戰鬥人員減少了大半，在敵國鄉村中就是補充已減少的人數，困難也難以克服。他們懇求拿破崙停止前進。在聽了他們的看法後，拿破崙同意宣佈1812年戰役結束。後來，謀求一次輝煌勝利的迫切願望使他又改變了主意。兩天後，拿破崙做出了相反的決定，他告訴將軍們：“巨大的危險驅使我們去莫斯科。骰子已經擲下。勝利將為我們作證並拯救我們。”

於是，這支衰病、飢疲的軍隊奮力向前。兩個多星期以後的8月17日，法軍看到了斯摩棱斯克和第聶伯河，在那裏，兩支俄軍已經匯合，看來會堅守到底。拿破崙決心殲滅這個四處規避的敵人，也就沒有急着去進攻。他下令從正面炮轟斯摩棱斯克並發動佯攻，然後派朱諾渡過第聶伯河從側面包圍這座城市，切斷俄軍退路。托利及時知道了險情，在城裏放火後匆忙撤退。8月19日，朱諾在離斯摩棱斯克東北10英里的瓦路提諾與俄軍交戰，但沒能合圍俄軍，還損失了6,000多人。

在離莫斯科200英里的斯摩棱斯克，拿破崙必須做出抉擇，是退回去還是向前進。選擇退回去就等於承認戰敗的恥辱，而不管付出什麼代價，選

法軍到達斯摩棱斯克。

擇向前進似乎是實現他東方夢的唯一途徑。然而,有人認為,拿破侖可以採取第三種比較謹慎的行動方案,就是在斯摩棱斯克停留,讓他的軍隊有時間休整。

　　拿破侖對公共衛生措施的知識豐富,懂得其重要性。他對愛德華‧詹納發明的種痘很感興趣,讓自己的兒子在八周大時就種了牛痘,還鼓勵給兒童和軍隊士兵接種。當時還沒有人意識到蝨子與斑疹傷寒有聯繫,有蝨子在許多世紀中只不過被看成是生活習慣骯髒的一種標誌。塞繆爾‧佩皮斯不能被看做是最講清潔的人,但身上有蝨子也不多見,這足以使他認為有價值記錄在 1669 年 1 月 23 日的日記中:"當所有事都停當時,她(我的妻子)發現我頭上和身上生了蝨子,有 20 多個,大小不一,我感到奇怪,我相信自己有 20 年沒生蝨子了。"佩皮斯換了所有衣服,把頭髮剪短,"這樣就除掉了它們”。佩皮斯的這種簡單方法，拿破崙和他的醫生也都很清楚。

　　大火毀掉了部分斯摩棱斯克，但拿破崙能幹的工程人員能夠臨時構築住處。通往德國和法國的供應線是暢通的，也能夠保持暢通。經過一個冬天的休整，供應良好，有足夠的水、醫療保障並講究衛生，或許就可以讓這支疲憊的軍隊恢復過來，有時間等待增援部隊和給養，從而使拿破崙鞏固他在波蘭的地位，到 1813 年夏再對俄國發動一場具有壓倒優勢的進攻。這是軍醫 J・R・凱爾克霍夫的看法，他後來寫道，假如拿破崙願意玩這種等待的遊戲，那麼他或許能打贏，並在東歐和中歐永久地建立統治。

　　除了拿破崙的個性外，還有兩個原因使得他沒有採用這合乎情理的第三種方案。首先，他的軍隊在半島戰爭中遇到了難以克服的困難。7 月，威靈頓在薩拉曼卡打敗馬爾蒙將軍獲得大勝，8 月進入了馬德里。拿破崙預見不到這樣的前景，他以為威靈頓的勝利會終結，他會在花費大、讓人沮喪的冬季退回羅德里格城，哪怕只是暫時的。第二個更有力的原因是拿破崙相信，攻下莫斯科必定會迫使亞歷山大投降。他決定將斯摩棱斯克作為一個集中預備隊和給養的前進基地，並在明斯克和維爾納建立類似的基地。只要確保了返回邊境的退路，他就能毫無顧忌地盡快趕到莫斯科。8 月25 日，他又重新開始進軍。他的打擊力量這時已減少到 16 萬人；到 9 月 5日，又有 3 萬人成為斑疹傷寒的犧牲品。

　　8 月 30 日，亞歷山大任命有經驗的米哈依爾・庫圖佐夫公爵為俄軍總司令。此人 1805 年曾在奧斯特里茨統率俄軍師團，在那裏他作為對手對拿破崙頗為尊重，並了解了拿破崙的一些戰略特點。他繼續採取放棄土地的策略，在法軍前進時撤退。9 月 5 日，俄軍退到了莫斯科西南 50 英里處的莫斯科河。庫圖佐夫仍選擇繼續有計劃地緩慢撤退，依靠俄國開闊、荒涼的原野和即將來臨的寒冬來毀滅法軍，但他也意識到，民族自豪感要求他至少要在這座古都進行一次象徵性防禦。著名的普魯士戰略家和軍事史家

庫圖佐夫。

卡爾·馮·克勞塞維茨對此總結道：「庫圖佐夫肯定不願在博羅金諾打仗，顯然在這裏他不指望能打贏，但宮廷、軍隊和整個俄國的呼聲都迫使他要打這一仗。」

庫圖佐夫沒把他指揮的所有軍隊用來冒險。在博羅金諾作戰的俄軍有 12 萬人，但其中有 1 萬是匆忙訓練的新入伍的民兵。與他們相對的是 13 萬久經戰陣的法軍，有 600 門炮。俄軍在大炮數量和大小上略佔優勢。庫圖佐夫把步兵部署在莫斯科河岸的一個坡地上掘壕固守。他們集中在博羅金諾村，並為大炮建造了棱堡。俄軍在那裏備戰了兩天。

以後的戰事有點像滑鐵盧戰役，可能原因也相似。拿破侖在滑鐵盧時是個病人，不能全力注意作戰。在博羅金諾情況也是一樣。他受到嚴重膀胱炎巨痛的折磨，還苦於得了重感冒。進攻耽擱了兩天，可能是因為他身體不適，但不清楚的是拿破侖實際指揮作戰的情況如何以及他的病對指揮作戰影響到了什麼程度。他拒絕了達武企圖從俄軍左翼包抄行動的建議，這一建議看來是擊潰據壕堅守軍隊的一個合乎情理的方案。這樣做的理由可能是拿破侖已意識到，俄軍在側翼受到威脅時會敏捷地逃脫。不管原因是什麼，法軍出動了大量騎兵進攻有着完善防禦的俄軍中心，這是與內伊元帥在滑鐵盧用來進攻英軍完整防線一樣具有災難性的戰術。

會戰在 9 月 7 日清晨開始。法軍騎兵不停衝鋒，但俄軍成功地重組了防線，直到晚上都沒被趕出他們據壕固守的陣地。在交戰正酣、看來俄軍就要大敗時，達武催促拿破侖投入他最受信任的近衛軍。拿破侖拒絕了，他問道：「假如投入了近衛軍，我明天拿什麼作戰？」不管是有所預見還是碰巧，他保留最精銳部隊的決定防止了兩個月後災難發展到不可收拾的程度。

雙方都傷亡慘重，俄軍損失約 5 萬人，法軍只是這一數目的一半。顯然法軍的損失更成問題，因為他們是在敵國作戰，而且還很少有機會得到援軍。不過這說起來也是勝利，儘管從長遠來看沒什麼意義。俄軍退卻了，掌握着出擊的主動權，且有把握得到充足給養和新的援軍。庫圖佐夫對這種狀況很滿意。他是為莫斯科打這象徵性的一仗，然後秩序并然地撤退。這時疾病、嚴冬和飢餓都將幫他大忙。9 月 13 日，他召開了一次軍事會議，對軍官們說：＂拯救俄國要靠軍隊。是交戰失去軍隊和莫斯科還是不戰放棄莫斯科，哪一種方法更好？＂他的推斷被大家接受，俄軍向東南方向經莫斯科退往梁贊城。

於是法軍在 9 月 14 日未遇抵抗進入莫斯科，斑疹傷寒也與他們同行。在過去一星期內他們已有 1 萬人病死。拿破侖的主力部隊加上援軍有 30 萬人，但只有 9 萬人到達了莫斯科。7/10 的人倒在了路上。衣衫襤褸的殘餘部隊總算看到了眼前鍍金的彩色建築圓頂。所有教堂的鐘都敲響了。拿破侖期望遇到一個卑躬屈膝的上層人士代表團向他交上城市的鑰匙，但他沒有如願似償，城門沒有開。從波蘭拖來的原始但卻有效的武器── 撞城槌被送上前。城門被撞倒，軍隊進城後發現的只是空蕩蕩的街道和無人聲的房屋。在幾小時內，大火就在幾個街區燃燒起來。

有關這場大火的真相從來沒有弄清楚。19 世紀初莫斯科的人口大約為 30 萬，在幾天內，市長羅斯托普欽伯爵一直在組織市民撤退，到拿破侖進城時只剩下約 5 萬人。大量貨物和財富也都被搬走了。在撤退的最後階段，羅斯托普欽將因犯從城市監獄中放了出來。傳說他釋放因犯的條件是，要他們留在城裏搶劫和縱火以騷擾法軍。羅斯托普欽把所有救火車都送出城的做法說明，這場大火是有意放的而不是喝醉的法軍士兵所為。

對得到莫斯科大喜過望的拿破侖益發相信，亞歷山大肯定要來求和。

莫斯科大火。

他的判斷錯了。亞歷山大不會屈服，因為他妹妹警告他，失去莫斯科使抗法的民族情緒驟增，假如進行和平談判就會威脅到他的生命。亞歷山大想到他父親沙皇保羅被刺的例子，很清楚即使在關係密切的顧問中他也不安全。前任法國駐俄國大使科古蘭試圖讓拿破侖相信，亞歷山大既不會也不可能認輸，還會拒絕有人充當調解人。10月4日，拿破侖派洛里斯東將軍作為和談使節去聖彼得堡。

庫圖佐夫知道洛里斯東的使命後，命令哥薩克巡邏隊與法軍前哨部隊搞好關係，以此使拿破侖產生一種虛假的安全感，讓他的和平幻想有一個合理的基礎。庫圖佐夫再次爭取時間。他還意識到疾病正在減少敵人的人數。斑疹傷寒在法軍中不受抑制地傳播，生病的人在他們能夠找到的火燒廢墟或是臨時窩棚中棲身。軍隊士氣降到低點，懶散的士兵因為得不到許諾給他們的充足給養而忙於劫掠，痛飲他們在城市地窖中能夠找到的庫存烈酒。

寒冷乾燥的冬天變成了不常見的溫暖秋天。科古蘭是拿破崙的隨從中唯一經歷過俄羅斯冬季的人，他警告拿破崙，在寒冷的冬天來臨時，廢棄、殘破的城市是靠不住的。拿破崙被溫和的季節誤導，認為科古蘭言過其實，他要科古蘭必須明白，俄羅斯的冬天不會比楓丹白露的冬天壞多少。因此，無效的和談行動加上十月的溫和天氣使拿破崙犯了在這一災難戰役中的最後錯誤。要挽救他軍隊的殘部也只有兩條路可走：立即返回斯摩棱斯克，或是向北與普魯士盟軍匯合，再投向聖彼得堡。對這個都城來一次大膽、成功的攻擊或許有可能讓俄國屈膝。

機動騎兵中隊環繞在莫斯科周圍，結果使法軍失去了與俄軍主力的接觸。俄軍主力退往東面，然後呈半圓形突然向西南進軍，切斷了拿破崙與卡盧加和圖拉的供應和武器製造中心間的聯繫。繆拉的軍隊駐紮在莫斯科南面的塔努提諾。10月18日，庫圖佐夫在這裏發動了一次襲擊，造成法軍6,000人傷亡，迫使繆拉撤退。這次規模相對較小的作戰警告拿破崙，俄軍已發動了進攻，他的求和行動失敗了，這時他有被合圍的危險。10月19日，他的軍隊終於開始從莫斯科撤退。

在城裏駐紮的一個月中，有1.5萬援軍加入了法軍，但將近1萬士兵死於疾病和受傷。10月19日，法軍離開莫斯科時人數只有9.5萬多人，這些人骯髒、飢餓、身體狀況不佳。傷病員和600門大炮拖累着他們，駄人的馬不夠。他們還為搶劫的大量物品所累，其中就有從克里姆林宮穹頂塔上弄來的巨大而無用的鍍金銅十字架。拿破崙轉向南，以避開通往斯摩棱斯克的殘破道路。10月24日，俄軍在馬洛賈羅斯拉維茨遇上了他。苦戰一天，最後未分勝負。拿破崙在遭受重大傷亡後沒在第二天繼續進攻，而庫圖佐夫也放過了取勝的機會。

法軍撤離莫斯科。

　　向南的路線被完全擋住，拿破崙沒有選擇餘地，只有轉向北，重新在博羅金諾走上去斯摩棱斯克的路。這時天氣寒冷刺骨，11 月 5 日開始下大雪。哥薩克快速騎兵小隊在游擊隊幫助下，使法軍幾乎無法徵集糧草。法軍沒有為冬季戰役做任何準備。科古蘭盡力為拿破崙隨從騎的馬尋找冰鞋，但沒有一匹騎兵的馬和拉炮的馬有冰鞋穿。這個原因而不是寒冷使得拿破崙在 11 月 7 日下令：「騎兵步行。」

　　法軍匆忙向斯摩棱斯克趕去，那裏有向他們許諾的食物和住處。 11 月 8 日，拿破崙帶先頭部隊到達斯摩棱斯克，尋找克洛德‧維克多指揮的後備部隊，但這支預備隊已遭到斑疹傷寒踩躪，醫院裏全是病人。紀律渙散使得補給品不再能正常發放。在這些困難中，對法軍打擊最大的是缺乏食物，因為後備部隊和聯絡部隊已經不顧部隊返回所需，用光了大多數儲藏的補給。在斯摩棱斯克找不到救助物品，拿破崙就於11月13日撤離這座城市，在臨時醫院和毀壞的房屋裏留下2萬多病人。第二天，他就發現庫圖佐夫擋住了向西的道路。

此時在克拉斯諾據守的俄軍希望虛弱的法軍避戰，但很多士兵掉隊使得拿破崙認為他唯一的希望是有時間集合隊伍。於是，他下令近衛軍進攻。這些勇敢的軍人在博羅金諾被小心地保存下來，拿破崙在這時靠他們避免了一次屈辱的大敗。庫圖佐夫被他們的猛攻壓制，竟不能重新發動進攻。留下內伊打了一場漂亮的後衛戰，拿破崙趕往在明斯克的下一個補給基地。11月22日，他得到了讓他吃驚的消息，明斯克已經落入敵人手中。

兩天後，他又得知俄軍毀掉了他在別列津納河設的橋頭陣地。由於沒有東西運送，浮橋已經被放棄了。形勢這時看來已沒有希望，因為也在退卻中的拿破崙的側翼部隊在北方被維特根斯坦親王大敗，在南方被奇查哥夫海軍上將大敗。俄軍在兩側的夾擊已經靠近，庫圖佐夫的軍隊封鎖了向西的道路。法軍被他們傑出的工程專家讓·巴蒂斯特·埃布萊將軍所救。一小股部隊在斯圖迪安卡南面佯裝渡河，誘使奇查哥夫相信整個法軍都要從那裏渡河，這時埃布萊在城北匆忙搭了兩座橋。但儘管後衛部隊作戰很英勇，還是只有5萬人能成功地繼續後撤。

這時法軍開始蛻變為一支不守紀律的散兵遊勇。11月29日，拿破崙寫道：“食物，食物，食物——沒有食物，這支不守紀律的烏合之眾在維爾納不會不幹壞事。有可能，這支軍隊無法在尼門河邊集結。在維爾納肯定不會有外國間諜。今天這支軍隊已沒有什麼好看的了。”在別列津納河和維爾納之間有1.5萬人死在路上。但給養儲存情況更糟。

法軍渡過別列津納河。

12月8日，飢餓的先頭部隊冒着被凜冽西北風吹捲的大雪到達了維爾納。只有2萬身患疾病、無精打采的士兵組成有組織的部隊，其餘都是掉隊的，盡力蹣跚而行，又凍又餓，被哥薩克巡邏隊驅趕着。內伊的第三軍團是後衛部隊，英勇作戰，只剩下20人。維爾納城內沒有補給品供應。城裏滿是餓着肚子的病人，斑疹傷寒傳播到了附近的鄉村地區。得了斑疹傷寒、痢疾和肺炎的患者躺在浸透了他們自己糞便的爛草堆裏，沒有醫療照顧和取暖條件，因為太餓，他們不得不啃皮革甚至吃人肉。到12月底，2.2萬多得了病生着凍瘡的士兵掙扎着進了城。1813年6月，這些人中只有不到3,000人還活着。

12月5日，拿破侖得到從巴黎來的消息，那裏謠傳他已經死了，弗朗索瓦·馬萊將軍正在領導策劃一個陰謀。第二天，在維爾納西面的斯莫爾格尼，拿破侖決定，他要在人們能夠全面了解這場災難前迅速趕回法國。他以通常的方式起草了一份公告，坦率敘述了他在撤退期間所經歷的恐怖情景，但沒有提到供給中斷的情況，而只是責備惡劣的天氣。然後他出發了，先乘輕便馬車，再騎馬。在經過整個德國和法國東部的狂奔後，12月18日夜晚，他到達了巴黎的杜勒里宮，兩天後，等到了他的災難性的公告。他以高超的技巧操縱着這一危險、實際是絕望的局面。 12月20日，他在向參議院報告時有所隱瞞："我的軍隊有一些損失，但這是由於嚴寒的季節過早來臨。"到1813年秋天，他已成功地動員了47萬新兵。這或許是拿破崙驚人經歷中最不尋常的時刻，可見他在自己的權力面對威脅時表現出的堅韌以及行動的果斷。

他能夠救得了自己，但救不了他的軍隊。繆拉接過了指揮權，但實際證明，他是個頂不住壓力的人。他拒絕在維爾納堅守，12月10日，他把最後一門炮、剩餘的輜重和軍隊的錢財都丟給了俄軍。 12月12日，貝爾捷搶先送了一份私人報告給拿破崙，稱法軍已不再存在，甚至連近衛軍這時也已減少到500人，不再像一支軍隊。內伊仍在頑強進行後衛戰，於12月14日渡過了尼門河。當次年6月24日最後一批散兵蹣跚着到達德國一側岸邊時，拿破崙檢閱過的這支浩蕩大軍只剩下不到4,000人了。據說回來的這些人中只有1,000人還能再派上用場。這就結束了拿破崙征服俄國和印度的夢想。當然戰敗除了斑疹傷寒還有別的原因。寒冷、飢餓、俄軍都對毀滅法軍起了作用——還有拿破崙·波拿巴本人也起了作用。

✠ ✠ ✠

拿破崙是1769年8月15日在一次突如其來的分娩中出生的。 1795年26歲時他才只有5英尺6英寸高，四方臉，皮膚呈古怪的土黃色，鼻子長得周正，灰眼睛，頭髮深棕色。當時他最明顯的體格特徵是過瘦。儘管他肌肉發達，孔武有力，但看起來是矮個子。假如興趣被激發起來，他也會口若懸河，但在其他時候，他經常面容悲傷，以致人們都以為他肯定身上什麼

年輕時的拿破崙。

地方疼。在早年，他很少在意自己的外表。他亂搽粉的長頭髮落在領子上，衣服和靴子破破爛爛，手也很髒。拿破崙是個好讀書的年輕人，聰穎，肯學習，數學學得不錯。他在年輕時對性沒什麼興趣。

拿破崙令人驚異地迅速升至權力頂峰有很多因素：適度的想像，全然來自實際生活的判斷鍛煉出他不尋常的才智，以及能夠敏銳地覺察到行動的適當時機。他非凡的大腦似乎分成了可隨意啟閉的不同空間，因而，他可以同時向幾個秘書口授命令和計劃，當他在書桌間走來走去時從一個話題轉向另一個話題。他那著名的發火是用來讓人害怕的武器，完全在他控制之中。他為權力而活着，知道權力主要來自主人灌輸恐懼的能力："在國內和國外，我只是通過自己引起的恐懼進行統治。"在生活的晚年，他把自己想像成理想中的陰沉、冷血、難以接近的暴君，但他從來不是這種個性，因為他儘管有些可怕，但還是頗讓人着迷的。好說話、好交往、有很大魅力，這些與他的發火一樣隨機時隱時現，他贏得了與他接觸過的人的真心愛戴和忠誠。即使是他的敵人也深受影響。皇家海軍"貝倫羅豐"號送他去聖赫勒拿島，船上的水兵承認，"如果英國人像我們一樣了解他，他們就不會傷及他頭上的一根頭髮"。他的老兵崇拜他，因為他奇異的記憶力能使他叫出他們任何一個人的名字，激發這種記憶力是他副官的職責。

拿破崙還通過他勤奮工作的驚人能力獲得成功。工作的壓力使他忽視了自己身體的自然需要。他每夜只睡三小時，有一種能在白天間隔地短時間熟睡的能力，這種情況常見於肩負很大壓力的行政官員身上。安泰爾姆·布里亞一薩瓦蘭把拿破侖當做"一個不分好壞的食客"。他吃東西狼吞虎嚥，經常吃頓飯只花 12 分鐘，不是在固定時間吃飯，而是在辦事的空隙吃飯。儘管這種飲食方法於身體不利，但拿破侖在早期掌權時似乎特別健康。

他的身體也有些毛病，隨着年齡增大麻煩也隨之增長。他自己也半信半疑是否有不育的毛病，但隨着他有了一個非婚生兒子，這一說法也愉快地消失了。傳說他有癲癇或許很有根據。年輕時，有次他在布里安尼曾跌在地上失去了知覺，但這次有可能只是昏倒。在 1799 年 11 月那次霧月險些成災的事件中，他的人身安全受到五百人會議議員的威脅，朋友們在他幾乎處於失去知覺的狀態下把他拖到安全的地方。雖然這次被當做他有病的證據，但也可能是對完全沒有料到的危機做出的反應。不過在 1803 年 1 月— 1805 年 9 月間，有三次他有些像癲癇發作的發病記錄。

霧月 法國大革命時制訂的新曆法叫共和曆，以農業生產特點命名月份名稱，11 月被稱為霧月——譯者註

有人推測拿破侖可能患有梅毒，根據是他在 1802 — 1804 年任執政期間，小便出了些麻煩。拿破侖自己寫到，他的醫生亞歷克西·布瓦耶的看法使他"產生了對約瑟芬奇怪的懷疑，而對自己卻很相信"。但他小便的病症（我們已經在博羅金諾戰役中注意到了）顯然表明，他膀胱中有小石塊——"尿結石"。這裏沒有材料支持他患有梅毒的診斷。

拿破侖的病中能夠確診的最嚴重的病是偏頭疼。讓人痛苦的"頭疼"在工作壓力很大、神經高度緊張的人中只是一種常見病。第一次報告他有偏頭疼是在 1796 年意大利戰役快要結束時。在他一生中，每當緊張時都受到類似的困擾。拿破侖高度緊張氣質的另一個病症是皮膚搔癢。這肯定是由精神原因引起的一種皮炎，但也可能是他 1793 年 12 月在土倫得的疥瘡引起的。

還有兩種本身並不嚴重的毛病卻對拿破崙後來的經歷有深刻影響。拿破崙肯定是個"生活習慣無規律"的人，這會導致便秘，自然就會使他坐在凳上用力時很容易脫肛出血，患上痔瘡。最早是在 1797 年提到他得了這種很常見、很疼痛的病，那時他 28 歲。五年後的 1802 年，飲食習慣沒有規律使他又遭受到另一病痛的折磨，這種情況在生活壓力大、缺乏適當照顧的人中同樣也很多。拿破崙的首席秘書福弗萊·布列納記載道，他的主人在 1802 年初開始感到肚子疼。他經常靠向椅子右側，背心紐扣解開，大叫道"啊，疼死我了！"這可能是生了膽結石，或者只是消化不良，後來的歷史表明他得的是消化道潰瘍，這種病是疲憊金融家的剋星。

　　1804 年 12 月 2 日，拿破崙加冕稱帝，第二年他 36 歲。從這時開始，他的體力和腦力都在退化。這一迅速的變化被所有與他密切接觸的人注意到了。他的肚子開始大起來。清瘦的臉龐變圓，脖子變粗。額頭上不見了蓬亂的長髮，頭髮質地愈來愈稀疏、纖細。他的皮膚變得更軟，他那曾經是頎長、"漂亮"（雖然很髒）的雙手手背上肥肥的，這樣他外表上就成了矮胖子。詹姆斯·吉爾雷漫畫中那個瘦削的科西嘉吃人怪物變成了學校歷史書圖畫上更為知名的矮胖子拿破崙。

　　與體質衰退同時出現的還有氣質和智力的明顯改變。總的來說，他失去了自律。海軍大臣德尼·德克雷宣稱："皇帝瘋了，他會毀掉我們所有人。" 1807 年，梅特涅公爵注意到，"最近拿破崙的行為方式完全改變了，他似乎認為自己已到這樣一種狀態，克制已成了沒有用處的阻礙"。他的脾氣不像以前那樣受到控制。他雖然不是經常發脾氣，但不再能隨意控制住。他已失去了幾乎一直在制約他行動的判斷力，而是讓奇想來操縱其計劃。對權力的渴求加上奇思妙想讓他產生了不該有的暴躁，但身體卻接受不了大腦的命令。他旺盛的活力鬆弛下來，喪失了過去能長時間忙於實務的能力。到 40 歲時，拿破崙已變成一個慵懶、猶豫卻又性情煩躁的人。

這一巨變的原因是什麼？有人提出過許多原因，但沒有一個能完全解釋這些現象。他的肥胖和慵懶是身體原因而不是精神原因。甲狀腺缺乏、黏液水腫可能會造成這類變化，但拿破崙的畫像卻又證明不了這一診斷。也有人提出，他得了弗勒利希綜合徵即腦垂體分泌物不足，但得這種病的人不可能有生育能力。這些說法沒有一種能解釋他在 1803 — 1805 年間的三次癲癇痙攣。這些不會是真正的癲癇，但或許與他為人所知的偏頭痛有關。普通的偏頭痛偶爾會發展為現在稱為 "偏頭痛併發症" 的病，這種病偶爾會發作，使病人或是癱瘓或是語無倫次。這些嚴重病症是腦動脈痙攣的結果，雖然只是暫時的，也會造成腦損傷。假如是這樣，拿破崙的慵懶是輕度腦損傷的結果，而他的肥胖又是慵懶的後果。損傷肯定只是輕微的，沒有任何明顯跡象表明他受到嚴重的大腦損傷，拿破崙顯然在遇到對他權力的直接挑戰時會迅速、激烈地做出反應。

　　不管原因是什麼，在這一點上過於執着顯然不明智，新拿破崙已喪失了老拿破崙的敏捷和果斷。然而在 1812 年 12 月 — 1813 年 7 月，他仍成功地徵募了 47 萬新兵。他的軍隊在數量上超過反法聯盟的軍隊，但質量上卻要差得多，因為法軍主要由新兵組成，這種軍隊總是比久經征戰的老兵更容易得戰場流行病。在從莫斯科返回的一路上，退卻的法軍和追擊的俄軍把斑疹傷寒傳到了德國。在 1813 — 1814 年間的秋冬，所有中歐和東歐地區都流行斑疹傷寒。拿破崙成千上萬的新兵得病死了，到 1813 年晚秋，新兵中只有不到一半人還能服役。

　　到 1813 年 8 月底，法軍似乎在德累斯頓就要徹底打敗聯盟軍隊。在拿破崙親自指揮苦戰兩天後，聯盟軍隊被迫退卻，法軍準備第二天發動一次殲滅性的打擊。但這時拿破崙的一種相對不嚴重的毛病發作了，這對歷史進程的改變產生了影響。第二天晚上，他筋疲力盡，渾身濕透，餓得厲害，連忙狼吞虎嚥大吃一頓。8 月 27 日夜裏，由於腹痛和嘔吐很嚴重，他不得

1813 年拿破侖軍隊被聯軍打敗。

　　不回到後方，讓莫爾捷元帥、洛朗‧聖西爾元帥和多米尼克‧旺多姆將軍
第二天出戰。旺多姆的失敗挽救了聯盟軍隊的敗局。

　　兩個月後的 10 月 17 日，另一次類似的腹痛和嘔吐使拿破侖在決定性的
萊比錫戰役時只能躺着，但這樣也於事無補。到 11 月，法軍被趕過萊茵河，
在布呂歇爾公爵統率下的普軍、施瓦曾堡公爵統率下的奧軍和沙皇亞歷山

大統率下的俄軍跟蹤追擊下，沿路湧向巴黎。威靈頓從比利牛斯山一路殺來。拿破侖帝國的日子屈指可數了。在這個關鍵的、無望的時刻，拿破侖身上往日的一些魔力又復原了。威靈頓對 1813 — 1814 年戰役評論道："對這場戰役的研究給我留下深刻印象的是他的天才而不是其他因素……但他需要有耐心。" 1814 年 4 月 6 日，元帥們堅持要求他無條件退位。4 月 11 日，拿破侖發表了一項聲明，宣佈放棄法國和意大利的皇位。

接着在 4 月 12 日晚上他準備自殺，可能服用的是馬錢子鹼。然後，他開始了穿越法國南部的可怕旅程。這位垮台的皇帝勉強在阿維農躲過了私刑，在奧爾貢看到了他的模擬像被吊起。他離開法國流亡，去當厄爾巴島的君主。在那裏，他好像過得很快樂，管轄着他的小王國，操練他的袖珍軍隊。無疑，夢想和計劃在支撐着他。後來，他開始了戲劇性的近乎瘋狂的返回法國的冒險。1815 年 3 月 1 日，拿破侖在昂蒂布登陸，開始了他凱旋般的挺進，經過莫昂斯—薩圖克斯、格拉斯、迪涅、格勒諾布爾和里昂返回巴黎。

這時伴隨他已有十年的壞身體幾乎使他的冒險剛剛開始就要結束。從昂蒂布到格拉斯，這位歸來的英雄騎在馬上領着一支壯觀的馬隊耀武揚威地行進。這時自 1797 年以來不時給他帶來麻煩的痔瘡使他疼痛難忍，即使走路都很疼，騎馬簡直無法想像。拿破侖弄來一輛馬車坐車前進，短

勞特累克畫的拿破侖像。

時間內舒服了一些，但道路崎嶇以及車輪顛簸使這種解脫只是暫時的。一個有病、被廢黜的君主躺在坐墊上當然與騎戰馬奔騰歸來的征服者大不相同。但病魔很快就過去了，兩天後拿破崙發現自己又能繼續前進。病的發作如果時間更長，他的凱旋行程可能在格拉斯就會終結。

拿破崙的痔瘡與同樣惹麻煩的嗜睡和慵懶是可用來解釋法國人仍稱為滑鐵盧之謎的主要原因。在拿破崙徵募的所有軍隊中，在滑鐵盧作戰的軍隊是最需要激勵並有統一指揮的。這些軍隊是在"拿破崙百日"中匆忙徵召的"湊數兵"，還不習慣他們的指揮官。但這些部隊不該為滑鐵盧的災難受責備。拿破崙 6 月 18 日戰敗，是因為他失去了前一天的機會。 16 日晚上，戰略位置看來對法國最有利。考慮到他的軍隊素質不高，這種情況本身對拿破崙作為一個軍事領袖的才幹是個考驗。

拿破崙指揮約 12.4 萬人，對付布呂歇爾公爵指揮的 12 萬普魯士軍隊和威靈頓公爵指揮下的 10 萬英國—荷蘭—德國—比利時聯軍。拿破崙的出色計劃是分兩翼行動，再留一支預備隊。在把司令部設在沙勒羅瓦後，拿破崙命令內伊元帥率一翼去往布魯塞爾的路上頂住威靈頓的軍隊，而格魯希將軍率另一翼去攻擊普軍。普軍與東邊英國盟軍能夠會合的最近的地方約 10 英里，如果會合起來就能對拿破崙在人數上形成優勢。 6 月 16 日，內伊適時地進攻了在卡特博拉斯的威靈頓，同時，格魯希和拿破崙在利尼打敗並部分擊潰了普軍。雖然兩場作戰沒有一場是決定性的，但第二天還有極好的機會。帶領預備隊的拿破崙可以在右翼徹底擊潰普軍，或是迅捷繞到左翼去擊敗威靈頓。但正如軍事史家貝克所寫："就是在從 16 日下午 9 點到 17 日上午 9 點這 12 個小時內，這場戰役失敗了。"

拿破崙在 6 月 16 日整天都騎在馬上。這位肥胖、46 歲就未老先衰的人

拿破崙百日　指拿破崙從厄爾巴島返回法國後建立的一段統治，他於 3 月 20 日重新登上帝位，6 月 22 日第二次宣佈退位，前後約百日——譯者註

完全累壞了。更糟的是，他的痔瘡又一次劇痛起來。在6月16日夜間，他整夜疼得睡不着。拉雷有沒有用鴉片可能已永遠弄不清了，但拿破崙直到早上8點才起床。到11點他才重新積極指揮作戰，下令格魯希去追擊普軍。這時普軍蹤跡不明，拿破崙命令向東追擊是錯誤的，因為布呂歇爾向北退卻。同時，拿破崙命令近衛軍去支援在卡特博拉斯的內伊。威靈頓知道布呂歇爾向北退卻後，就指揮軍隊向通往布魯塞爾的路上後退以與普軍保持平行，再在滑鐵盧村前的高地上構建防禦陣地。有一段時間，英軍擁塞在村子狹窄的街道和熱納普橋上，是內伊攻擊的極好目標。這時，格魯希向東南追擊，與即將作戰的戰場間的距離時刻都在拉遠。

6月17日，太陽在格林威治時間3點45分升起。拿破崙從他不安穩的睡眠中醒來前浪費了四個多小時白天時光，而在他能掌握戰略主動權前則浪費了七個多小時。可以肯定，他有徹底擊敗敵人的機會，也可以肯定，他失去了這個機會。年輕的拿破崙從沒有錯過提供給他的機會，不管是否筋疲力盡，是否疼痛，他都會成功地抓住機會。1815年6月時的拿破崙慵懶、煩躁並被疼痛折磨，不再能如願做出努力。對醫學史家來說，6月17日星期六是個致命的日子，而滑鐵盧的星期天卻讓人有點掃興。拿破崙仍然身體狀況不佳，不適於控制戰役的進展，不過，儘管他身體不好，內伊還犯了錯誤，他在滑鐵盧仍然幾乎打敗了威靈頓。如果我們同意勝利者威靈頓的說法——"這是我所經歷的最絕望的事，我從沒在作戰中遇到這麼多的麻煩，從沒像這樣幾乎要被打敗。"——那麼拿破崙身體的不好，就會在決定勝敗的天平上起到相當的分量。

六年後，即1821年5月5日，這個被廢黜的皇帝死於聖赫勒拿島。第二次被放逐是一個無望失意、口角紛爭和慍怒隱居的時期。無疑，總督赫德森‧洛爵士缺乏控制像拿破崙這樣難對付的俘虜的機敏和才智，但有關"聖赫勒拿殉難者"的傳說也沒有事實根據。政治上的需要使英國人把這個

被放逐往聖赫勒拿島的拿破崙。

島說成是療養勝地。相反，出於類似考慮，拿破崙的同情者把它描繪成與
魔鬼島差不多。甚至被拿破崙逮捕並流放過的教皇庇護七世也請求釋放他，
理由是"崎嶇的聖赫勒拿島對健康有致命的損害，不幸的流放者在一點點
死去"。

　　一種肝病——急性傳染性肝炎在聖赫勒拿島當地流行。拿破崙可能得
過這種病，但即使得了也很快就復原了。他最後得的病持續了六個月。對
這種病有不少文字記錄，有很多說法。實際上史實很清楚。在最後的日子
裏，他"拉柏油便"和"嘔吐咖啡渣"，這兩種情況都是消化道或半消化
道的血造成的。對他的治療看來不很合理。給他最後服的藥中有一種是大
劑量的甘汞，這種藥沒有一點療效，實際上還會加速死亡。死後的驗屍報
告對拿破崙的肝說法不一，但都提到胃上有一大塊"硬癌生長"。這種情

況加上柏油便、嘔咖啡渣和貝特朗將軍說的他總是打嗝，就能確定死因。拿破崙死於癌症，癌病變已侵入胃壁，楔入的縫隙大小足夠放進一根手指。癌病侵蝕了血管，死亡的直接原因是大出血和腹膜炎，兩者都是由癌病惡性發展引起胃壁穿孔後的繼發症狀。

雖然死因很清楚，還是產生了許多說法。其中一種說法是中毒，知名人士死亡經常有這種可能。拿破崙在遺囑中命令，死後要剃去他的頭髮，把一絡絡頭髮分送給許多朋友和追隨者。1960 年時的一份報告引起了人們的一些興奮，報告稱在他的頭髮樣品中發現了砷的痕跡。用砷投毒不是死亡的直接原因，不過砷是一種已知的致癌物質，在很長一段時間無意或有意使用或許會致癌。儘管可以這樣理解，但實際不可能。

拿破崙在滑鐵盧戰役差不多六年後去世，而他又是在莫斯科戰役後三年敗於滑鐵盧。當他的健康和判斷力開始下降時，他災難性的垮台就已開始，並且不可避免。他的大軍是被他自己缺乏耐心和遇到斑疹傷寒的厄運毀掉的。他的帝國再也沒有從這支大軍的毀滅中復甦過來。1812 年 11 月 29 日，內伊元帥在渡過別列津納河時給他的妻子寫信：「是飢餓將軍和冬季將軍而不是俄國人的子彈征服了大軍。」這是公認的看法，但要說出全部真相，我們就必須加上斑疹傷寒將軍和拿破崙將軍的名字。

6

霍亂與衛生改革
Cholera and Sanitary Reform

在克里米亞戰爭中救助傷員的南丁格爾。

有一類被稱為腸熱病的重要疾病,是通過人的糞便污染食物或飲用水傳播相關細菌使人得病的。這些病包括傷寒、副傷寒和痢疾。還必須加上霍亂,這種病常被稱為亞洲霍亂以區別於小兒霍亂,後者稱為小兒腹瀉更確切些。直到最近,這些折磨人的病加上斑疹傷寒經常被歸為戰場病,都是在戰爭的特殊條件下特別容易流行的病。

在 1346 年克雷西戰役前,法國人粗魯地稱入侵的英軍是不穿褲子的軍隊,因為他們頻繁地蹲下大便。現在已經無法確定他們得了什麼病,最有可能是得了傷寒或痢疾。直到 20 世紀,這類在地方流行的腸道病連同斑疹傷寒還有外來的亞洲霍亂,比任何武器殺死的士兵都要多得多。在管理極其不善的 1854 — 1856 年克里米亞戰爭("軍隊被其軍事領導人所毀而被一個平民婦女所救"）中，97,000 名被派往戰場的英軍中有 2,700 人作戰時被打死，1,800 人因傷重而死，17,600 人死於疾病。霍亂在英軍中流行，壞血病（維生素 C 缺乏）在冬天又使許多人死亡。在 1861 — 1865 年美國內戰中，北方軍隊有 93,443 人在戰場被打死或是後來死於重傷，而病死的人數

平民婦女　此處的平民婦女是指去戰地護理傷病士兵的英國婦女南丁格爾——譯者註

幾乎是其兩倍，達到 186,216 人，其中 81,360 人死於傷寒和痢疾。霍亂也要部分為這一高死亡率負責。南方同盟軍隊方面沒有準確的數字，但可以相信傷寒造成的死亡要多於北方。

1899 — 1902 年的布爾戰爭在醫學上也有其價值。英軍指揮官不是因其才智而是因其拒絕接受平民建議而聞名，但布爾戰

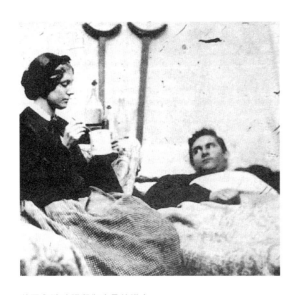

美國內戰時照顧傷病員的護士。

爭的將軍們肯定都是些不尋常的蠢材。造成傷寒和細菌性痢疾的病原體已被發現，包括抗傷寒接種在內的預防手段也已出現。1899 年前很早就已知道傷寒主要通過水傳播，並已很清楚被污染的水可以通過煮沸或過濾使之無害。在南非總共約有 40 萬軍隊參戰，在任何時候野戰部隊人數都達到 20 萬。從 1900 年 2 月— 1901 年底，6,425 名英軍士兵死於戰場或傷重而死。布爾人使用了射速快的毛瑟槍，這種槍要麼一下子打死人，要麼留下一個乾淨的很快就會癒合的傷口。那裏的土地大多沒有耕種，人口稀疏，因而相對可以避免

引起傷口膿毒症這類病的病菌。儘管受傷寒病原體的影響要相對輕些，但仍然單是得傷寒的就有 42,741 人，死於各種疾病的總人數有 11,237 人，幾乎是死於敵手的兩倍。不管怎麼說，假如司令官下令對用水做適當處理並採取衛生措施，無疑可以大大減少軍隊士兵因傷寒流行以及腸道病的死亡人數。

這或許是一種苛嚴、不公正的判斷，那麼就讓我們來看看四年後在 1904 — 1905 年日俄戰爭中發生的事。俄國人沒有公佈準確數字，但宣佈參戰的 709,587 人中只有不到百分之一得病。這一報告可能是低估了，但有人注意到俄軍的健康狀況直到俄國大敗時都很好。日軍在作戰中損失 58,357 人，21,802 人病死，因而改變了以前記載的戰場傷／病比率。在病死的日軍中，5,877 人死於傷寒和痢疾。在中國東北，這些通過水傳播的病像在南非一樣流行。得病率的大大減少主要由於禁止士兵飲用沒有煮開的水，提供充足的熱水泡茶，有公廁設施，並且盡可能不在村子裏住宿。

我們可以理解，正在值勤的普通士兵得病者很多，但讓人驚奇的是王族的指揮官也同樣如此。在親自帶兵的英國君王中，征服者威廉 1087 年死於腸穿孔，這是不久前得了傷寒的結果。愛德華一世 1307 年死於痢疾，阿金庫爾戰役的英雄亨利五世得這種病死於 1422 年。愛德華三世的繼承人黑太子愛德華也死於同樣的病，這或許就改變了英國歷史的進程，因為在黑死病流行後出現了土地和勞動力危機。這是社會發展比較困難的一個時期，這時是由他軟弱年幼的兒子繼承了王位。約翰王 1216 年因 "吃桃子和新榨果汁過多" 而浪漫地死去，很可能是嚴重腹瀉使得他那因傷寒而脆弱的腸子穿孔的結果。王室的第二位饕餮之徒亨利一世 1135 年去世，無疑是死於一種腸道病食物中毒，"他特別喜歡吃鰻魚而且貪吃過多，醫生禁止他吃，他也不在意"。據說，給他屍體做防腐處理的人也病了，幾天後在劇烈的痛苦中死去。

再講些更近的事。維多利亞女王的丈夫阿爾伯特親王 1861 年死於傷寒

（雖然對這一診斷當時已有疑問）。他的兒子愛德華七世十年後也差點因同樣的病送命。愛德華的外甥沙皇尼古拉二世1900年得了嚴重的傷寒病，他的母親瑪麗亞‧費多羅夫娜在醫生報告尼古拉要在羊肉片切碎後才吃時用盡心思呵護他。把羊肉切碎是在傷寒恢復階段通常採取的謹慎做法。

這類病早期的情況難以區分，因為它們通常都在"持續發熱"的名目下歸在一起。許多醫生懷疑，這類病不止一種，但更多醫生認為可見的這些差別只是同一種病的不同表現。1839年夏秋，英國德文郡北陶頓的一個醫生威廉‧巴德發現，在他照管下的幾戶茅舍中的居民特別容易得"熱病"。巴德對這一問題進行研究，認為他要解決的不是一種而是兩種病。他發現雖然這兩種病都發熱，出皮膚斑疹，但一種病是急性的，幾天內死亡，另一種病是慢性的，有時要生病幾個月。還不清楚巴德本人給兩種病起的名字，因為直到1873年他的發現才發表，到這時區分兩種病的榮譽已經給了英國的威廉‧詹納爵士（1849年）和費城的威廉‧伍德‧格哈德（1873年）。急性病被命名為"斑疹傷寒"，慢性病稱為"傷寒"，兩者在一些方面很相像。

巴德在繼續觀察後發現，他的大多數傷寒病人都來自同一類茅舍，他們都從同樣的淺水井裏取水。看到這些明確無誤的腸道病症，他認為病人的糞便肯定通過茅舍的土坑茅廁滲入了水井，而住在茅舍的人則取井水飲用。在做了一兩次沒有結果的試驗後，他撒了大劑量漂白粉在茅廁裏。結果得傷寒的人數逐漸減少，最終達到當時任何村莊社區都可能期望的低數目。研究古老教區記錄的地方史專家經常會發現，有某種顯然在很小範圍流行的傳染病致人死亡，各種年齡的人都會得病，在一年任何時候發病。有時還能弄清住所靠得很近的一些家庭死者的名字，甚至還能確定他們取過水的廢棄水井。

鄉村從地面水塘、水渠和淺井取水的方式以及將人的糞便撒在田裏的處理辦法，在許多世紀中都沒有人表示異議，也沒有造成讓人無法忍受的生活條件，而且在偏僻的鄉村地區幾乎一直沿用到今天，直到住戶希望徹底改變那些有着不可靠水井和土坑廁所的茅舍時為止。但在18世紀，工人階級的生活條件因工業化的開始有所改變。工業化最早在相對較小的國家英國發展起來。1801—1851年，英格蘭和威爾士的人口從890萬增加到1,790萬，由此帶來的問題要超過人口增加的幅度。隨着工業革命的加速，在那裏產生了一場由鄉村轉變為城市的快速的城市化運動。對此，我們將主要探討一些對英國有影響的問題以及這些問題的解決。

與所有歐洲國家一樣，英國的生活和經濟在許多世紀中也是靠農業支撐。這時，農耕社區的村莊和小集鎮突破了它們的界限，擴展到整個鄉村，直到在許多地區休耕地消失，單個小村莊失去其身份而成為一個有統一範圍的教區。不幸的是，就公共衛生而言，地主、投機建築商和居民自身都只把這些新城鎮看做是擴大的村莊，而實際上它們不是。隨着城鎮擴展到鄉野，處理廢棄物的困難也隨之增加。把糞便倒入河中不會受到制止，而這條河的水還要供人飲用。奔流的水渠帶走了城鎮大多數廢棄物並供應居民用水。像倫敦的泰晤士河和布里斯托爾的埃文河這樣受潮汐影響的河流，它們會在漲潮時帶來大量有害物質，因而增加了污染的危險。使用蒸汽動力使得已經不足的供水更為減少，工廠還用河道作為現成的廢水排放管。到1830年，英格蘭的大工業城市已經沒有一個有完全安全的飲用水供應，這些地區的河流都污染嚴重以致魚都不能生存。

農村人在湧進城市的過程中建造了愈來愈多的房屋。新造的房屋一定靠近工廠，廠主和工人都不願把時間浪費在路上。承包商要把所有空地利用到最大限度，在最小的空間裏擠進最大數量的房屋。速度是最重要的，因為工廠要在工人有房住時才能開工，因此建築商不會浪費時間去挖地基、建承重牆、砌頂層。這些房屋用現成材料馬馬虎虎建成，一排排挨着，庭

英國工業革命時的工廠。

院狹小。這些新房子同鄉村房屋按照同樣原則使用，一幢住宅或只是部分
給一家住，有一個共用的供水設施和戶外廁所，這些廁所經常就是給一個
院子或一排房挖一個簡單的土坑。

　　隨着時光推移，工廠數目增加，建房不再能與工業城鎮居民的增加同
步發展，在已有的工廠附近已不再有現成的土地。接納房客和分租房屋就
成了規矩。很少有家庭住的房子多於一間，一幢兩間房的茅舍或許會住多
達20人。在這樣的條件下，清潔、隱私、體面、適當的公共衛生和潔淨水
的供應都談不上。從日常有幾十個人使用的骯髒廁所中溢出亂糟糟的糞便，
流滿院落，滲入土中，再污染挖得很淺的水井，而住戶又從這些井中取不
夠用的水。

　　我們應該在頭腦中消除一種常有的謬見，即認為所有這些污穢的情況

都是新出現的。其實工業城鎮所有主要的弊端都已在鄉村存在。吃不飽肚子的家人住在過於擁擠的茅舍裏，婦女和孩子在田裏幹活，男勞力為掙些難以維持溫飽的工錢從早到晚勞作。隆冬在荒涼山坡上趕烏鴉的七歲孩子得不到在廠裏幹活的大孩子能得到的同情。我們記住了監工的皮帶，卻忘掉了農場主的鞭子。我們在看到一個懷孕婦女給玉米地鋤草時累得要命時不會感到震驚，而在看到她的姐妹在地下拉煤車時就會感到震驚。近代城市居民對農村有一種以為是桃源仙境的看法，稱之為"快樂的英格蘭"。這種仙境實際上從不存在，這種看法使我們看不到這一事實：工業城鎮的每一種弊端都源自農業村莊，不是人員位移的結果而是他們生活方式位移的結果。在鄉村，這種生活方式沒有到達無法容忍的危險程度，因為那裏的社區不大，茅舍稀落，人們在曠野裏幹活。而在社區空間局促、房屋緊連、工廠工人在封閉環境中長時間一起工作時，傳染病流行的災難就難以避免。

19世紀初，霍亂使這樣的社區死了不少人，並成為在全世界流行的傳染病，而在此之前卻從沒在歐洲出現過。霍亂可能在古代印度就有，但在那裏霍亂許多世紀似乎只局限在一個相當小的範圍內。像傷寒一樣，霍亂也是一種通過水傳染的病。有理由相信，印度教的河中沐浴禮儀可能在促使人與人之間傳播霍亂的同時，也限制了傳播的範圍，因為這種病是一種典型的短病，經常

英國女礦工。

生病不超過幾小時。在印度的歐洲人過去對霍亂的報告不能被當做信史，因為他們描述的病很像流行範圍要廣得多的細菌性痢疾，但真正的霍亂肯定在 1770 — 1790 年間在馬德拉斯存在過。 1814 年 1 月，霍亂在當地軍隊中出現，這支軍隊正從馬德拉斯的一個區特利奇諾波利向幾百英里外的江布爾進軍。這兩個城市都在聯合省，後者在恆河邊上。 1817 年，霍亂在整個恆河三角洲猛烈流行，使得這一地區引人關注。當地醫務人員說， 1817 年前三角洲地區沒有這種病，因而考慮這是一種新病。他們的看法當時就有人懷疑。一種可能的解釋是，霍亂只在印度中部地區流行，基本上未被歐洲人注意到，然後通過軍隊流動和河運順河而下傳到沿海地區。

霍亂是在 19 世紀初開始傳播的。 1817 — 1818 年，已知霍亂最早從印度外傳，向東傳到中國和菲律賓，向南傳到毛里求斯和留里汪島，向西北傳到波斯和土耳其。 1823 年，一場大病在整個中國、日本和俄羅斯的亞洲部分流行。然後由於一些不清楚的原因，流行停止了三年，到 1826 年重新開始。這可能是也可能不是從印度傳來的霍亂，按照同樣的路線到達波斯和裏海地區，再從那裏傳到歐洲。第一個英國的病例 1831 年 10 月在桑德蘭出現；到 1832 年冬季，整個不列顛群島都被霍亂侵襲； 1833 年底，大部分歐洲被侵襲； 1835 年，意大利被侵襲。魁北克和紐約 1832 年通過船隻傳入了霍亂，這種病向南經北美緩慢地傳到墨西哥和其他地區。這樣緩慢的傳播很典型，約翰‧斯諾對 1849 年霍亂較晚一次流行的敘述可能是最好的：

　　霍亂的發展肯定與某些環境有關，或許可用一般方式來描述。它按照人際間交往的大致路徑傳播，從不比人的旅行傳得更快，通常要慢得多。在傳到一個沒有傳染過的島嶼或大陸時，它總是先在海港出現。從一個沒有霍亂的國家航行到一個流行霍亂國家的船上的水手從不得這種病，直到他們進入港口與岸上人有了交往後才會得病。霍亂在城市間準確傳播的情況並不能都弄清，但它總是在人際交往頻繁時才會出現。

這種緩慢、連續的傳播自然也是 1817 — 1832 年霍亂第一波流行的特點，並由於謠言和迷信的推動激起了人們強烈的恐懼感。大家普遍又回想起中世紀有關神罰的說法。霍亂是一種極度痛苦的病，讓人忍不住嘔吐、腹瀉直到腸胃皆空、全身脫水時為止。脫水使四肢嚴重痙攣，腹部肌肉也經常嚴重痙攣，同時已排空了的胃使人不停地乾嘔、打嗝。霍亂病人不管是死是活，樣子都很難看。這種病最恐怖的地方是它發病突然，發展很快。海因里希‧海涅 1832 年 4 月 9 日寫了一封信，描寫他在巴黎看到的一幕。這封信被人編輯、改動多處：3 月 29 日，正在舉行一場蒙面舞會，一片嘈雜。突然，最快樂的小丑倒在地上，四肢冰涼，面具下的臉色綠中帶紫。笑聲消失，跳舞停止，這人被匆忙地用馬車從舞廳送到天主大廈（巴黎最古老的醫院）時已死了。為防止引起在那裏的病人恐慌，還披着化裝斗篷的死者被連忙塞進一個粗糙的箱子。很快，公用大廳裏堆滿因缺乏裹屍布或棺材而縫在布袋裏的死屍。排着長隊的靈車停在拉雪茲神甫公墓外面。富人們收拾好家產逃離城市，窮人懷疑有人秘密投毒，他們又喊出 "把人吊上路燈桿" 的口號。有六人被殺，他們裸露的屍體被拖過街道，大家認為這些人是罪犯。

對這種病的恐懼以及在疾病出現前的謠言紛傳，要求管事的人必須採取行動，疾病的緩慢傳播也使他們有時間做準備。在參考了德意志一些國家的情況之後，英國成為第一個試圖對 "公共衛生" 進行集中控制，並對整個國民強制推行衛生法規的國家。比如，1804 年，在受到通過海運傳播的黃熱病威脅時，英國建立了一個衛生委員會。不過，兩年後，在急迫的危險消失後，這個委員會也被解散，不再執行什麼規定。實際上，政府只能通過已有的地方機構施加影響。現有的一些機構都由教區官員和治安法官組成，主要職責是在樞密院名義上的控制下執行濟貧法。這一制度源自伊麗莎白一世統治時期，隨着時間推移，權力不斷下放，以致每個教區實際上都成了一個自治單位。

到1830年底，英國看來可能很快就有受霍亂傳播的危險，有些人決心充分利用這所剩無幾的時間制止危險。1831年1月，樞密院官員查理・格雷維爾要在聖彼得堡的沃克醫生講述已經影響俄國北部霍亂的情況。沃克這時似乎已離開聖彼得堡，因為直到3月他才回覆，而且用的還是第二手材料。霍亂在這年初夏已到達波羅的海沿岸，6月17日，格雷維爾派威廉・羅素醫生和大衛・巴里醫生去調查並報告情況。四天後的6月21日，政府建立了一個中央衛生委員會（Central Board of Health），歸樞密院監管。

儘管如此，當局還是犯了一個大錯，他們任命一些名醫和官員擔任委員會成員，而不是等巴里和羅素回來，或是僱用東印度公司的醫生，這些醫生對霍亂有親身體驗。從1831年6月21日至11月11日，委員會幾乎天天開會，準備那些"他們認為可能是對付霍亂方法中最有效的條規"。6月29日，樞密院採納了委員會提出的第一批建議。這一歷史性文件是最早試圖通過中央指導與地方政府協調影響公共衛生所做的努力，但當時價值甚微，因為委員會中沒有一個成員見過一個霍亂病例。

中央委員會建議成立地方的衛生委員會，由醫務界人士、教士和有地位的市民組成，並與倫敦的總委員會保持聯繫。對如何處理病人及其物品，他們提供了幾條平淡無奇、缺乏新意的指導意見，還允諾到適當時候將提供更詳細的指導並具體描述這種病。9月3日，《柳葉刀》雜誌上介紹了這一計劃，雜誌編輯托馬斯・瓦克利激烈地批評其內容。

10月12日，霍亂在漢堡出現，英國的危險更大了，因為漢堡是與不列顛群島有正常往來的一個港口。條規在增添了敘述霍亂性質和治療方法的內容後於10月20日公佈。一周以後的10月27日，一個名叫詹姆斯・凱爾

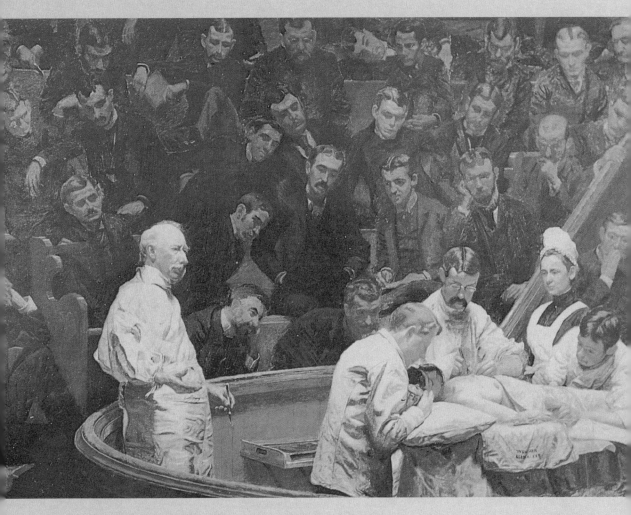

19世紀英國作教學展示的診所。

的軍醫報告，第一個英國人在桑德蘭死於霍亂。11月1日前又有四例死亡報告。這時內政大臣發佈政令，10月20日公佈的條規必須執行。樞密院認為中央衛生委員會要由了解霍亂的人組成才可能發揮作用，因而解除了醫生委員的職務，藉口他們太忙不能每次會議都參加。新的委員會由羅素醫生和巴里醫生、一個叫愛德華‧斯圖爾特的海關官員和一個叫威廉‧皮姆的防疫官員組成。委員會是專職的，開會地點不限於在倫敦。巴里立即去桑德蘭，而其他委員去全國各地鼓勵建立地方委員會，組織隔離醫院並對隔離和治療提出建議。到1832年2月，中央衛生委員會聘用了四位醫院的代理總監督、21位醫務官和17位醫生。到霍亂流行結束時，這些官員已給英格蘭和威爾士的1,200個地方衛生委員會和蘇格蘭的約400個委員會做了諮詢工作。1832年5月底以前，約有2.2萬人死於霍亂，然後病人就迅速減少，直到12月流行實際停止，中央衛生委員會解散。2月，議會批准了一項"霍亂預防法案"，要求由地方當局提供護理和藥品，清掃病人住房，銷毀病人的床上用品、衣物，填埋陰溝和糞池，減少各種污物，費用從濟貧稅中支出。

在工業城鎮最糟糕的貧民區，時有暴亂發生，這使人領悟到，擁擠、骯髒的街道不僅是疾病的溫床，也是社會動亂的發生地。1832年議會改革法案制訂前的暴亂加劇了人們的恐懼。政府成立了一個皇家委員會調查濟貧法的執行情況，並對改善工人階級的命運提出建議。這個委員會請求埃德溫‧查德威克給予幫助，此人是律師兼記者，曾給傑里米‧邊沁當過秘書，是位社會改革家，還與他人一起創建了倫敦大學。查德威克後來成為濟貧法委員會的秘書和最積極的成員。

他被英國公眾記得，主要因為他是建立可恨的中央濟貧院的倡議者，在那裏，男人、婦女和兒童，乞丐、病人和殘疾人在監獄一般的條件中受到管束，包括兩性之間都要被隔離。這是不公正的，因為查德威克建議的是讓病人進醫院、沒有父親的孩子進孤兒院、老人進養老院、健康的無業者進濟貧院，但吝嗇的政府弄糟了整個計劃，進而不稱職的地方當局又管理不善，因為他們感興趣的只是降低由各家各戶交納的濟貧稅。

1836年，在第一個死亡登記法案送交議會時，查德威克確保增加了一項附加條款，要求登記員增記死亡原因。他還勸說任命一個叫威廉・法爾的統計學家出任首任人口登記總署署長。1838年英國第一次全年登記死亡情況，這一年斑疹傷寒大流行，在倫敦約有 14,000 人生病，1,281 人死亡。

貧民區的生活環境很差。

許多工業城鎮也報告了大致類似的數字。有些情況較好的地方當局注意到，斑疹傷寒死亡人數與濟貧稅徵收的水準有關。有幾個地方當局利用霍亂預防法案控告那些拒絕清掃污物的地主。起訴的花費從濟貧稅中支付，但審判員拒絕讓這成為一種合理花費，理由是這一法案只對預防霍亂有效。這一爭執被交給擔任濟貧法委員會秘書的查德威克。他認為有了一個調查的機會，有可能幫助他提出以前的濟貧計劃中未注意的改革。

查德威克得到三位醫生的幫助。他們調查了斑疹傷寒最嚴重地區的情況，得出結論：高發病率主要是由骯髒的習慣和醉酒造成的，但在生活環境依然污穢時窮人無法使自己得到改善。1839年8月，上院催促主要由三

在濟貧所門前排隊的窮人。

位醫生協助查德威克開展一次全面的調查。1842年7月9日，他們發表了調查結果，題目為《對英國勞動人口衛生狀況的調查報告》。

　　實際上，無論怎樣估價這一文件的重要性也不為過。在一個相對較小的方面，正是查德威克的報告最早引起弗洛倫斯・南丁格爾有興趣於社會問題，尤其是注意醫院，最終使她成為這方面的主要權威。查德威克是個預言家，可以這麼說，他只是在自己的國家聲譽不顯——儘管他在本國也得到過一個遲來的騎士頭銜。這時，他的聲譽已遍及世界。他的報告直接促使美國在公共衛生方面採取行動。傑出的美國醫學史家菲爾丁・加里森寫道："通過萊繆爾・沙特克，可以說是查德威克開始了美國的公共衛生活動，後來甚至還影響了比林斯。"直到沙特克1849年在馬薩諸塞從事衛生調查，才有人做公共衛生工作。他的調查報告強調，在美國的城市中，不衛生條件造成了嚴重的健康不良狀況，要求進行調查並加以控制。州衛生委員會因此建立並做了很好的工作，但全國性的組織直到 1889 年才在約翰·肖·比林斯的影響下建立了美國公共衛生署。查德威克還影響了馬克斯·馮·佩滕科弗爾，後者為慕尼黑設計了一個污水系統，還為防治霍亂做了許多工作，1859 年被任命為第一個衛生學教授。

查德威克涉及的領域很廣。在查閱了來自 533 個區的反饋後，他繪製了"衛生地圖"，清楚地顯示出傳染病與居住擁擠之間的關係。他指出，這種病是由骯髒、擁擠、排水不暢以及供水有問題造成空氣污染蔓延開的。他以八個區死者的年齡證明他的觀點，說明平均壽命與階級有關：鄉紳 43 歲、商人 30 歲、勞動者只有 22 歲。最後一個數字造成了很大數目的寡婦和孤兒，所有這些人都必須靠教區救濟資助。養家者早逝、居住過於擁擠以及無人過問迫使孩子們上街行乞、偷竊、賣淫。疾病使高年齡組階層的人員減少，留下一批"年輕、暴躁、危險的人，這些人易於被無政府主義的謬見欺騙"。查德威克的傳記作家 R·A·劉易斯寫到，他"將那些有身份的聽眾引到坑邊，要他們注意腳下他們自己培養出來的怪物"。

查德威克的報告把政府和資產階級從志得意滿中驚醒。執行必要的立法就需要花費大量開支，政府把這個問題交給一個通常稱為城市衛生委員會的機構，許多半官方協會在大城市中就如何行動提出了建議。1846 年，利物浦比較早地通過了衛生法案，授權任命了一位市鎮工程師、一位垃圾監管和一位衛生醫務官。1847 年 1 月 1 日，利物浦任命威廉·亨利·鄧肯出任英國第一位衛生醫務官。

同時，查德威克還將一般性的政策具體化。他不懂衛生方面的工程業務，但埋頭學習並請兩位能幹的顧問來幫助。管道供水不停地投入使用，但供水公司受到舊式管線的困擾，這是一種鑽空的榆木樹幹，受壓就會爆裂。所以他們就通過地面豎管以便減輕壓力，保障供水。通常在規定日子裏只供水一兩個小時。查德威克的一個顧問托馬斯·霍克斯利證明，使用金屬管不用增加花費就能保證水的流動和壓力。

污水處理問題是查德威克的第二個顧問約翰·羅解決的。當時，社會上已經有了一些陰溝將雨水從街上排掉，但這些都是簡單的磚頭管道，用石板覆蓋以便能用手清除淤泥和雜物。羅證明用能自我沖刷的狹孔陰溝來代替這些"淤積陰溝"在經濟上是划算的。這種陰溝斷面是圓形或橢圓形的，水在平滑的曲線中流動 —— 為了有效地沖刷，需要水不停流動。假如用於處理人糞便，這種陰溝就需要安裝沖水馬桶以代替不用水的土坑廁所。

靠自我沖刷帶走有害廢物的陰溝也帶來一個大麻煩。陰溝最終的出口只能通向某條河，幾乎可以肯定，城裏人也從這條河裏取飲用水。查德威克自己探討了這一問題，設計了"動脈－靜脈系統"，將農村的用水與城裏的污水對換。當人口增加需要更多耕地且較差的土地需要多施肥料時，污水管就逐漸被派上用場，許多肥料就是廁所裏的人糞便。查德威克設想，通過污水管把水抽到城裏去，然後再通過送回的管子把液狀的城市污物抽到地裏去。"污水農場"一詞至今仍是對查德威克計劃的紀念。這種污水與淨水交換的簡單辦法雖然在許多其他國家都得到採用，但在英國被證明是不經濟的。

這時發生了兩場災難。查德威克是個很讓人討厭、專制的人，最終與濟貧法委員會爭吵起來，1847 年 7 月 8 日被免除了秘書職務。自 1845 年以來，另一場霍亂流行的威脅愈益明顯，因此首相立即讓查德威克負責調查倫敦衛生中存在的問題，大家認為倫敦存在着特別的危險。他寫了一個讓人震驚的反映情況嚴重的報告，這一報告與霍亂即將來臨的威脅甚至讓英國議會都感到害怕，議會於是忙着立法。"公共衛生法案"（"查德威克法案"）1847 年 3 月遭到拒絕，但在 1848 年 8 月 31 日成為法律。

這一法案重建了衛生總會（General Board of Health），權力期限為五年，並授予地方當局有權力組建它們自己的衛生委員會。總會不再受樞密院控制，它不對內閣負責，在任何部門也沒有代言人。總會由兩位貴族和埃德溫・查德威克組成，後來又加入一位醫務顧問 T・索思伍德・史密斯。他們在 1848 年 11 月 21 日召開了第一次全體會議。

這時霍亂已在愛丁堡出現，12 月傳到倫敦，1849 年 6 月傳遍全國。這次流行比 1831 年那次嚴重得多。成立有十年之久的死亡登記機構因過度緊張都支撐不住了，統計數字只是大致數字，並不準確。在英格蘭和威爾士至少死了 5 萬人，也可能有近 7 萬人死亡。倫敦至少有 3 萬人得了霍亂，其中約 1.4 萬人死亡。這樣的死亡率，迫使議會給了衛生總會以前它所不願意給的權力。在他們第一次開會的三天時間裏，有 62 個市鎮提出要推行公共衛生的法案。地方當局要求就如何行使給予它們的不明確權力予以說明。總會確保 "清除垃圾和預防疾病法案" 獲得通過，這一法案授予執行者以強制權力，但只在情況緊急時使用。這時總會可以下令清理垃圾、打掃街道、給房屋消毒並設立隔離醫院。查德威克用這些權力招募了一批衛生監督員，增加了濟貧法醫院醫生的數量，還迫使地方當局任命了衛生醫務官。

衛生總會無疑工作勤勉而出色，但卻愈來愈不得人心。查德威克的獨斷專行態度致使他與醫務界和地方當局發生了對抗。醫務界、地方當局和公眾不理解為什麼要在疾病流行時堅持用清潔水、處理污水並清理垃圾。有關疾病流行原因的通常看法對此負有責任。微生物和細菌的說法以後才產生，這時的大多數人還頑固地相信空氣不潔是致病原因的說法。他們認為，化糞池和糞堆中的不潔物通過空氣流動從一個人傳給了另一個人，這樣另一個人就會得病，是空氣把疾病傳給了健康人。

總會的工作期限到 1853 年結束，但因為不斷有霍亂的威脅，政府又將其延長了一年。1854 年 7 月 31 日，一項將總會期限再延長五年的動議以 74 比 65 的票數被擊敗。辯論採用的是對查德威克惡意攻擊的方式，議員們對他進行了過分且很不公正的指責："英國需要清潔，但不要由查德威克來清潔。"查德威克"因他的苛酷規定"（這是在暗指當時被人普遍痛恨的濟貧院）被免去了在濟貧法委員會中的職務。有位議員宣稱他"不知道這人到底為社區做過什麼事"。第二天，有個議會領袖在《泰晤士報》上發表文章贊同查德威克被解職，說"我們寧可冒得霍亂和其他病的危險，也不願受欺侮而保持健康"。

查德威克也就此走了。奇特的是，他有關潔淨水和污水處理的看法早就被四年前即 1849 年出版的一本小冊子證明完全正確，雖然這位作者對微生物一無所知。倫敦有一位醫生叫約翰·斯諾，他更易被人記住的身份是第一位專業麻醉師。1832 年他在 19 歲時對霍亂有了興趣，那時他在泰恩河畔的紐卡瑟爾給一個醫生當學徒。他認為這種病不是通過不潔空氣傳播的，而是通過共享食物和不洗手傳播的。1849 年霍亂流行時斯諾在倫敦，他進一步完善了自己的看法，認為一個人照顧病人，他的手不可避免會被霍亂患者的糞便弄髒，假如這個人再去做飯，那麼吃他做的飯的沒得病的人就會有極大危險。這種說法或許可以用來解釋為什麼在窮人密集居住區霍亂會廣為傳播，但其又是怎麼傳到富人住宅的呢？斯諾提出了同樣的解釋：霍亂病人的糞便混入了"飲用或烹飪用的水中，其方式是滲進地裏進入水井，或是經過溝渠和陰溝流入河中，有時全城人都從河中取水"。後來爆發了戲劇性的布羅德街泵井事件，這是斯諾所做的研究中唯一被民眾記住的事。1849 年，倫敦金色廣場地區的大多數住宅還沒用管道供水，而是依靠"泵井"供水，其中布羅德街就有一個不錯的供水點。8 月底，這個地區因霍亂而死的人已超過 600 人。霍亂在布羅德街突然爆發，四天內有 344人死亡。斯諾調查了布羅德街 89 例死亡情況，發現除十人外所有死者都住得靠近泵井並從井中取水。在剩下的十人中五人應該從另一口井中取水，但他們還是喜歡從布羅德街的泵井中取水。還有三人是住在別的區的孩子，但他們上學的學校用這口泵井的水。有這樣一個故事，在當地教區委員會向斯諾請教如何才能防止再一次爆發霍亂，他回答道："把布羅德街泵井上的手柄卸掉。"當時泵井的原址上蓋了一個酒館，就以他的名字作為紀念，稱"約翰·斯諾酒館"，而斯諾卻是個嚴格的戒酒者。

斯諾這時追蹤調查了不同供水公司的管道。顯而易見，一個公司供水的地區霍亂流行，但另一公司供水的地區卻幾乎沒有人得霍亂。他發現有些街道上供水管道並列，在同一條街上每家公司向不同用戶供水。A公司供水的用戶很多人得病，而B公司的用戶則很少人得病。

約翰·斯諾在1849年證明，霍亂是一種通過水傳播的病。他在1853—1854年霍亂流行時，通過對倫敦兩家較大供水公司進行比較驗證了自己的發現。一家公司供應的水使每1萬戶有315人死亡，而另一家公司使每1萬戶有57人死亡。他試圖提出這樣的理論：霍亂的致病物質是一種活的有機

瘟疫流行時居民靠水車送水生活。

物。前面在談到傷寒時提到過的北陶頓的威廉・巴德醫生，後來遷往布里斯托爾研究了 1849 年的霍亂流行，他提出這樣的看法：致病體能夠在人的腸子中繁殖，並通過污染飲用水傳播。約翰・斯諾和威廉・巴德不但證實了查德威克的論點，即用潔淨水和有效處理污水對保證城市居民健康是基本條件，他們還幾乎預見到了巴斯德的細菌學說。繼巴斯德之後，羅伯特・科赫在 1883 年確定了病原體霍亂弧菌，儘管費利克斯・普歇 1849 年在用顯微鏡檢查霍亂病人糞便時就看到並描述了弧菌，但他沒有意識到這就是病因。

在解僱了查德威克及其同事後，衛生總會每年一度與醫學諮詢委員會一起重組，成員中有統計學家威廉・法爾和倫敦的醫務官約翰・西蒙。法爾和西蒙決心查明查德威克關於用水和污水的觀點是否正確。他們就像斯諾在小範圍所做的那樣查閱了倫敦供水公司的記錄，比較這些公司服務地區的死亡率。結果讓人吃驚，每 1 萬戶從高到 130 直至低到 37，數據懸殊很大。記錄最佳的公司採用了用沙過濾的方法，這是 20 多年前由詹姆斯・辛普遜採用的。

1856 年 5 月，約翰・西蒙將這些結果提交給總會。議會再次將公共衛生交由樞密院負責，並授權樞密院任命一位醫務官負責調查衛生問題，在立法前準備有關報告。樞密院任命約翰・西蒙擔任這一職務，他任職直到 1876 年，此時公共衛生歸地方政府部門掌管已有五年。

西蒙擔任醫務官的 20 年無疑是世界公共衛生史上最有成果的時期，但他和許多別的國家的工作者涉及到如此廣泛的領域，因而無法在這裏充分討論。西蒙顯然有物色人才，並領導他們成為一個集體的才能。他沒有固定的助手，但被允許為專門的任務任命付薪的監督員。與西蒙有特別聯繫的 16 位醫生中大多數都年輕，剛開始沒有經驗，但幾乎無一人例外都升至職業的高層。其中不少於八人成為皇家學會會員。只有三人沒有得到榮譽，其中兩人是病人。

　　他們不是坐辦公室的人。西蒙及其集體的成員不依賴報告而是親自走訪。在疾病流行時，他們試圖走訪每一個城鎮、每條街道、每幢有病人的住房。他們收集了大量有關霍亂、天花、白喉和斑疹傷寒的信息。嬰兒死亡率（出生頭一年死亡）停留在平均每 1,000 人中有 150 人死亡的水平上，而在工人階級中則更高，母親被僱做工的尤其高。有位監督員發現了讓人吃驚的真相：過高的死亡率主要是由於給幼兒服用鴉片造成的。另一位監督員調查了有關肺病死亡的情況，發現許多行業讓工人處在危險之中。其他人證明大多數體力勞動者都飽受營養不良之苦，部分原因是工作時間太長而食物供應不足，部分原因是他們的妻子缺乏家政教育。但水被污染、衛生條件差和居住擁擠是主要禍害。一位監督員發現，有一個礦區，那裏有 300 多戶人家的住房每戶只有單獨一間。

　　到 1866 年，西蒙收集到了大量證據，已到立法的時間了。他使自己成了一個熟練的外交家，游說議員，把他的看法灌輸到政府官員的大腦中，奉承他們，使其自鳴得意地接受他的計劃。1871 年，議會建立了一個新的部：地方政府部，樞密院的醫務部被歸入這個新部。西蒙聘用的負責人成為西蒙手下坐辦公桌的官員。他還

倫敦貧民區住房擁擠。

與他人一起起草了1875年的"公共衛生大法案"。這是一項出色的立法，內容包括西蒙手下人提出的幾乎所有建議，其範圍之廣涉及到了英國在以後60年內所做的大多數衛生改革內容。但醫務部已失去了根基，愈來愈多地要聽從非專業官員的意見。1876年，西蒙發現他的權力受到侵犯，他幾乎已不能發揮什麼作用。在與財政部經過最後一場激烈爭執後，西蒙"極度痛苦地"辭職退隱到自己的私人生活中。他接受了騎士封號，1904年88歲時去世。

查德威克、西蒙、沙特克、科赫和各國許多其他人，使公眾認識到有必要進行衛生改革，指點了改革的方法，還使擁擠的城市更清潔且更適合人居住。正是讓人膽戰心驚的霍亂提供了影響改革的最初也是最大的動力。不幸的是，這種病不像天花那樣可以完全消除以終結其歷史。1863年和1881年霍亂又來肆虐，前一次持續了11年，第二次持續了15年。1881年德國漢堡的疾病大流行提供了霍亂是通過水傳播的確證。漢堡是個自治城市，直接從易北河中取水。屬於普魯士的阿爾托納城也在河邊，市政府在那裏設立了一家過濾水的工廠。霍亂在分開這兩座城市的街道的漢堡一側造成的死亡率很高，而阿爾托納一側竟沒人得病。1817年從印度傳來的霍亂最後一次爆發是在1899年，一直延續到1923年，但這場霍亂對西歐和南北美洲影響不嚴重。

另一場與本書關係不大的霍亂開始於20世紀60年代初，病原體有新的弧菌世系，名為"厄爾托爾"（El Tor）。這種霍亂最早在印度尼西亞發現，後來傳到亞洲、非洲和南美。另一種變種20世紀90年代初在印度和孟加拉被查出。因而，霍亂仍與我們關係很大，還有許多工作要做。雖然，今天我們自己過着舒適的生活，但是在這個世界上還有數以百萬計的人仍在骯髒、匱乏的條件下為生存而奮鬥，他們所處的條件與維多利亞時代改革者想要努力改善的條件一樣糟糕。實際上，我們要對解決貧窮和污染做出自己能做的貢獻：為控制霍亂和其他潛在的傳染病開展一場全球範圍的史無前例的運動，當然這場運動會給我們帶來一些問題。

7

杜松子酒、流感與
肺結核
Gin, Flu and Tuberculosis

醫生用耳朵聽診診斷肺結核。

影響工業人口的疾病不光是霍亂和其他通過水傳播的病。在布爾戰爭（1899 — 1901 年）時，英國對去南非的新兵進行體檢，結果發現士兵的體質合格率低得可憐。年輕人，尤其是來自工業區的年輕人身高不夠，體質弱，身體某些部位畸形，患有慢性病，但許多病本來是可以預防的。這一情況的披露是對英國的民族自豪感的猛烈打擊，因為，當時這個民族自認是天生統治全球的。民族的自尊自大使其無法接受這一現實：英國成為世界上最富裕、高度文明國家的這個過程也使相當大比例的英國人成為慢性病患者。

伴隨着工業革命而來的三大災難是梅毒、酗酒和呼吸道傳染病。在呼吸道病傳染中，肺結核又是最大禍害。所有這三種災難在農業村莊中早已存在，但工業城鎮的環境使每一種災難都加深了。住房密集的社區顯然有利於兩性混亂的交往，這就有傳播性病的危險，這種情況很多是在酒後行為失控造成的。飲酒是逃避現實的一種方法，如果飲酒適度不會對身體有害甚至還有益健康，但像其他任何避世的消遣一樣，不管這些消遣是抽香煙、口吸注射毒品還是故意沉醉在幻覺之中，飲酒也會上癮，而且有害。對任何消遣的依賴而不是消遣方式本身，成為災難的根源。這一簡單的事實直到今天也沒被很好地理解，而在 19 世紀肯定不會被人體會到。

在啤酒是各個階級的大宗飲料時，飲酒不會成為一個大問題。這種黏稠的液體含有大量酵母，但只有含量不一、一般是較低的酒精成分。它更多的是食物而非飲料，無非是在主要吃肉的貴族和幾乎只吃麵包的農民飲食中增加了一些受歡迎的維生素而已。

16 世紀，煉金術士成功地提煉出了酒精，而早期化學家開始採用分餾方法提煉酒精。他們生產出的酒精是藥品而不是飲料。“生命之水”的名稱提醒我們，白蘭地和威士忌最初都是用來促進心臟功能的露酒。在倫敦，“釀酒公司”1638 年獲得特許狀，但飲烈性酒直到 1706 年的拉米利戰役時才成為時尚。英軍士兵感到荷蘭杜松子酒很對口味，這種烈性酒有杜松果味。白蘭地和威士忌都很貴，其一是從葡萄酒中蒸餾出來的，另一種則是從糧食或麥芽中蒸餾出的。杜松子酒可能就是有杜松味甚至是松脂味的烈酒。釀酒者很快發現，任何可以發酵的原料都能產生烈酒，可以把它們賣給商人，讓他們用水稀釋再加香料。如果是用不能吃的糧食、各種蔬菜、爛水果或是鋸末來發酵，然後再從發酵物中蒸餾，就比用釀造好麥芽酒便宜得多。這種蒸餾物要比果酒或啤酒含有更高的酒精成分，尤其是在摻有鋸末或刨花時，多少都會有些毒素。

18 世紀 30 年代，英國每年有 500 多萬加侖未被稀釋的烈酒售出，每加侖交兩便士的稅。沒人能估算出非法銷售烈酒的數量，因為，只要有原始設備和很少知識或技能就能從發酵液體中粗加工蒸餾。 1736 年，政府試圖用徵收更高稅收的方法來抑制飲用杜松子酒，但提出的有關動議引起的是暴亂而不是減少消費。酗酒更具悲劇性且影響不甚明顯的一個結果是，在 18 世紀中期死於麻疹的嬰兒明顯增加。麻疹本身不會死人，相反，死亡是由像肺炎或中耳炎這樣的併發症造成的，而且只要護理得好，這些病一般可以避免。真正可悲的是，喝醉了的母親沒有好好護理孩子。

到 18 世紀中期，問題已經相當嚴重，政府必須採取行動。 1751 年，政府再次提高稅收，禁止釀酒商或店主零售兩加侖以下的烈性酒。這就大大減少了人們在街上和家中飲酒的機會，但卻產生了聲名狼藉的 "酒館"（gin－palace）。酒館的所有者是釀酒商，由零售酒的老闆管理。酒館名聲差透了，但也有人認為或許這有言過其實的地方。這些酒館不出售毒性較大的

18 世紀倫敦的酒館。

調製酒，而是出售從糧食白酒中蒸餾出的杜松子酒。正是這個原因，1780年後連續的糧食歉收對飲杜松子酒的限制勝過任何立法。到 1790 年，最糟的年成過去了，但酗酒之風在各個階層中幾乎一直延續到下個世紀末。

醉酒並沒有什麼恥辱。粗野的獵人、鄉紳和教士都把黑暗的夜晚當做欣賞杯中之物的時光，他們這時沒有多少別的事可做。音樂、舞蹈、閱讀和寫作都需要燈光，點燈花費昂貴，只有在特殊場合才用。談話不需要燈光，一根蠟燭就可照見酒中的濁物。國王及其宮廷、莊園和主教居所都沒有為工人階級提供可資效仿的榜樣。酒館仍是放鬆和交友的唯一去處，向大字不識、貧窮困苦的做工者及其家人開放，他們住在境遇相似的大批工人社區中。社會沒有為他們提供替代廉價酒和酒館來躲避擁擠、不舒適住區的去處，這是 18 和 19 世紀在貧民區和工業城鎮喝酒成風的主要原因。

1852 年，有個叫馬格努斯·胡斯的瑞典人發明了一個詞——“酒精中毒”（Alcoholism）。他認為這是一種喝酒成癮而得的慢性病，因此，他幾乎立即就把醉酒問題納入了在歐洲許多地區正盛行的探討科學的時尚。在報刊（與現在一樣！）上討論飲酒的美德和罪惡引起了公眾的興趣，許多國家建立了協會對“這種魔鬼飲品”開戰。比如，在英國建立了“英國禁酒會”、“藍帶軍”（Blue Ribbon Army）和“禁酒團”等一些禁酒組織，它們宣傳戒酒的

禁酒團 Rechabites，據《聖經》記載，Rechabites 人恪守祖先 Rechab 遺訓，永不喝酒——譯者註

美德，勸說酗酒者“簽下保證”，並要求進行強制禁酒的立法。這樣的立法對某些臣民的自由是一種威脅，比如彼得伯勒主教馬吉博士就在 1872 年對上院直言：“假如我必須在英國是放任喝酒還是戒酒之間做出選擇，我要堅持的觀點從我的職業來看有點奇怪，但我仍要說英國放任喝酒要比強制戒酒更好些。”

考慮到這些反對意見，直到 1904 年英國第一個售酒許可證法才被編進法令全書也就不奇怪。飲酒量減少是由社會輿論而不是立法造成的。酗酒

大醉已讓人無法接受。就像常見的那樣，不管是窗簾的材料還是樣式都以適度為時尚，而飲酒有度的風氣也逐漸從上層滲透到下層，英國強勢的基督教在公立學校的宣傳、推行在其中起了很大作用。到 1895 年，豪飲在大學裏已很不時尚，取而代之的是一支接一支抽煙，對此我們必須責備 1864 年喬治·韋布引進了懷特·伯利煙草品系，結果使得縱切的弗吉尼亞烤煙煙卷家喻戶曉。W·D 和 H·O 威爾兄弟煙草公司先將卷煙價格降低到大學生和城市富有青年能抽的程度，後又讓工人買得起卷煙。他們出售的卷煙數量如此之多，以致可以把 1914 — 1918 年恰當地稱為 "威爾兄弟時代"。文明的危險之一是大多數人類成員都不時地要求逃避現實，只要一種逃避方法不合口味，就會有另一種來代替它，並且同樣讓人着迷或是同樣危險。

在美國，公眾對飲酒的態度有不同的變化。美國的禁酒運動主要是政治性的。酒館在政治腐敗中起着重要作用，許多人認為不關閉酒館就無法使地方政府廉潔。第一個 "禁酒"（dry）州是 1851 年時的緬因，其他州也緊隨其後。倡導禁酒的國會院外集團勢力的增長，加上酗酒造成不正常的高事故率，這些因素促使沃爾斯特德法案成為憲法的第 18 條修正案。這一法案規定自 1920 年 1 月 16 日起在全美國禁止所有烈酒。

反對邪惡酒館的鬥爭導致無害的藥店出現在社會上，這種店是藥房和茶點室的奇特結合，在那裏，有身份的市民帶着妻小，可以享用像冰淇淋蘇打水這樣的清涼飲料；對面櫃台出售多種專利藥品，諸如平卡姆夫人蔬菜複合素、霍斯泰特上校苦胃藥和佩魯納（Peruna）等。這些有名的藥品都含有大約 20% 真正的白酒，再加些草藥，很少有別的東西。1920 年 1 月以後總是在 "禁酒" 州暢銷的 "威士忌補劑" 在全國賣出的數量已達天文數字。1921 年 11 月 23 日的一項補充法案對醫生處方做了嚴格規定，限制酒精含量為 0.5%，這實際上禁止了威士忌補劑。

在 1920 — 1921 年間，飲酒沒有遇到激烈反對，但就在這時朗姆酒大王

美國禁酒期間的酒徒。

出現了。這種在 18 世紀幾乎毀了英國的酒，現在充斥美國。酒館是非法經營的。大多數市民都在屁股上掛個酒瓶，就像上雜貨店一樣每周去買私酒。可卡因和海洛因要比酒更容易隱藏，吸這些毒品已成一種影響全國的不良行為。 20 年代初，每 400 個美國人中就有一人是吸毒者。在 20 年代後期和 30 年代前期，美國就像個沒有法律的國家。經歷了 13 年就像一場內戰的團夥槍戰和謀殺後，禁酒的國會院外集團終於屈服了， 1933 年 12 月 5 日通過的第 21 條憲法修正案把禁酒的法律全部廢除了。美國實驗清楚地表明，單一的消遣方式或寵物厭煩症有多危險。在能夠發現一種安全的、被普遍接受且不上癮的消遣方法之前，要想單單禁止某項東西來治療 "上癮病"，既無希望又有危險。

✝ ✝ ✝

呼吸道疾病，更準確地說是通過密切接觸尤其是呼吸傳染的病，顯然在擁擠的社區更為流行。不僅房間的空間大小，而且居民的密度也決定了發病率。當一人住一間房時，傳染病只能通過與外來者的偶爾接觸傳播，假如數人共用並睡在同一間房裏，危險就會成比例增加，因為一個人會不停地與其他人密切地相互接觸。因此，八口之家或是有更多人口的成年人和孩子住在一間房裏，傳染的危險就會多達八倍，如果家庭接納房客，就像常有的那樣，那麼危險就會更大。

即使是普通感冒，只要有一人得病，一家人就可能被傳染上，甚至沒有人能逃脫得掉。由於掙錢養家的人在幾乎也同樣擁擠的工廠幹活，從家庭圈子以外的患者那裏得病的機會也很大。疾病迅速傳播，患者所得的病比相對無害的感冒要嚴重得多。幾種流行性感冒迅速在工廠和家庭傳播，其烈度如草原之火，使得許多老人和幼兒因併發肺炎死亡。

流感是一種神秘的病，還未被人充分了解，在歷史上也記載不一。實際上，流感不是單一的，而是數種病合在一起，是由病毒很快突變造成的，甚至是已有人得的流感病毒與一些鳥類或獸類得的相關病毒雜交後造成的。流感的不穩定性使得難以生產出真正包容範圍廣的疫苗，這也就是為什麼這類新病會對全球造成危害的原因。人類已知大多數類型的這種病都有一個很短的潛伏期，病人發病時間不長但病情嚴重，幾乎產生不出抵抗力，也就沒有產生免疫力。人們已辨認出標為 A、B 和 C 三個世系的病毒，一種以德國發現者 R・F・J・普法伊弗爾的名字命名的桿菌一度被認為是一種病原體。據說，就是這種桿菌"誘使許多科學家浪費了大量時間，結果發現其毫無意義"。確是如此，亞歷山大・弗萊明 1928 年在最初研製粗陋的青霉素時，就將它當做一種"試驗用抗菌素"以獲得沒有感染力的普法伊弗爾桿菌培養體。後來，這種細菌常被稱為"流感桿菌"（Bacillus influenzae）。在十多年中，弗萊明都全然不注意青霉素作為人類藥物中一種抗菌素的潛力。

　　流感可能是也可能不是一種比較現代的疾病。其名稱來自意大利文，出現在 18 世紀或更早一些，大意為這種病是天體的影響造成的。這種普通傳染病的一個特點是它會消失很長時間，然後再次出現時廣為流行，病情有輕有重。雖然不是一成不變，這種病典型的是在冬季幾個月發病，可能是那種"兩天流感"，症狀為發燒、喉嚨疼、頭疼，在一年後再次出現時就會是一種更危險的病，有併發肺炎的危險，病人在幾個星期內都精神不振。

　　由於流感的症狀不一樣，這就使得在古代記錄中找不到明確的診斷。實際上，在 15 世紀前，在人的疾病中是否有這種病尚無定論。一種爭議較大的說法把流感的出現定在 1485 年汗熱病或"英國汗熱病"（Sudor Anglicus）的第一次問世，在那年 8 月 22 日，亨利・都鐸在博斯沃茨曠野之戰中打敗了國王理查三世。據說，一種至今都弄不清的病襲擊了勝利之師，他們把這種病帶到了倫敦。亨利在戰場上被宣佈為國王，這是很有必要的，他應該盡早加冕以確立他的神授君權。但他的軍隊因疾病造成許多人死亡，隊伍渙散，儀式不得不推遲到 10 月 30 日舉行。這是第一次記錄"英國汗熱病"出現。病的流行時間不長，得病者或在幾小時內死去，或在復原前重病幾天。症狀是發高燒、喉嚨灼熱、頭痛並且關節疼痛，有時腹痛嘔吐，而且總是滿身臭汗，這種病也就因此得名。在那不洗澡的時代，滿身大汗會使人身上的味道很難聞，但出汗被當做最明顯的病症表明這種病引起了高熱。材料表明，最富的階級得病最嚴重，許多死者是年輕人。這種病第一次流行只持續了幾個星期，然後就像它的神秘出現一樣神秘地消失了。

在一個世紀中，類似的流行多次出現。有四次已被確定，1507 年、1528 年、1551 年和 1578 年。1528 年那次還傳到德意志，病名為"英國疫病"。同時還有另一種病出現在歐洲，與現代的"普通流感"更像。1516 年那次疫病影響到整個歐洲，經常被當做是流感最早明確出現的證據。1557 年和 1580 年，這種病在歐洲又大流行起來，然後在一個多世紀中似乎都只在小範圍內流行，直到 1729 年才有歐洲範圍的大流行。隨後在 1732 年、1781 年和 1788 年幾次大爆發。1781—1782 年那次不僅流行範圍廣，而且病情嚴重。據說約有 3/4 的英國人得了病，而且一直傳播到美洲。後來疫病再次消失，直到 1830 年才重新有流行記錄。然後是 1833 年的第二次流行和 1847 年第三次流行。此後流感就似乎完全消失，直到 1889 年才再次出現。

1889—1892 年的流行要比以前的大多數流行都嚴重得多，留下的記錄也更完善。這也是第一次將流感按它設想中的發源地命名。"俄羅斯流感"是在 1889 年 12 月出現在聖彼得堡區的，到 1890 年 3 月已傳遍世界大部分地區。這也是第一次明確知道流感的流行呈現出病情輕重的"波浪"變化。1889 年冬季病情嚴重，1891 年春季更重，1891—1892 年秋季和冬季病情緩和。這場流感至少殺死了 25 萬歐洲人，全球的死亡數字或許高達 100 萬

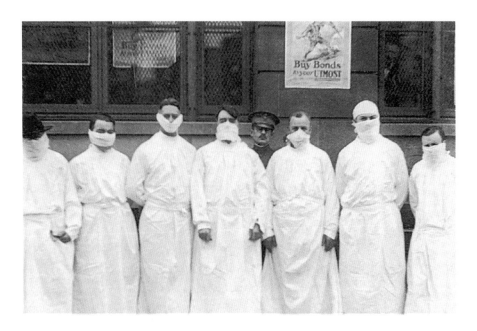

一戰後流感在世界範圍流行。

甚至更多。這場"俄羅斯流感"看來持續了不少年，後來逐漸不再那麼流行，不再那麼嚴重。

1918年，一場疫病在全世界流行的條件已經成熟。第一次世界大戰中四年的塹壕戰，戰士在以前從未見過的困乏條件下作戰，給疾病流行創造了極好的條件。飢餓或是半飢餓使得歐洲大多數民族與世界上地位較低的國家一樣危險。人們預料到，一種遠比"單純流感"糟糕得多的病將襲擾歐洲，並由速度迅捷的汽船帶往全球其他地區。實際上，這次流行病是流感的一種毒性較強的世系。

流感的一個特點是，它好像同時襲擾許多隔得很遠的地區。因此，這就難以確定1918年流行是從什麼地方開始的。當時的名稱"西班牙流感"肯定是誤導，起名的原因也很有趣。當時的交戰國政府都害怕報道自己人力損失會給敵人以鼓勵，因而對嚴重的流行病的報道進行審查。西班牙不是交戰國，所以該國允許發表遭受一種特別嚴重流感侵襲的消息。

　　流行的第一次浪潮在 1918 年初夏，在美國或是在美軍駐法國的軍營開始流行，但因為病情不重沒有引起人們的注意。第二次浪潮就大不相同了，是在 8 月出現在好幾個地點。塞拉利昂的首都弗里敦、美軍在法國登岸的港口布雷斯特和美國馬薩諸塞州的波士頓，都同時受到傳染。這種病不僅傳染性強，而且特別兇險。症狀是典型的嚴重流感病症 —— 高熱、喉嚨痛、頭疼、四肢酸痛和虛脫 —— 但也常有腹痛，且得肺炎的也特別多。雖然老人和幼兒病得重，但死於肺炎比例特別高的在 20 — 30 歲年齡組。在馬薩諸塞州的一座兵營裏，9 月 12 日診斷出第一例流感患者，不到兩個星期就有 12,604 名士兵得了病。波士頓本身得病的人不少，大約總人口的 10% 患病，其中差不多 2/3 的人死亡。聖弗朗西斯科醫院接收了 3,509 名肺炎病人，其中 1/4 死了。據估算，在 8 月至 10 月間，美國陸軍中有 20% 生病。總之，有 24,000 服役人員死於流感和併發的肺炎。與之相比，戰場上的傷亡總數是 34,000 人。

　　這些數字表明了第二次浪潮中的發病和死亡情況。第三次浪潮出現於 1919 年春天，病情差不多嚴重但流行範圍要小些。在整個流行期間，只有聖赫勒拿島、新幾內亞和幾個太平洋島嶼肯定幸免於難，另外在中非、亞洲和南美肯定也有些無人知曉的地區沒有受到傳染。死亡人數是驚人的 —— 僅在英國就超過 15 萬 —— 世界人口中有 2,100 萬到 2,500 萬人死了（甚至就是這麼大的數字也有可能是低估了。一種較後的計算將世界範圍的死亡人數增加了一倍，給英國的數字又加了 5 萬人）。1918 — 1919 年的大流行無疑是自黑死病以來單獨一場病損失人口最多的一次，雖然按人口基數的比例，死亡率可能要比 1347 — 1350 年那次小得多。

　　飢餓、惡劣的生活條件、緊張和作戰的疲倦大大降低了人的抵抗力，對發病和死亡人數產生了很大影響。這次的傳播速度比 1889 年時可能要快，因為戰爭使大批軍隊在兩國間運動。但即使考慮到這些不正常的因素，1918 — 1919 年的流行也仍然是獨特的。最大的殺手不是流感本身，而是隨之而來的病毒性肺炎。以前從沒有一種呼吸道傳染病造成這樣高的死亡率。在當時以及隨後一些年中，不時會有人將責任歸咎為牲畜的傳染病，認為可能是豬瘟的病原體傳給了人。在好多世紀中，養豬是給人提供食物的，結果豬圈與人舍就靠得很近。假如豬得了瘟病，那麼這種病就會不用蝨子和跳蚤做傳播媒介就傳給了養豬人。

由於這個原因，也因為症狀相似，有人相信 1918 年流行是 "英國汗熱病" 的再現。但這樣的看法並不意味着 1918 年的天災不是流感，相反，它的意思是，汗熱病可能是第一次有記載的流行流感，起源於英國且開始時局限於英國。認為這是一種豬病或是別的家畜病傳給了人，這或許也能用來解釋流感為何在歐洲的疾病中較晚出現。假如這種說法是對的，那麼流感就是英國給予世界的不受歡迎的一件禮物。

✠ ✠ ✠

前面說到，從來沒有一種呼吸道傳染病像 1918 — 1919 年間的流感一樣造成了這麼高的死亡率。但我們如果考慮到其延續的時段以及肺結核對世界潛在的影響，那麼這種說法就不對了。肺結核是一種比人都要古老的病，是由地球上可能是最古老的生物衍變出的一種有機物引起的。許多科學家相信，結核桿菌來自一種腐生生物，先傳給活體冷血生物，再傳給溫血動物，最後傳給人。結核病在動物王國廣泛流行，以及數種致病桿菌的不同世系被分清，部分地證實了這一說法。

在此，我們只注意兩種桿菌世系 —— 牛的和人的，兩者都能讓人和牛

法國國王用觸摸病人的方法治療瘰癧患者。

得病。牛的結核桿菌一般是在人喝了得結核病母牛的奶時感染，會讓孩子得病。人的結核桿菌通常是通過人與人的直接接觸感染，一直到最近，這都是一種年輕人的病。結核病會影響全身的身體結構，形成“結核”，就是腫脹組織的小瘤，這正是病名的由來。這些瘤是由對桿菌產生反應形成的，有時要在顯微鏡下才能看清，而有時只用肉眼也能看見。牛結核桿菌更多地影響淋巴結，使皮膚肌理變硬、伸展開來，或是使關節變硬，形成典型的“白腫”（white swelling）現象。類似的原因造成骨頭鬆軟變形。這種損害被稱為瘰癧或叫“國王的邪惡”（King's Evil）。人結核桿菌更為常見的是侵犯肺，稱為癆病或消耗病。入侵的病原體會不斷損害肺部組織，開始時是“斑塊”，一般在肺尖部，然後擴展到整個肺器官，經常造成組織壞死，產生大量滲出液，伴有不少血、膿或是漿液。病人的症狀有咳嗽、高熱並盜汗、迅速衰弱以及咯血。

感染一次牛結核菌就能保護病人不受人結核菌侵犯。牛結核患者差不多都局限在孩子中，得病後實際上能保證以後不得更致命的病。雖然牛結核也會造成死亡或畸形，但許多孩子只是淋巴結腫大或是體溫輕微、短暫升高。他們被牛結核桿菌感染上，但他們的天然抵抗力足以克服小的感染。這種“侵襲”足以抵禦牛結核再次感染，也能抵禦人結核。這一情況的重要性必須加以強調。在像工業城鎮這樣擁擠的社區，人結核的入侵可能要嚴重得多，也更難抵抗，因而由牛結核帶來的免疫力就確實有幫助。在高發病年代，許多醫生尤其是工業化英國的醫生都認為，將牛奶去掉結核桿菌也有危險，因為這樣做雖然或許會救幾個孩子免於死亡或畸形，但又會因以後將不得不與人結核接觸而冒大得多的危險。

在歐亞和非洲遺存中發現結核病傳染的證據表明，結核病至少從新石器時代就開始了，在約公元前 800 年美洲印第安人的骸骨中也有發現。比較有趣的一項醫學考古學發現是，一個死於約公元前 1000 年、名叫內史佩

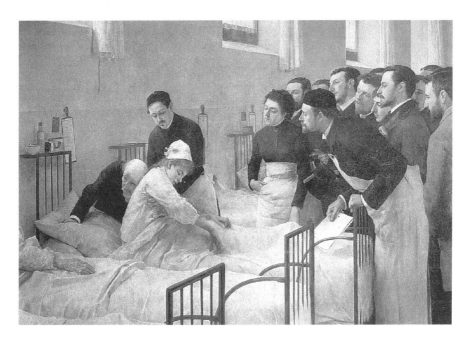

醫生用耳朵聽診診斷肺結核。

雷漢（Nesperehan）的亞押人祭司的木乃伊，他的身體反映出，他不僅因晚期脊柱結核成了典型的駝背，而且在下腹部髖關節上面已形成一個現在稱之為腰肌膿腫的窩。《希波克拉底文集》中記載了已發現的病症和這種病的出現。公元 2 世紀的作家亞歷山大里亞的阿雷塔歐描述了 "癆病體質"（habitus phthisicus），19世紀的醫生用這個詞稱呼 "結核素質"。這種人實際是得了肺結核：“身材細長，喉嚨突出，肩胛像翅膀一樣翹起，臉色蒼白，胸部扁平。”所有文明和所有國家都避不開結核病，各個時代的醫生都在治這種病。印度人勸人在戶外生活、健身並在羊圈裏睡覺。蓋倫教導說這種病會傳染，警告人們不要與病人接觸。他讓病人去加普里島對岸的意大利海濱勝地斯塔比亞，就像19世紀早期醫生勸他富裕的 "肺病患者"去法屬里維耶爾一樣。中世紀阿拉伯學派的拉澤士和阿維森納推薦服用驢乳沖劑和蟹殼粉。後一種藥補充了鈣，長期為大眾所用，在 19 世紀後期再度引起重視。

　　神奇療法採用的是一種奇怪的形式，也有其影響。"國王的邪惡"或瘰癧通常影響頸部淋巴結，據說只要國王觸摸患者就會有療效。觸摸是一種古老習俗，可能是在公元 496 年前後法蘭克人克洛維最早採用的，在英格蘭直到 12 世紀才有明確的記錄，據說是懺悔者愛德華第一個使用的。英格蘭的查理二世在流亡中就觸摸過瘰癧患者，1660 年復辟那年他觸摸了 6,275 名患者，到 1683 年死時觸摸了不少於 92,107 人。他治療了多少人與歷史沒有什麼關係，但這一數字表明了在 17 世紀淋巴結核的發病率之高。威廉三世繼續進行這種儀式，但不相信其價值，因為他在每次觸摸時都要說 "上帝給你更好的健康和更多的見識"。1711 — 1712 年，安妮女王只觸摸了一個人，他就是兩歲的塞繆爾·約翰遜。約翰遜肯定是最後一個接受這種奇

在風景地養病是治療肺結核的有效方法。

異儀式的英國人，因為喬治一世在 1714 年即位時廢除了觸摸儀式。法國國王的正式觸摸儀式到 1775 年結束，堅信君權神授的查理十世在 1824 年即位時曾短暫恢復這種習俗。最後記載採用這一儀式的是在 1825 年。

人們對肺結核的早期歷史不完全清楚，部分原因是所用術語混亂。在英格蘭，"tissic" 一詞可能是指這種病。假如如此，都鐸王朝的國王都深受其害，亨利七世和他的長子亞瑟兩人都死於這種神秘的病。亨利八世的非婚生子里士滿公爵也死於此病。前面已經提到，亨利唯一的婚生子愛德華六世看來是死於梅毒和肺結核一起發病，這兩種病在 19 世紀是奪去城鎮兒童生命最常見的原因。許多歷史學家認為，癆病到 18 世紀都只是營養良好的上層階級而非貧困階級得的一種病。名人之死引人注目，而小人物的死不引人注意，同樣的道理，從大批有名的皇家和上層人士死於肺結核來推斷，這種病傳播範圍廣泛，襲擾了各個階級，其中也包括最貧困的階級。

從 18 世紀後期到第二次世界大戰的近 200 年中，肺結核在貧困者中遠比在富裕者中更為常見，雖然後者按現代標準也飽受磨難。肺結核開始等同於貧困。在比較富裕的階級中，"消耗病"（consumption）一詞成了禁忌，他們寧可承認自己受到一種 "衰病"（decline）的折磨。現在的觀點認為，在貧窮是主要因素時，糟糕的居住環境和工作條件加上不充足、不健康的飲食還不能完全解釋肺結核在勞動人口中特別高的發病率。在所有大規模的戰爭中，肺結核發病率上升或許主要是這些原因，但患者體質和心理緊張也起了作用。在工廠僱用的孕婦中得病者明顯增加，也支持了這一 "緊張" 致病的說法。雖然工業城鎮缺乏被認為用於減輕傳染危險的那些條件：新鮮空氣、陽光、足夠閒暇和個人衛生所需的必要設施，但不應該單單責備這些城鎮。所有這些不足之處還不能完全解釋 19 世紀城市發病率高的原因，因為這些缺陷在更早且比較小的城鎮全都存在。新的因素使以前的弊端惡化：家裏和廠裏過於擁擠，由於長時間工作高度緊張以及總是為害怕失去生計而擔憂。最後一點是肺結核特有的現象，因為這種病的病期長，患者太虛弱，幹不動重活。

科學家托馬斯‧揚於 1815 年寫道，癆病使四人中有一人"過早死亡"。同一時期在巴黎，屍檢結果表明，所有死者中的 40% 是由於癆病造成的。約翰‧布朗利是一位統計學家，曾參與創建流行病學，他認為倫敦的死亡率最高時約在 1800 年，而地方工業城鎮在四年後死亡率達到高峰。 1838 — 1843 年間在英國每年平均有 6 萬多人死於肺結核，然後死亡率開始下降。病理學家提出，屍檢揭示，幾乎所有受到檢查的個人都在生前生過某種結核病。戶籍總署署長提供的數字顯示，在 1881 — 1890 年間有 664,963 人死於各種結核病（每年約有 66,000 人死去）。在以後的十年中，死於各種結核病的人數達到 566,162 ，平均每年減少 1 萬。

對這種死亡率的減少不能做簡單解釋。在上一章簡略談到的立法， 19 世紀末開始發揮作用，其結果正如威廉‧ D‧約翰遜所描述的："工業經濟的早期階段一般都是這樣，許多人面對着擁擠、貧窮的生活條件，造成結核病的死亡率增加。然而，最終工業化的物質利益還是改善了居住和營養狀況，減少了感染和再感染的危險，因而降低了發病和死亡率。"社會立法、設施改善和最終個人財富的增加這些結合在一起，使得工業城鎮要比農業鄉村更有利於人體健康。但單就結核病問題而言，死亡率的不斷減少，直到 20 世紀 40 年代也不能歸功於任何特效治療。

認為結核病有傳染性的說法很早就有，但直到 1865 年才得到證實。在那年，法軍中一位年輕軍醫讓‧安托萬‧維爾曼通過試驗證明，這種病可以用接種傳給動物。即使到這時，結核病的病因仍然不明，直到德國沃勒斯坦的羅伯特‧科赫 1882 年分離出了致病桿菌，現在稱為"結核分支桿菌"（Mycobacterium tuberculosis）。儘管有了科赫的這一幾乎是整個醫學史、並且肯定是細菌學史上最重要的發現，人類也不能直接殺死毒菌。像吸入碳酸這樣的"消毒劑"來殺死致病體的做法，結果以災難而告終。直到第二次世界大戰，治療肺結核的方法還是靠食物精美、日光充足、空氣新鮮以及休息得好。在早年，許多人反對呼吸新鮮空氣，因為很多醫生認為由空氣帶來的"瘴氣"是得病的原因。伯明翰的醫生喬治·伯丁頓可能是第一個為癆病設立新鮮空氣療養院的人。1843年，他在薩頓煤田開設療養院，但又被迫放棄了自己的計劃。赫爾曼·布雷默1859年在西里西亞的格貝爾多夫開辦了一家療養院，他的一個病人彼得·德特維勒1876年在法爾肯斯坦建造了一家類似機構。到這時，細菌學說正在代替瘴氣學說，這可用來解釋愛德華·利文斯頓·特魯多為什麼在美洲有利於健康的阿迪朗達克山薩拉納克湖建造療養院獲得成功。特魯多本人也是個患者，1884年，他計劃在中心試驗室周圍建造若干分散的小茅舍。他的療養院成為許多國家眾多療養院的原型。托馬斯·曼1924年的小說不留情面地描述了給那些住在"魔山"山坡上的患者提供的治療。

托馬斯·貝多斯最早意識到了肺結核是家族的災難而不僅是個人疾病這一點，1803年，他在布里斯托爾的一個貧民區小塔院建立了他的"預防疾病所"。他準備不僅檢查病人，而且還要檢查病人家裏看來健康的人，目的是盡可能早地發現病情。1799年，貝多斯注意到採銅工和採石工特別容易得癆病，確認了帕拉切爾蘇斯1567年的發現，即肺病與採礦有關。大家逐漸公認，多粉塵行業尤其是硅石揚起的粉塵對工人有特別的危險，呼籲實行立法來保護他們。在這一領域更為有益的一項進展，是在製造合成寶石的過程中無意發現了無害高效的研磨劑金剛砂，這是在1891年由賓夕法尼亞的愛德華·G·艾奇遜發現的。

貝多斯的"社會路徑"直到1887年才有人探究。這一年，愛丁堡的羅伯特·菲利普建立了"維多利亞癆病診所"。菲利普教導說，要將病人全家當做一個調查單元來考慮。因此，他開始尋訪結核病的接觸者。他還實行通告、隔離、療養和組成提供輕巧工作的群落這些方法。兩年後，有三位醫生 H·M·比格斯、T·M·普魯登和 H·P·盧米斯在紐約建立了一套類似的診療和調查系統。

用結核桿菌來預防或治療肺結核的努力失敗了。用已死桿菌的提取物結核菌素或"科赫液"作為療法被實踐證明不僅無用而且還很有害。通過一個奧地利人克萊蒙斯·馮·皮爾克和一個法國人夏爾·芒圖的努力，一種更純淨的科赫液被用於做皮試，可以反映一個人是否得了結核病。尋求一種更安全、有效的接種方法的工作仍在繼續，結果也帶來一些奇怪但最終沒有價值的治療方法。1902 年，馬爾堡的埃米爾·馮·貝林研製出一種毒性減少的人體桿菌，希望用它來治療牲畜的結核病。1906 年，巴黎巴士德研究所的阿爾貝·卡爾梅特和他的同事卡米耶·介朗開始研究馮·貝林採用一種外來桿菌的想法，想用一種牛桿菌來治療人的結核病。卡爾梅特研究了 13 年多的時間才較為滿意，他研製出一種毒性小而且穩定的疫苗。第一次世界大戰前夕，他遷居里爾。1914 — 1918 年間，德軍佔領了這個城市，徵用了所有牲畜，卡爾梅特就轉而用鳥的結核桿菌來做試驗，把鴿子作為研究對象。他所用鴿子的數目引起了德國人的懷疑，差點被當做一個間諜槍斃。

卡介苗（Bacille — Calmette — Guérin），即有名的 BCG，最早在 1921 年被用來保護嬰兒和幼犢。卡爾梅特 1924 年在全法國免費分發疫苗供人使用，並警告疫苗只能用於嬰兒。到 1925 年底，1,317 個嬰兒接種疫苗，其中已知有 586 人與得肺結核的親屬有接觸。在接種 6 個月內，有 6 個孩子死於肺結核，這引起了人們對這種接種方法的不信任。後來，1930 年在德國的呂貝克發生了一起令人吃驚的災難，總共有 230 個嬰兒接種了同一批卡介苗，其中 173 人得了肺結核，68 人死亡，一切都發生在幾個月裏，對此從未有過讓人滿意的解釋。結果，直到第二次世界大戰後卡介苗才再次被使用，那時更好的實驗室控制和標準化條件使得實際不可能再發生這樣的事故。到 1963 年， 15,000 萬人接種了卡介苗，只有 4 人死亡。

　　同時，德國維爾茨堡的威廉·康拉德·倫琴 1895 年發明了 X 光，對診斷有了革命性的改善，可以讓異物定位和斷骨檢查更加準確。他 1922 年第一次對肺部進行 X 光拍片， 1924 年由於使用一種輻射不透明顯影液使其效果大為改善。由於方法得到改進並且有了經驗，醫生在病的臨床症狀出現前的很早階段就能發現肺部損害。設備簡化使用於常規胸片普查的流動機器廣泛投入應用，結果發現想像不到的大量患者在臨床上沒有被診斷出來。在 20 世紀 40 年代後期，透視結果顯示，世界上肺結核的發病率至少被低估

倫琴和他發明的 X 光拍片。

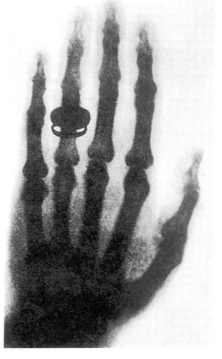

了 2/3。

　　關於牛的結核病，人們有很多爭論。它對人是不是安全？哈佛大學的
西奧多‧史密斯 1898 年分離出了有關桿菌，說明它既能在牲畜身上也能在
人身上造成結核病。 1907 年，一個關於結核病的英國皇家委員會報告指出，
來自病牛的乳汁是人得病的一個潛在因素，強調急需阻止出售病牛的奶。
路易‧巴斯德已經證明，只要隔絕空氣，加熱的牛奶就不會變酸。 1880 年，
阿什本的德國企業製造了第一台對牛奶進行 "巴氏消毒" 的商用設備，目
的只是延緩牛奶變酸。 1907 年，紐約的查爾斯‧諾斯醫生建立了一家巴氏
消毒工廠，不僅可以殺死所有致病有機體，而且還能延緩牛奶變酸的時間，
因而具有商業價值。同時，史密斯還建議消除乳牛身上的結核病。這相對
比較容易，因為人們可以像在人身上一樣在母牛身上試出結核菌素。但這
也費用昂貴，因為唯一可行的解決方法是殺死病牛。 1917 年，美國約 16%、
英國約 25% 的奶牛得了結核病。這一年，美國開始了一項消除牛結核病的
計劃，使得美國兒童中結核病的發病率減少到英國同期的一半。英國直到
1922 年才開始做出努力。從這時開始，影響淋巴結、骨骼和關節的牛結核
病發病率大為減少了。

　　直到第二次世界大戰以後，人們才有可能對結核桿菌直接開戰。青霉
素對治療結核病沒有用處。 1944 年，美國新澤西的塞爾曼‧瓦克斯曼調查
了一種霉菌，這種霉菌是從養在施過重肥的田裏的雞的喉嚨上發現的。這
種霉菌屬於放線菌（Actinomyces）類，他從中研製出一種抗菌素放線菌素，
對許多細菌都是致命的，但作為用於人的藥，毒性太大。這使他又發現了
一種相關的霉菌灰鏈霉菌（Streptomyces griseus），從中分離出了抗菌藥鏈
霉素。 1948 年，梅奧診所的 W‧H‧費爾德曼教授將鏈霉素大規模用於治
療結核病。不幸的是，鏈霉素的使用經常遇到結核桿菌產生的抗藥性。潛
力相當之大，於是費爾德曼教授決心找到一些防止細菌產生抗藥性的辦法。

在做了多次試驗後,他發現,將鏈霉素加上對氨柳酸和異煙肼,就能取得很好的療效,並能減少產生抗藥性的危險。

一種現代化的結核菌素試驗、常規胸片普查、在嚴格控制下的卡介苗接種和以鏈霉素為基礎的藥物治療,這些都是馴服結核病的利器。但要說已取得全勝還為時過早。在英國,1937 年有 27,754 人死於結核病,1949 年的數字在有記錄以來第一次下降到 2 萬人以下。以後數目急劇下降,從 1952 年的 10,583 人到 1965 年的 2,282 人。英國是個富裕的強國,但即使在那兒也還有結核病,雖然這時它已是老年人而不是孩子的一種慢性病。發病率已不再下降。在歐洲,1985 — 1991 年間,結核病的發病率還提高了將近 30%,而在美國則提高了 12%。結核病的大幅度上升似乎與烏茲別克斯坦境內鹹海的乾涸有關。現在,大約每年有 1,000 萬人得結核病,死亡約 300 萬,死者 95% 在第三世界。因此,在世界比較貧窮的地區,儘管各地區都試圖開展普遍的防疫活動,但結核病仍是健康上存在的大問題。原因主要在於住房過於擁擠以及營養不良。直到這些弊端能夠得到矯正,這一災害才會徹底被征服。

✠ ✠ ✠

即使是像這樣部分地擊敗這種病,也肯定對世界歷史有影響。雖然善諷言者可能會說,結核病既殺死了許多潛在的弗賴,也殺死了許多萌芽中的希特勒,但這麼多幼兒夭折,肯定奪走了我們潛在的傑出科學家、藝術家和類似有天分的人。讓我們以一個年輕英國人做個例子,他的故事不但強調了這種病特有的家庭病性質,而且更恰切的是,整個故事恰好印證了 19 世紀把"癆病"尊為基本上是一種

弗賴 1780 — 1845,英國貴格教派慈善家,主張改革英國的醫院制度並人道地對待精神病人。他推動了歐洲的監獄改革——譯者註

浪漫折磨的習慣看法。對這種病一度成為"時尚"，我們在此有充足的材料（雖然這種病經常容易與危害較小但同樣浪漫的"時髦"病萎黃病混淆，萎黃病人由於缺鐵貧血也同樣面色蒼白）。在小說、戲劇、繪畫和詩歌裏，我們不斷地遇到無血色的男主人公和面色更蒼白的女主人公，他們每個人都放射出愈益幽微的光亮。不過，這種象牙白色的美貌是用來揭示他們患的癆病，他們不僅受到愛情之火的燃燒，而且還受到身體腐爛無情發展的侵蝕，這種身體的腐爛又被矛盾地加以淨化。假如這樣的浪漫主義會激勵我們為維爾第的維爾萊塔或普契尼的咪咪虛構的命運灑一掬之淚的話，那麼我們更應該為約翰·濟慈最後得病時的實際情況所感動。

約翰·濟慈是托馬斯·濟慈的長子，生於 1795 年 10 月 29 日，他的父親在其岳父詹寧斯先生所有的一家代養馬房當經理。約翰是四個孩子中的老大；他有兩個弟弟，喬治和湯姆，和一個妹妹范妮。他們家境富裕，是一個快樂、和睦的家庭。男孩子都被送到恩菲爾德的一所好學校去受教育，這所學校的校長是約翰·克拉克大人。約翰·濟慈是個典型的學童，擅長體育，功課不是很好，小時候太愛爭吵，讓別人感到不太舒服。

然後悲劇發生了。1804 年 4 月 16 日，他父親落馬摔死，這是在濟慈過九歲生日前的幾個月。不到兩個月，他媽媽再婚，但很快又分居，去埃德蒙頓與自己的母親住在一起，而且一住就是五年。埃德蒙頓離恩菲爾德不遠，男孩們還是住在學校。在 14 歲進入青春期時，他改變了個性，變得不那麼愛爭吵，而是更為敏感，成為一個和善、合群的男孩。他花在運動上的時間開始減少，而是在日常功課外廣泛閱讀。

就在這時，他的母親得了癆病。濟慈對她很有感情，就傾心幫助照料病人，但她在 1810 年 2 月去世了。她的去世對家庭是個可怕的損失，而且使濟慈成為四個沒錢孤兒的老大。他們的外祖母詹寧斯夫人把他們交給兩位監護人，其中一位監護人理查德·阿比讓約翰·濟慈 1810 年底離開學校，去給埃德蒙頓一位叫托馬斯·哈蒙德的外科醫生當學徒。濟慈成了他過去校長兒子考登·克卡克的密友，他也就經常從埃德蒙頓走到恩菲爾德的學校去。在其中一次拜訪時，老師借給濟慈一本埃德蒙·斯潘塞的偉大史詩《仙后》，正是這部作品激勵着濟慈去寫詩。

他給哈蒙德當學徒的限期是五年，這就意味着他在 1815 年底 20 歲時可以當一名外科醫生。但 1814 年秋出了一些事。通常的說法是他與哈蒙德發生了爭吵，但更有可能的解釋是哈蒙德是個不夠資格的外科醫生，濟慈則想要獲得完全的資歷。授權藥師學會規範行醫的"藥師法案"當時正在討論，1815 年將成為法律。1814 年 10 月，濟慈搬到倫敦註冊聽課，並在最大一家教學醫院聖托馬斯和蓋伊聯合醫院的病房實習，這家醫院當時在倫敦橋南端地區。起初他與幾個同學在聖托馬斯街同住，但在他的兩個弟弟來倫敦在阿比的辦公室工作時，他們就一起住在切普西德。

在近代英國，有身份的人常去羅馬旅遊。

濟慈學習努力，似乎要顯示自己是個有前途的學生。1816 年 7 月濟慈在第一次考試就得以通過、獲得藥師學會證書時，當時有個叫亨利·斯蒂芬斯的人大為驚訝。濟慈的執照編號為 189，他被選出，獲得了蓋伊醫院令人羨慕的外科醫生助手（現在稱住院醫師）職位。但在病房尤其是在手術室做手術的經歷讓他感到難受。我們必須記住那時的手術不用麻醉，而外科醫生卻變得更雄心勃勃，他們不顧病人劇痛，採取的步驟要比一分鐘的膀胱結石切除或兩分鐘的截肢更長。在 1816 年冬天，濟慈認定他不能從事醫生職業。

1816年初，他的老校長約翰·克拉克把他介紹給了批評家、詩人和編輯詹姆斯·利·亨特。濟慈成為一個藝術家和作家圈子裏的一員，這些人大多是二流的，但也包括雪萊，其中還有一個名叫查爾斯·布朗的老年商人，此人願意幫助這類年輕人。在懷特島和肯特海岸度過幾個月後，濟慈和他的弟弟湯姆在漢姆斯泰德與查爾斯·布朗合住一幢房子。這時，他已下定決心要靠寫詩來維持生計。

利·亨特已經在他的報紙《觀察家》上發表了濟慈的一些詩。朋友圈子裏的人尤其是雪萊催促他出版一本詩集。詩集在1817年3月出版，但未得到多少好評。這時，濟慈開始寫長詩《恩底彌翁》。他在1818年3月出版了這首長詩。1818年夏天，他與查爾斯·布朗做伴去湖區和蘇格蘭漫遊。

這時他並不快活，因為他的弟弟湯姆好像得了癆病，被送回德文郡的特恩芒茨。同時他另一個弟弟喬治結婚了，正好濟慈要北行，他就到利物浦送喬治夫婦啟程去美國開始新生活。9月，濟慈回到漢姆斯泰德，發現湯姆情況很糟。就像他給母親做過的那樣，他也傾心幫助照料弟弟，但湯姆在1818年12月的第一周就去世了。

1818年秋天，約翰·濟慈遇到了范妮·布勞尼，一個租查爾斯·布朗房子的房客的女兒。他們租房時還在北方，現在成了鄰居。兩人愛得很深，聖誕節時訂了婚。但這時濟慈開始有了生病的初期跡象，這種病害死了他的母親和弟弟。1819年4月，他遇見了塞繆爾·泰勒·柯勒律治，後者記下了他預感到濟慈死期將臨。這真有點悲涼意味，因為柯勒律治是托馬斯·貝多斯及其助手小漢弗萊·戴維身邊圈子中的一員，他們兩人在布利斯托爾試驗吸入各種氣體以治療或是緩解癆病。

後來是濟慈18個月的狂熱創作過程，他幾乎每天要寫一首新詩。他在

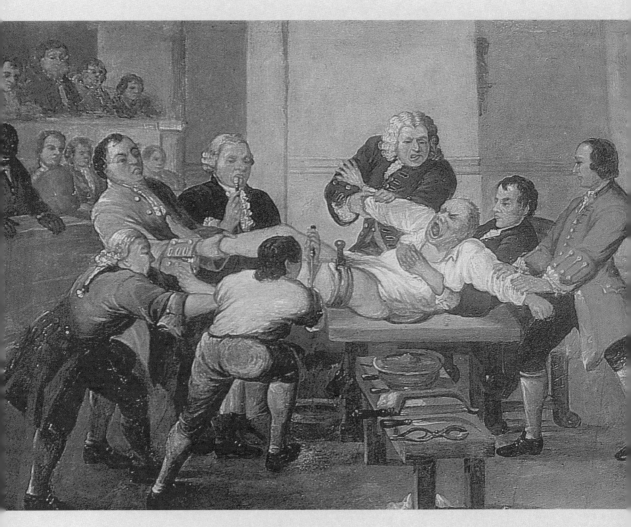

19世紀初醫生做手術不用麻醉。

差不多是最後一首詩《無情的美人》中，表達了自己在癆病最後階段的感受：

> 我在你的額上看見一朵百合
> 帶着痛楚的水氣和燥熱的露珠，
> 我在你的頰上看見一朵逝去的玫瑰
> 也在迅速衰敗枯萎。

也就在這一時期，他寫下了詩作《夜鶯頌》、《希臘古甕》和《秋頌》等，許多批評家不僅把這些詩作當做他最好的作品，而且還宣稱是英國曾有過的詩歌中最好的一些篇章。

濟慈一直單獨住在倫敦，1820 年 1 月初的一天夜裏，他又出現在漢姆斯泰德的住宅裏，樣子好像喝得大醉。查爾斯·布朗意識到，他的毛病不是喝酒而是生病。濟慈解釋說，他坐在馬車外側座位上，夜晚凄冷，他受了點涼。他又補充道："我現在感覺不到，但我有點發熱。"布朗立即讓他上床，他爬上床後開始咳嗽，用一塊手帕捂住嘴，然後把染着殷紅血跡的手帕扔掉。"給我一支蠟燭，我一定要看看這些血。"他緩緩地盯着朋友的臉，平靜地說，"我知道這種顏色——這是動脈血，我肯定要死了。"

到了春天，他好了一些，感受到了"癆病的期望"（spes phthisica），一種虛假的希望和快樂的感覺，這是重症肺結核常見的一種症狀。這時他幾乎什麼也不寫，花着他母親去世後分給他的少量錢財。布朗借給他足夠用的錢，范妮·布勞尼在照顧他。他的醫生命令他要在氣候溫暖的地方過冬，他收到雪萊讓他來比薩的邀請，但濟慈從來就不喜歡雪萊。年輕藝術家約瑟夫·塞弗恩獲得了皇家藝術院的一份去羅馬學習三年的獎學金，他提出讓濟慈同去，在他們到達後讓濟慈接受治療。濟慈接受了邀請，9 月 18 日他們乘船啟航。由於在英吉利海峽遇到暴風雨，船停在盧爾沃思，濟慈就在那兒上岸，寫下了他最後的詩篇《明亮星辰！我像你一樣真誠》。在他們到達那不勒斯後，塞弗恩帶他去了羅馬，把他交給克拉克醫生照顧。克拉克就是後來的詹姆斯・克拉克爵士，是維多利亞女王信賴的醫生和顧問。

克拉克和塞弗恩對他們的病人照料得很周到，濟慈的病情似乎有了改善，但在 12 月 10 日發生了一次嚴重的大出血，以後就再也沒有真正恢復過來。在他生命的最後一個月中，他每天早晨醒來都感到失望：自己怎麼沒有在夜裏死去。在最後一個早晨，他對塞弗恩耳語，他要坐起來："我要死得舒服些 —— 別害怕 —— 堅強些，感謝上帝它終於來了。"約翰・濟慈 1821 年 2 月 23 日死於癆病，時年 25 歲。

此時此地講的是肺結核給世界造成損失的一個明顯事例。

8

蚊蠅、旅行與探險
Mosquitoes, Flies, Travel and Exploration

患昏睡病的弟弟躺在姐姐懷中。

　　在開拓地球每個角落的過程中，人類遇到並克服了一些極其可怕的危險。西班牙征服者乘小船經歷了長途海上跋涉，來到中美洲和南美洲的陌生地域。在北美廣袤乏味的平原和高聳的山地上，居住着充滿敵意的土著部落，這裏擋不住那些乘坐大篷車從大西洋岸向太平洋岸進發的拓荒者。地理上的障礙可以克服，甚至是人類最兇猛的敵人或是最好鬥的食肉動物，在射擊準確的火槍面前也顯得一無所能。

　　差不多一直到19世紀末，對人類造成最大危害的不是巨大動物而是微小生物。在濕熱沼澤地裏繁衍的蚊子以及在非洲草原和森林孳生的萃萃蠅，都是人類難以戰勝的敵人。這些生物本身並不構成危險，但它們唾液中攜帶了更小的有機體：引起瘧疾的微小寄生物、黃熱病病毒和導致昏睡病的錐體蟲。熱帶的炎熱、潮濕和塵污也給病菌提供了理想的生存條件。

在第一章裏，我們已經簡要地提到了瘧疾對羅馬帝國的覆滅有影響。在羅馬征服並移居非洲地中海沿海地區時，希臘與埃及已有交往，可能正是通過這個途徑，瘧疾傳到了歐洲。毋庸置疑，瘧疾起源於非洲。實際上，瘧疾是最危險、傳播範圍最廣的非洲疾病。它是由一種叫瘧原蟲的微小原生動物引起的。瘧原蟲有好幾種，三日瘧原蟲或間日瘧原蟲在歐洲和美洲更為普遍，而惡性瘧原蟲則常見於非洲的寄生物。一個歐洲人即使對間日瘧原蟲引起的瘧疾有了抵抗力，他仍然會感染上惡性瘧原蟲引起的瘧疾。

這種寄生物有一個複雜的生活史，它在人的血液中進行無性繁殖，而在蚊子體內進行有性繁殖，完成其生長周期。簡而言之，瘧原蟲是通過雌性按蚊的叮咬進入人體的，先寄居在紅血球內，靠吞噬血紅蛋白為生，而後脹破細胞壁，再釋放出消化血紅蛋白產生的毒素。

這些毒素引起了典型的瘧疾症狀：發冷發熱，熱後大量出汗。瘧疾最初的症狀出現在被蚊子叮咬兩周以後，發病時間根據人體受叮咬注入的瘧原蟲數目的不同而稍有變化。在孵化期，瘧原蟲迅速分裂，達到足以影響患者健康的數目 —— 每立方毫米血液中有幾百個。它侵入一個紅血球需要的時間在 48 － 72 小時之間，生長起來後佈滿其間，再分裂為 6 或 12 個新個體，並脹破細胞壁，釋放出毒素。

由一隻蚊子叮咬注入的所有瘧原蟲都處於同樣的發育階段，遵循非常嚴格的生長時間表，因而瘧疾發病都按正常的時間間隔發作。因為這個原因，一種瘧疾稱為間日瘧，表示它每 48 小時發作一次，那就是第一天、第三天、第五天發作，以此類推。三日瘧每 72 小時發作一次（第一天、第四天、第七天發作），是由一種類似的瘧原蟲引起的，這種瘧原蟲有更長的生長周期。最主要的非洲型瘧疾被稱為亞間日瘧或每日瘧，是由惡性瘧原蟲引起的，其發病幾乎不間斷，因而特別兇險。這種病常會使人迅速死亡，但假如在第一次發作時沒死，病人又被瘧原蟲定期重新注入，那麼後來的發病就會與受涼、輕微發熱沒有什麼不同了。

死於瘧疾的克倫威爾。

間日瘧或三日瘧不治療很少會自癒，而是成為一種慢性病，逐漸使患者身體虛弱，讓他們對其他病的抵抗力下降。造成病人體質長期虛弱的主要原因是，由於瘧原蟲破壞紅血球中的血紅蛋白引起貧血，而含鐵的血紅素主要功能就是把氧氣運到身體各部位。所以，假如瘧疾大規模地襲擾一個社區，那裏居民的活力就會衰退。這就是為什麼 19 世紀的旅行家在去像龐廷沼澤這樣瘧疾橫行的地區後，都會談到居民的虛弱和他們過着污穢的生活的原因。

看來 17 世紀期間瘧疾傳播的範圍最廣，很少有國家能不受傳染。奧利弗‧克倫威爾生於英格蘭的芬蘭沼澤區，一生都受瘧疾困擾，1658 年 9 月 3 日死於間日瘧。驗屍報告表明，他的脾臟已"完全病變，裏面全是像油渣一樣的東西"。這是瘧疾晚期極為常見的情況。脾臟腫大，可能會因一次很小的事故破裂或者本身就會自發地出血。血塊被感染形成膿腫，導致病人死於毒血症。直到 1840 年，瘧疾在英格蘭還很常見，此後發病率就急劇下降，到 1860 年除肯特海岸的謝佩島外就難覓其蹤影了。一位現在的作家在翻閱他所在醫院的舊病歷時發現了一個病人的情況，這人從沒出過國，卻在 1874 年得了瘧疾。他住在普拉姆斯泰德沼澤，這是鄰近泰晤士河的一塊水窪地，其間只是被河邊的倫敦碼頭隔開。這提醒我們，即使在沒有瘧疾的國家也能發現按蚊，如果碰巧帶進了瘧原蟲，就有可能傳染給他人。

直到 17 世紀，醫生們還是用對其他任何熱病一樣的方式治療瘧疾。許多醫生只知道兩種熱病，間歇熱病和持續熱病，這種分類有時會造成災難。用瀉藥清腸、節食和放血是普遍採用的療法，這些方法肯定加速斷送了許多因瘧疾而貧血的不幸者的性命。 1632 年，西班牙人從秘魯帶回一種有奇特療效的樹皮，這種被大家稱為 "樹皮" 的東西還有一段奇妙的故事。

軍醫在調查蚊蟲傳播疾病的途徑。

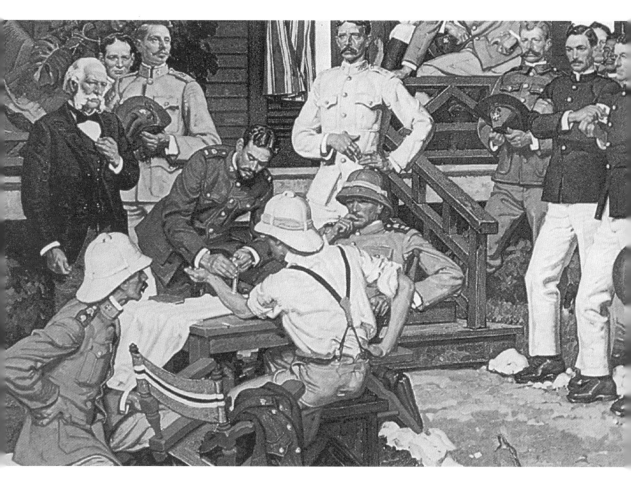

多年來有這樣一種說法，被稱為金雞納的樹皮得名於秘魯總督的妻子欽瓊伯爵夫人，她服用這種當地藥物的浸液治好了一種頑固的熱病。作為感恩，她向利馬市民免費分發這種藥，也正是她把原物隨身帶回了西班牙。不過真相不會有這麼浪漫。秘魯的印第安人給一種沒有藥屬的樹取名為"奎納—奎納"，意思是"樹皮的皮"，這種樹生出一種被稱為秘魯香脂的樹膠。這種樹膠成為歐洲風行一時的藥，以致藥房都無法滿足需要，於是就將包括金雞納樹在內的其他樹皮樹膠提取物摻雜在一起。結果金雞納合劑特別有效，成為處方中最常用的藥。醫生們逐漸意識到，不是誇大療效的秘魯香脂而是摻和的金雞納有助於治療熱病。1820年，兩位法國化學家，皮埃爾·佩爾蒂埃和約瑟夫·卡文圖，從金雞納樹皮裏提取了活性生物鹼，但他們誤將其取名為奎寧，因為這個名字來自美洲印第安人製作秘魯香脂的樹皮"奎納—奎納"。

　　奎寧對瘧原蟲有致命的殺傷力，因而可以用來治療這種正流行的病。如果定期服用以保持其在血液中的含量，就足以殺死瘧原蟲。奎寧對預防瘧疾也很有效。這種藥或許是根據經驗有效治病的經典範例。沒有人知道病因或是治療為何有效，但它確實有效。奎寧是味苦藥，要想服下足以殺死瘧原蟲的劑量就會有副作用，像嘔吐、頭痛、出疹子、影響視力和聽覺。許多定期服奎寧的人都飽受嚴重的耳鳴之苦，他們感到"耳朵裏有歌聲"，甚至會接近完全耳聾。一種較好的更現代的藥是金雞納生物鹼的衍生物氯奎。就在第二次世界大戰前不久，一種全新的藥物鹽酸化合物阿的平問世，它被發現在做預防劑和遏抑劑時特別有效（這就是說，它雖不能治癒病情惡化的病人，但卻能遏止最嚴重的病症）。在緬甸和幾內亞戰役中，阿的平的效果非常顯著，並且還鏟除了最致命的一種瘧疾黑尿熱。阿的平也有讓人討厭的副作用：它不僅會把人全身的皮膚染黃，而且還會引起嘔吐，有時造成大腦皮層興奮。更新的兩種藥，乙胺嘧啶和磺胺類藥，單劑服用，可用來預防瘧原蟲。越南戰爭之後，美國國內出現了一些瘧疾病例，這要歸因於那些忽視防疫的歸國士兵身上。在沒有瘧原蟲的國家也會出現一些零星病例，原因在於那些去瘧疾流行地區的旅行者認為在當地逗留的幾天裏沒有必要那麼小心謹慎。像人一樣，瘧原蟲也會產生抵抗力，一種能抵抗預防藥的新型瘧原蟲已經出現。儘管人們為消滅蚊蟲已經做了許多事，比如向其孳生地噴灑煤油或殺蟲劑，但按蚊仍能生存，並能讓瘧原蟲寄生。

✝ ✝ ✝

　　許多年來，人們都將瘧疾尤其是毒性強的非洲型瘧疾與黃熱病混淆起來。黃熱病經常被稱為"黃旗"（Yellow Jack），因為對船進行檢疫通常是為了預防這種病，這時船上必須升起一面黃旗。引起黃熱病的病毒以另一種蚊子埃及按蚊為宿主，在蚊子吮血時進入人體。這種病令人痛苦並有危險的症狀，如發高熱、出黃疸、嘔吐、難以止住的腹瀉、尿瀦留和極度疲勞。病人得病一次後就能具有終身免疫力。因此，在黃熱病局部流行的地區，相當多的人都有免疫力。就像麻疹一樣，母體的一些抵抗力會傳給沒得過病的孩子。所以，在傳到從沒有經歷過這種病的社區，黃熱病最為危險。18 和 19 世紀往返於非洲和美洲之間的水手特別害怕黃熱病。在沒有傳染過這種病的船上，只要有一個病例就會毀了船上所有的人。

　　黃熱病的原發地還沒有確定。有一種傳言說，埃及按蚊喜歡在船上的水桶裏孳生，這種說法有可能是真的。這一說法解釋了這種病廣泛分佈的原因：蚊子可以乘船從非洲來到西印度群島。有些流行病學家的看法恰好相反：這種病起源於西印度群島，被帶到了非洲西海岸。他們看法的依據是，最早詳細記載這一疫病的爆發是在 1647 年的巴巴多斯、瓜德羅普和尤卡坦。在長時期內，人們相信這種病是在 1778 年的埃及爆發的，這次病情是由塞內加爾聖路易的 J・P・肖特描述的。更晚些時候人們又發現，牙買加金斯敦的一位醫生約翰・威廉姆斯也描述了在西印度群島有一次黃熱病流行，他寫道："人們認為這次熱病是一次地方疾病，我不這麼看，因為我已經在非洲沿海見過這種病，並聽說遠行迦太基時，貝寧河流域那裏有一種膽熱病或叫黃熱病比這裏的厲害得多。人一旦得了這種熱病不到 24 小時就死了。"約翰・威廉姆斯在航行於幾內亞和西印度群島之間的一艘奴隸船"幾內亞人"號上當醫生。他自己在非洲的年份已弄不清楚了，但遠行迦太基是在 1740－1741 年間，比設想中黃熱病在非洲第一次流行早了差不多 40 年。

威廉姆斯試圖將黃熱病與瘧疾區分開來。他大概是行醫者中第一個懂得兩者區別的人，這肯定得益於他在非洲和西印度群島兩地的經歷。在西非當地很流行的重症瘧疾常被與致命的黑尿熱聯繫在一起，這種做法可能使存在於非洲沿海地區的真正的黃熱病不為人注意。威廉姆斯的看法在牙買加遭到許多人反對。反對的意見是這樣強烈，以致他的一位主要批評者帕克・班內特醫生向他發出了決鬥的挑戰，結果兩人在決鬥中都死了。

不管黃熱病是起源於非洲還是美洲，在 17、18 和 19 世紀期間，它已成為世界許多地區的一種常見病，在美洲東海岸流行得特別猛烈，向北遠至哈里法克斯、新斯科舍。1861 年新斯科舍經歷了一次大流行。17 世紀末，紐約就有黃熱病，100 年後到 1793 年，費城也遭受一場病災，恐怖的程度肯定可與黑死病那場天災相提並論。至少有 1/10 的人口在 4 月至 9 月間死了。人們精神極為沮喪。霍華德・W・哈格德在他的《病魔、藥物和醫生》一書中引用了下面這段出自一位疾病目擊者的評論：

事情發展到這樣不幸的階段，人們都陷入極度絕望。對眼前出現的駭人聽聞的場景，我們不會感到吃驚，這似乎表明社會紐帶中最親近最可貴的聯繫已經完全解體了。誰能無動於衷地想到：一個丈夫會拋棄相伴他已有 20 年的痛苦垂危的妻子；一個妻子會不動感情地離開她在臨終病床上的丈夫；父母毫無憐惜地丟掉他們唯一的孩子；孩子忘恩負義地不過問父母，不問候父母的健康或安全，讓他們聽從命運安排。

　　在這個暗淡的故事中也有一個亮點，這就是有時被人稱為"美國外科之父"的菲利普·薩因·菲齊克的舉動。菲齊克曾離開美國去倫敦，師從名醫約翰·亨特。亨特要他做自己的助手，但他卻選擇了回國。當瘟疫流行時他只有 25 歲，正在費城行醫。菲齊克盡心竭力地照顧病人，直到他自己也得了病。雖然他後來康復了，但是精力再也不如以前。後來，他被任命為賓夕法尼亞州立醫院的外科醫生和賓州大學的教授。

✝ ✝ ✝

　　像戰勝其他主要傳染病所做的努力一樣，人類對瘧疾和黃熱病所做的鬥爭在旅行史上也有重大意義，因而有必要在這裏簡要地述說一下這段故事。1857 年，法國里爾大學的化學教授路易·巴斯德研究了發酵問題，他得出結論，發酵的原因不像以前認為的那樣是瘴氣造成的，而是漂浮在空氣中的一種極小的微粒造成的。他認為這些微粒像其他生物一樣，具有生命並能繁殖。1864 年 4 月 7 日，巴斯德在索邦演講，他向聽眾展示一燒瓶經過他消毒並密封了幾個月的牛奶，他還給這些微粒起了名字：

　　我等待，我觀察，我置疑，我請求它為我重新開始那造物的美妙場景。但自從這些實驗在幾年前開始以來，它一直毫無動靜、毫無動靜。它毫無動靜是因為我將它與人類唯一不能生產的東西隔開來了，與漂浮在空氣中的細菌隔開來了，與生命隔開了，因為生命是一個細菌，一個細菌也就是生命。

就這樣產生了細菌學說，不是用來解釋生病的原因，而是被錯用來解釋生命的起源。約瑟夫·李斯特在他當酒商父親的指導下學會了使用顯微鏡，弄清了是微生物的存在才促成了發酵。他將巴斯德的理論用來預防手術膿毒症，1865 年 8 月 12 日，他在給病人包紮傷口時首次試用了天然的石碳酸來除臭。當時，有很多人認為細菌不是疾病的原因而是其產物。早在

1849 年，弗朗茲·波蘭德就在顯微鏡下看到了導致炭疽熱的大桿菌，但波蘭德不了解他發現了什麼。1876 年，羅伯特·科赫成功地分離出了這種桿菌，並將其放在培養基中生長。

巴斯德在研究室研究細菌。

路易·巴斯德早在 1877 年在不了解科赫所做工作的情況下開始研究炭疽熱，那時這種病在法國的牛群中特別流行。他通過實驗發現桿菌在尿液中會快速繁殖。他從一頭受感染的牛體中抽出一滴血，混入 50 毫升經過消毒的試管尿液中。他先讓這一培養物生物，再從中取出一滴與另外 50 毫升消毒過的尿液混在一起。以同樣的方式進行下去，他就得到大約 10 億分之一原有血樣的稀釋物。這時血樣已覺察不到了，但尿液中充滿了炭疽熱桿菌。巴斯德發現，只要對一頭溫血動物注射一滴這

種稀釋後的尿液，它就會得炭疽熱死掉，就像向它注射了一滴被炭疽熱感染的牛血的效果一樣。

羅伯特・科赫也擴展了他的研究範圍。1878年，他確定了六種引起外科手術感染的細菌，並證明這六種細菌經過幾代生長後仍能致病。他的培養基或多或少都會受外來微生物感染，但在1881年，他通過移植經幾代篩選的菌落成功地製作出了純淨的培養物，他讓菌落在覆蓋着骨膠、肉汁這些培養基並隔絕空氣的玻璃片上生長。1882年，他得出了可能是自己一生中最重要的發現，找到了導致結核病的桿菌。在同一份報告中，他記下了制約細菌和疾病之間關係的幾條原則：

　・在每個病例中都能發現微生物。
　・在宿主體外肯定能通過幾代純淨培養物得到微生物。
　・經過隔離和數代培養的微生物肯定能使易感動物再得原有的病。

這些就是人們所說的"科赫假設"。這些假設最終證明，某種特定的疾病是由特定的微生物引起的。

巴斯德、科赫和其他人所做的工作使得能夠發現得病的細微原因，但傳播的途徑還有待考察。1877年，當時在香港行醫的帕特里克・曼森爵士展示了絲蟲的幼蟲卵。絲蟲是導致象皮腫的病因，夜間由庫蚊在吸人血時吸入絲蟲卵，然後在蚊子體內發育，再在蚊子叮咬另一個人時傳播出去。曼森的理論一直無人相信，但在1881年古巴的卡洛斯・芬萊提出了類似的看法，黃熱病是通過蚊子叮咬傳播的，不過他提不出任何支持他觀點的證據。同一時期在1880年，駐阿爾及利亞的一名法軍軍醫阿方索・拉韋朗用顯微鏡看到了在被感染的病人的紅血球中的瘧原蟲。意大利人卡米洛・戈爾基也看到了瘧原蟲，他還提到間日瘧原蟲和三日瘧原蟲之間的區別。

1894 年，在倫敦工作的曼森遇到了從英印軍隊中休假回國的年輕軍醫羅納德·羅斯，向他展示了拉韋朗在一張血液塗片上發現的瘧原蟲。曼森告訴羅斯，他相信瘧原蟲在"一些吮吸昆蟲"體內生長，就像絲蟲卵在庫蚊體內孵化一樣。在回到印度後，羅斯開始着手一項長時間的調查，最後在 1897 年 8 月 20 日（此後他總是把這一天稱為"蚊子日"）發現了按蚊胃裏的瘧原蟲。他的發現在第二年被羅馬的吉奧瓦尼·格萊西所證實，後者還證明雌性按蚊是唯一一種能傳播瘧疾的蚊子。瘧原蟲的生命周期逐漸清楚了。1900 年，帶有瘧原蟲的蚊子被從意大利帶到倫敦，它們先咬了羅斯的兒子，他得了瘧疾。有一項對比實驗也同樣很成功，羅斯的三名助手在一個專門防蚊的小屋裏住了幾個月，雖然外面是瘧疾流行的羅馬平原，但他們沒有染上瘧疾。

這些發現使人們對卡洛斯·芬萊黃熱病是通過蚊蟲叮咬傳播這一未經證實的理論產生了興趣。沃爾特·里德也是一名軍醫，他曾在巴爾的摩的著名病理學家威廉·韋爾奇指導下學習。1900 年，里德與兩位來自巴爾的摩的助手詹姆斯·卡洛爾和傑西·拉齊爾一起，在哈瓦那加入了卡洛斯·芬萊的工作，他們組成了一個黃熱病委員會。拉齊爾和卡洛爾讓伊蚊叮咬自己，結果都得了黃熱病。拉齊爾在幾天後就死了，但卡洛爾在經歷了一場重病後復原。沃爾特·里德繼續從事這項工作，他在證明蚊子和黃熱病之間的關係後，還提出了控制措施，要在三個月內使哈瓦那擺脫這種病。不過，直到 1928 年人們才分離出致病病毒。里德 1902 年去世，他在哈瓦那的工作由威廉·克勞福德·戈爾加斯接替，此人以前在得克薩斯當軍醫時曾得過黃熱病。在修建巴拿馬運河的過程中，戈爾加斯上校曾領導過一場引人注目的針對瘧疾和黃熱病的戰役。

假如疾病阻礙了人類的旅行，那麼戰勝疾病顯然就消除了這一障礙，這體現在開創蘇伊士運河的歷史之中。以前，要想從歐洲到達太平洋，只能繞過南美洲頂端的合恩角經過漫長而極為危險的航程。1879 年，蘇伊士運河的工程師費迪南·雷塞普開始考察穿越狹窄的巴拿馬地峽開鑿一條運河的可行性，路線依照一條已建成的鐵路線設計。據說鐵軌上每根枕木都有一個勞工死去。雷塞普預計運河完工大約需要八年。他遇到了巨大的困難和一些財政麻煩，但工人中可怕的得病率是他失敗的主要原因。蚊子聚集在運河必經的貯水湖泊和沼澤裏。工人因各種原因的死亡率達到 176%。雷塞普在 1889 年 5 月放棄了他的計劃。以後，工程中斷了 18 年，在巴拿馬修運河的設想一度被完全否定，人們打算通過尼加拉瓜修一條更長的運河。

1904 年，美國開始對重開巴拿馬運河航線感興趣，並任命威廉·戈爾加斯負責有關健康的事務。哈瓦那的沃爾特·里德採用的預防措施之一就是把所有黃熱病人隔離在蚊子飛不進的房間裏。這種做法加上積極的滅蚊措施，是有理由獲得成功的。戈爾加斯這時提出了類似的計劃，但遭到當局的頑固反對，當局認識不到是蚊子而不是骯髒導致了瘧疾和黃熱病。

經過持續了差不多長達一年的艱苦努力後，他最終說服了美國政府管理的運河委員會同意按照哈瓦那提出的辦法行事。他大規模地組織衛生隊對蚊子發動強攻，為工人和官員建造了專門的住房，所有這些房子都用優質的銅紗網圍圍起來。只要有可能，死水水塘就被抽乾填滿。用除草劑噴灑淤塞渠道取得了很好的效果，不僅使流水更暢，而且還摧毀了成蚊的棲息地。在排水不暢的情況下，就定期向水面噴灑煤油以殺死孑孑。在 1907 年運河挖掘重新開始，這時黃熱病已被戰勝，最後一個病例出現在 1906 年，瘧疾的發病率也大幅度下降。1913 年 11 月 17 日，第一艘船通過巴拿馬運河，1914 年 8 月運河完全通航。"官方的"開通儀式安排在 1915 年 1 月 1 日，但因為在前一年 10 月地層塌陷而不得不推遲，由於第一次世界大戰的緣故一直到 1920 年才舉行。到 1913 年，從事這項工程的工人因各種原因死亡的死亡率降至僅有 6%，而同時期美國正常的死亡率為 14%，倫敦為 15%。

通過努力取得這一巨大成功的戈爾加斯上校在第一次世界大戰中組織了美軍的醫療服務。

各種通過蚊蠅和水傳播的疾病阻礙了對非洲的探險，疾病使探險者虛弱疲憊以致一直無法進入遙遠的腹地。白人不固定地活動在沿海地區。詹姆斯·林德——人們之所以記住這位海軍軍醫是因為他用檸檬汁預防船上的壞血病——相信內陸高原肯定為歐洲人提供了更好的生活條件。人們對到達中央高原的實際困難並不知情，也沒有疑慮。河流裏滿是蚊子；沿途一路都會得痢疾和其他腸道病；被荊棘或其他東西刺破的傷口潰爛難以癒合；可怕的錐體蟲讓人得昏睡病，讓馬染上致命的錐蟲病。錐體蟲寄宿在萃萃蠅體內，這或許是最關鍵的因素。由於這一原因，在赤道非洲的馬都不能用作運輸，而在同一熱帶緯度的馬在不同環境的中美洲就長得很強壯。在赤道非洲，所有穿越國度的旅行都不得不步行，貨物要靠當地人用頭頂着運送。

在 400 年中，不畏艱苦的人們一直在嘗試着這毫無希望的旅程。1569 年，一隊葡萄牙殖民者從沿海平原騎馬登程，探索贊比西河的中下游，然後又向內地進發去尋找黃金。很久以後有消息傳來，所有馬匹都死了，人

巴拿馬運河工地。

英國人用汽船在非洲探險。

都生了病,還遭到敵對部落的攻擊。在18世紀70年代後期,一個名叫芒戈·帕克的蘇格蘭外科醫生決心去尋找尼日爾河河源。在失敗了一次後,他又再次嘗試。1805年4月28日,他與一支由45個歐洲人組成的隊伍一起出發,這些人中包括科學家、士兵、4個木匠和2個水手。在穿越疫區跋涉了500多英里後,他終於在8月19日到達了尼日爾河。這時全隊人都得了痢疾並發熱,到11月11日除4人外所有人都死了。帕克和可能是另一唯一幸存的白人馬丁上尉造了一條獨木舟,他們試圖乘船待在河上以保障安全。他在與剩下的人奮力渡過激流時可能淹死了,也可能是被敵對的土著人殺死的。有一個土著僕人逃出,大約五年後講述了這個故事。一些遺物被找回,但帕克的日記一直沒有找到。

1816年,皇家海軍的詹姆斯·塔基船長試圖探航剛果河。他把船開到急流處才上岸，隨他上岸的一隊人中有一兩個科學助手。他們發現那裏氣候"宜人，氣溫很少超過華氏 76 度或低於 60 度，雨量稀少，空氣乾燥"。儘管有這些有利條件，整個探險隊還是遭到一種重症"間歇熱病"的襲擊，病人嘔吐咖啡渣狀物，基本上可以斷定他們得了非洲型的惡性瘧疾。14 人死於途中，另外 4 人死於上船以後。歐洲人總的死亡率在 37%，死者中包括塔基船長和科學家們。

1832 年，麥格雷戈·萊爾德少校率領兩艘船"闊拉"號和"阿爾巴肯"號去探險，他打算去探測尼日爾河三角洲，然後再溯河而上。10 月 18 日，他們進入了一條支流貝努埃河。到 11 月 12 日，幾乎所有船員都生病發燒，兩天後只有一個歐洲人還能值勤。1833 年 8 月，當"闊拉"號回到海上時，只有 5 個歐洲人活了下來。11 月"阿爾巴肯"號返航，船上 19 個歐洲人中死了 15 人。

乘坐汽船旅行也同樣失敗了。1841 年，H·D·特洛特船長領導了一次更大規模的遠征，遠征隊中有 145 個歐洲白人、25 個在英國招募的非歐洲人和 133 個在塞拉里昂招募的非洲人，他們乘坐 3 艘鐵製蒸汽船"阿爾伯特"號、"威爾伯福斯"號和"倫敦"號航行。8 月 26 日，汽船到達了尼日爾河距海 100 英里的地方。9 月初，熱病爆發了，"使整個遠征隊癱瘓"。他們又前進了一些，但疾病傳播使得"威爾伯福斯"號和"倫敦"號在 9 月 19 日開回海岸，船上搭載着他們自己的病人和

白人在非洲叢林中探險。

"阿爾伯特"號上的病人。"阿爾伯特"號又向前行駛了一段,但在10月4日被迫返航,10天後到達海岸,總共在河上停留了9個星期。在145個歐洲人中130人得病,50人死亡。11個英國來的非歐洲人得了病,但全部康復了。從塞拉里昂招募的133個非洲人沒人得病。與以往的多次探險一樣,這些探險都是災難性的,這就清楚地表明為什麼在很長時間裏非洲內陸不為人所知。

我們現在知道,瘧疾流行區的許多非洲人都有一種叫作鐮狀細胞性貧血的基因缺陷。瘧原蟲不能在這樣單薄的鐮狀紅血球內生長,因此這些人雖然貧血但卻有對瘧疾的免疫力。與非洲人能免疫相比,歐洲人卻易於感染"熱病",這讓從醫者感到困惑,他們提出許多理論來解釋當地人為什麼有免疫力:也許上帝有意這樣安排以便讓非洲人能生活太平,也可能是因為他們沒有體驗過歐洲人更奢華的生活方式。還有一種容易被人接受的理論認為,非洲人有更強的排汗能力,因而能更好地排除"污穢惡臭氣體",正是這些氣體使歐洲人在炎熱氣候中中毒。

許多醫學權威認為,非洲人的身體構造一定不同。他們為種族主義創造了一種偽科學或者至少是偽醫學的理論基礎。在熱帶氣候條件下,非洲人可以幹體力活而不生病,但白人不可避免地要生病。所以,白人要做的是指揮和管理,而讓當地居民去幹重體力活。這些猶疑荒謬的觀念導致了白人對黑人的極端不公平和放棄積極的政策。這也可以解釋為什麼在初期階段那麼多的熱帶藥都着眼於避開"白人的墳墓",而不是着眼於當地人所受的痛苦。

在四個世紀中,歐洲人對熱帶非洲的海岸已開發殆盡。由於無法向內陸滲透,他們就與當地酋長和阿拉伯商人簽訂條約,由這些人搜尋未知的內陸社區,征服這些社區,把當地的幸存者帶到沿海地區來。白人急於用少量劣質商品來買這些俘虜,把他們頭挨着腳裝進骯髒的帆船艙裏,將那些經過海上航行到達布里斯托爾或是穿越了大西洋的幸存者賣掉，價格是他們在非洲付款的 100 倍。有些奴隸尤其是 18 世紀的男孩被富戶人家買作奴僕，他們或許能過上一種比本土好得多的生活。更多的奴隸在西印度群島的甘蔗種植園和北美南方州的棉花田地裏幹活，他們的命運要依主人是仁慈還是殘忍而定，主人只向他們提供很少的食物和簡陋的住處，他們經常被當做動物一樣看待。這些奴隸們的怨憤一直延續到奴隸被解放之後，甚至直到今天還留在他們後代的深刻記憶之中。

在非洲的遊歷、對疾病更多的了解以及大劑量服用奎寧，使白人探險家在 19 世紀後期能更進一步深入非洲。但昏睡病這種致命傳染病仍在困擾非洲當地人，也輕微地困擾着歐洲移民。昏睡病是一種屬於錐蟲類的微寄生蟲引起的，這種微寄生蟲由舌蠅屬的萃萃蠅傳播，錐體蟲在非洲不同地區有許多變種。另外還有一種名為恰加斯病的錐蟲病，是由蝨子傳播的，只出現在巴西和委內瑞拉。

恰加斯病　Chagas's Disease，以發現該病病因的巴西醫生的姓命名
——譯者註

非洲錐蟲病的分佈範圍廣泛，大致分佈於西北沿海的岡比亞河至東南沿海的林波波河之間的地區，因而囊括了整個非洲的大中央高原和全部赤道非洲。影響人類的有兩類昏睡病：分佈在西非和中非的岡比亞型和出現在東部和中部地區的羅得西亞型。這兩種類型由兩種不同的萃萃蠅傳播，它們在不同地方棲息。傳播岡比亞型的萃萃蠅在陰暗、潮濕的地方繁衍，而傳播羅得西亞型的萃萃蠅則生活在空曠、灌木生長的鄉野。這兩類棲息地意味着在中非沒有地方能逃脫這兩類病中的某一種，因為第一種病流行於潮濕的森林地區，第二種病流行於乾旱的草原。

萃萃蠅的叮咬就像被燒紅的針刺一般，通常部位都是耳朵或脖子後面的嬌嫩皮膚。被叮咬的部位先腫起來，然後消退，就如同受到一隻普通馬蜂的叮咬。假如這隻萃萃蠅帶有錐體蟲，被叮咬的地方就會在約十天後再

次腫脹、疼痛。這種腫脹有時也稱為下疳，與梅毒引起的下疳類似。錐體蟲在兩三星期內侵入病人血液，通常這時病程就開始了。臨床病症依類別而有所不同。

岡比亞型病程較長。病人無規律地發低燒，淋巴結尤其是頸後的淋巴結腫大，摸上去有獨特的橡皮般的質感。此後，發熱時間更長，經常長達一個星期。肝脾腫大。幾個月後，中樞神經系統也受到影響，病人會抱怨頭疼得厲害，行為也不完全有理智，感覺極為困倦，不時還會發無名之火，有時有暴力行動。最典型的症狀是正常的睡眠規律被顛倒了，夜裏失眠，白天嗜睡。再發展下去就會出現四肢顫抖、麻痺，沒有胃口，逐漸消瘦到只剩下皮包骨頭。病人漸漸陷入昏迷，直至死亡。

羅得西亞型病情要嚴重得多。病人熱度更高，而且發熱是持續性的而非間斷性的，在被叮咬後幾周內就病得很重，因高熱對心臟的直接影響，病人常會很快死亡。如果不是這樣，病程的最後階段就會像岡比亞型，四肢顫抖，嗜睡逐漸加深直至昏迷。

昏睡病無疑起源於古代非洲，但對它最早、最典型的描述卻來自古巴。1803年，一位在西印度群島工作的英國醫生 Ｔ・Ｍ・溫特博特姆在從西非沿海運來的奴隸身上觀察到了這種奇怪的病，這些奴隸在橫渡大西洋的長途旅程中一定已表現出初期的病症。現在，人們還因他提出的溫特博特姆症記起這位醫生，這種病的具體症狀是頸後淋巴結長時期腫脹並有奇特的橡皮質感。偉大的傳教士探險家大衛・利文斯敦 1857 年對萃萃蠅有一番描述，他說牛馬死於萃萃蠅的叮咬。利文斯敦還用砷製劑治療患有 "錐蟲病" 或種馬病的馬匹。因為病因還不清楚，他的治療方法肯定是從經驗中得出的，但即使是在錐體蟲已被確認後，含砷製劑仍是有希望的首選藥物。

萃萃蠅喜歡在鄉村地帶聚居而不是隨處傳播。這一現象是非洲土著而不是歐洲人發現的。19世紀的最後幾年，昏睡病在土著居民中流行得更頻繁，這是因為白人開闢了新的商路，原來幾乎是靜態的赤道地區人員來往增加，生態遭到破壞。同時牛馬得錐蟲病的也相應增加。錐蟲病的流行限制了牲畜的活動。 1894 年，英國陸軍醫務官大衛・布魯斯爵士抵達納塔爾調查這一問題，他的妻子隨行，後來還積極協助他的工作。他們檢查了所有送來的受感染牛馬的血樣，發現了被稱為布魯斯錐體蟲的寄生物。布魯斯還表明，這種寄生物是通過萃萃蠅的叮咬傳給動物的。這就證實並擴展了利文斯敦在 1857 年觀察的結果。

1901 年，在岡比亞工作的醫生約瑟夫・埃弗里特・達頓在昏睡病病人的血液中發現了錐體蟲，給它起名為岡比亞錐體蟲。第二年，他的去世過早地結束了其調查工作，去世前他正在研究另一種由昆蟲傳播的疾病——剛果河流域的回歸熱。 1903 年，一次昏睡病大流行使烏干達死了許多人。大衛・布魯斯和妻子與一隊人前去調查，隊伍中包括意大利著名的熱帶病專家阿爾多・卡斯太拉尼。卡斯太拉尼對神經系統症狀例如顫抖和麻痺交替出現的狂暴和困倦特別感興趣。他檢查了病人的腦脊液，腦脊液存在於包裹大腦和脊髓的兩層膜之間，他在這裏發現了一種微小寄生物。布魯斯在得知這一發現後，把注意力轉向昏睡病患者的血液，在病人血液裏發現了類似的寄生物，與他從得錐蟲病的牛血液中發現的錐體蟲一樣。所有的謎都解開了。布魯斯明白無誤地表明，動物的錐蟲病和人的昏睡病都是由萃萃蠅所帶的錐體蟲引起的。他建議通過限制受感染人和牛的活動以及滅蠅來控制疾病蔓延。

不幸的是，要做到這一點並不容易。要控制岡比亞型錐體蟲相對較為簡單，因為這種傳病蠅不常見，它們只在潮濕陰暗的地方生長。清除掉濕熱河岸上的草木就毀掉了它們的孳生地，很快就能減少其數量。但傳播羅得西亞型錐體蟲的萃萃蠅來自長滿灌木的乾旱草原。受錐體蟲感染的家畜死亡率很高，限制了肉和奶的產量，這是流行一種加納語稱為 Kwashiorkor

病的主要原因。由於缺乏高蛋白質的食物，這種病對生長發育期的孩子有不良影響。控制萃萃蠅靠的是大面積清除灌木並限制牛群活動。後者來自於非洲古代牧人觀察的結果，因為萃萃蠅只在白天活動，牧人們發現，他們可以在夜間趕着牛群從一處牧場穿越灌木叢（萃萃蠅地帶）安全地到達另一處牧場。有人建議大量養殖野生動物作為補充蛋白質的替代方式。野生動物有了足夠的抵抗力後就不會被感染，但如果不對其進行嚴格控制，它們也會成為寄生物的宿主，把病傳給家畜和人。

實際上，直到 20 世紀 20 年代初，人們對這兩種昏睡病的治療才有療效。醫生處方上經常開的藥是氨基本腫酸納，還有就是大劑量靜脈注射吐酒石劑。要去萃萃蠅肆虐地區的歐洲旅行者都被建議在臉部和頸部蒙上紗面罩，還要戴手套，穿上可以塞進靴子的長褲。雖然在炎熱、潮濕的氣候條件下這種裝束很不舒服，但正因為這樣，歐洲人才比全裸或半裸的非洲人得病要少得多。1922 年，德國企業拜爾公司推出一種療效不錯的藥——錐蟲砷胺。此後，在治療和預防兩方面又有療效更好的合成藥物出現。再加上猛烈消滅萃萃蠅和長效殺蟲劑的使用，這些措施使得昏睡病和錐蟲病到 20 世紀 60 年代時得到一定程度的控制。不過從那時開始，許多地區政治上的動蕩造成許多人流離失所，隨之而來的是公共衛生服務系統遭到嚴重破壞，結果使得這些病又開始引人注目。

近四個世紀對各種疾病所進行的長期鬥爭給當地民族帶來一個不同尋常的問題。北部地區——摩洛哥、阿爾及利亞、突尼斯和利比亞——或多或少與它們的歐洲鄰國保持着同步發展。埃及的古代文明屈服於蠻族的進攻，但這個國家也按照與歐洲類似的方式發展起來。南非的舒適氣候和肥沃耕地曾被早期的葡萄牙殖民者忽視，但自 17 世紀初以來卻相繼吸引了荷蘭和英國的移民。隨着在 19 世紀 70 和 80 年代發現了鑽石和黃金，來自世界各地的移民潮把歐洲類型的文明的福祉和弊病都帶進了南非。

但這種活動滲透不進非洲內陸。當白人的良知意識到買賣人口令人討厭而使奴隸貿易於 19 世紀 30 年代終止時，沿海與中央高原之間的交通實際上停止了。這時，人們又煥發起了對神秘內陸的興趣。傳教士和醫生歷經艱難向內陸前進。隨着對疾病了解的增多以及更容易得到奎寧，他們獲得了更多的成功。這些具有奉獻精神的人中最突出的是大衛・利文斯敦，從 1841 年起直到他去世的 1873 年 5 月 1 日，他一直在忙於建立傳教教堂，向當地人佈道，給當地人看病和探索大片的赤道非洲地區。另一位著名人物延續了他的探險工作，這就是威爾士的孤兒約翰・羅蘭。他在 15 歲時逃離濟貧院，靠在船上當役童乘船去了美國。他被一個新奧爾良商人收養，這人叫亨利・莫頓・斯坦利，這個姓也被他所用。他受《紐約先驅報》派遣，去尋找 1869 年就傳聞已死的利文斯敦。1871 年 10 月 28 日，斯坦利發現利文斯敦還活着，但已是皮包骨頭。疾病還遠未被攻克。斯坦利和利文斯敦兩人都好幾次差點被瘧疾和痢疾打垮，利文斯敦建立的傳教教堂沒有一個能維持幾個月以上。

利文斯敦和斯坦利的真正重要性不在於他們直接做了什麼事，而在於人們以他們為榜樣激發出的熱情。他們是 19 世紀後期激勵國際間對未探索的有潛力的非洲產生興趣的一長串先驅者中的第一批。他們發現了按歐洲人的標準來看並不開化的地區，那裏的居民有時完全一絲不掛，處在本書導論描述的那種生存類型。他們在報告中提出，這裏的整個民族不僅將被基督教拯救，被教育成現代世界的公民，而且還有商業開發價值。

1877 年，斯坦利完成了沿剛果河而下的旅程。到這一年，在非洲站住腳的幾個外來國家是英國、葡萄牙和法國。葡萄牙人宣稱對 70 萬平方英里的地區擁有主權，但實際控制的地方不到 4 萬。法國人擁有 17 萬平方英里的勢力範圍，但幾乎都限於地中海沿海地區。英國人與荷蘭的布爾人一起控制 25 萬平方英里，主要在南非。歐洲人"統治的"整個地區達到 127.1

斯坦利與利文斯敦會面。

萬平方英里，大約是整個非洲大陸的 1/10。除了撒哈拉和利比亞大沙漠外，整個非洲地區約有一半完全是由當地部落居住和統治的，而這些地方大多在未經探明的熱帶地區。

1870—1871 年的普法戰爭極大地影響了非洲的未來。德國在獲勝統一後渴望得到海外領地，戰敗的法國也把復興的希望寄託在擴大的殖民帝國上。比利時國王利奧波德二世的一次原本是善意的舉措引發了對非洲殖民地的爭奪。1876 年 9 月，利奧波德召集所有列強的代表來布魯塞爾開會，目的是禁止奴隸貿易並討論未來對中非的探險和開化。與會代表並不代表他們的政府，政府也不給予任何官方的支持。這次會議同意建立一個"國際非洲協會"，總部設在布魯塞爾。由於國際間相互猜忌、缺乏合作，這個協會失敗了，對中非的冒險成為比利時人自己的事。剛果自由邦處在利奧波德二世個人的主權控制下，並很快成為他個人的私產。

利奧波德的統治很快招致了敵意，其他國家敏銳地看到反對他的愚昧管理有物質利益可得。斯坦利已經說明，剛果河有個頗有吸引力的特點，從其入海的深水河口向內陸幾乎有 1,000 英里的通航水道。1879 年 1 月，斯坦利接受了任命，成為利奧波德二世在剛果自由邦的正式代理人。他建立商站，與剛果河南岸沿線的當地酋長簽訂條約。葡萄牙人重申他們的所有權基於傳統而不是法律，法國人則懷疑比利時的滲透。1884 年，薩沃南·布拉柴代表法國簽約，在剛果河北岸建立商站，並試圖通過沿海地區與廷巴克圖連接起來，廷巴克圖在理論上是法蘭西殖民帝國的最南端。1884 年，德國宣佈吞併西非海岸一條狹長地帶及多哥和喀麥隆的腹地。除了在南非外，英國人動作較慢，這時它也正式宣告對尼日爾河三角洲、拉各斯和塞拉里昂擁有主權。

這些爭奪土地的行動顯然已經失控，除非有關國家能夠達成某種協議，否則就會難以避免地導致大規模的戰爭。列強於 1884 年 11 月 15 日參加了柏林會議，確定一個歐洲國家要擁有非洲任何部分必須是實際有效的佔有，要想兼併非洲大陸任何部分必須將其意圖通知所有締約國。一個預示不祥的詞 "勢力範圍" 第一次出現在這個條約中。這場 "非洲爭奪戰" 延續的時間不到 1/4 世紀。到 1914 年，將近 1,100 萬平方英里的非洲土地落入歐洲人手中，只留下 61.3 萬平方英里還保持獨立。歐洲人能鞏固對這些被分割地區的有效統治，既要歸功於來復槍，也要歸功於奎寧。

在 1939 年第二次世界大戰開始時，非洲只剩下三個獨立國家，南非聯邦、埃及和利比里亞共和國，後者原是美國的廢奴主義者作為獲得自由的奴隸的家園而建的。就在 20 多年後的 1962 年，已有 28 個獨立的非洲國家成為聯合國有表決權的成員國。就在這 23 年中，整個中非的人民獲得了自治和自決權。無疑，這一變化太快了。在 1962 年，許多赤道非洲人在他們的一生中經歷了從石器時代到原子時代的變化。

我們可以通過估算 1934 年非洲的鐵路長度來對這一變化的迅捷速度有點概念。1934 年，在歐洲和美國，蒸汽交通正在讓位於內燃機，而在整個赤道非洲只有 318 英里鐵軌，包括 "白人" 南非在內的整個非洲大陸的鐵路總里程是 42,750 英里，正好是同時期面積相當小的英國鐵路里程的兩倍。歐洲與俄國的相應里程數是 235,719 英里。幾乎都沒有用過馬或蒸汽的非洲直接從步行交通進入內燃機時代。

實際上，非洲大陸是進行巨大技術和社會實驗的場所。到 20 世紀末，實驗還遠沒有結束，因為貧窮、饑謹、疾病、簡陋住房、部落仇視和種族仇恨仍然存在。沒有人能準確地預測未來會怎樣或實驗的結果會是怎樣。困難有部分原因是出於這種變化的超速度。我們要意識到，19 世紀最後 25 年中非洲還存在着疾病的危險，在後來的 100 年中，攻克這些疾病帶來了迅速但還不完全的社會和醫學方面的進展，這很可能就是未來將面臨的一個最大的世界難題。

9 維多利亞女王與俄國君主制的覆滅

Queen Victoria and the Fall of the
Russian Monarchy

1910 年的沙皇皇儲阿列克賽。

人們一開始都會認為，維多利亞女王是最不可能把列寧和他的布爾什維克同志送上權力寶座的人，她得不到這靠不住的榮譽。但在歷史上就發生了這樣奇怪的事，"偉大女王"實際上是沙皇制被推翻的主要原因之一，即使她所起的作用只是間接、無意的。歐洲的皇族可能已經開始對他們是按"君權神授"實行統治的說法產生了懷疑，但他們仍固守一條荒謬的原則，只有他們才配戴皇冠。平民不能玷污皇室血統，聯姻只限於皇室的圈子。由於這個圈子相當小，一個妻子就經常會與自己的丈夫有很近的親戚關係。

直到 19 世紀後期，也沒人完全了解近親相互聯姻會有什麼危害。基督教會禁止直系親屬結合，但允許兄弟或姐妹的孩子即堂表兄妹之間聯姻。

大家還認為，假如兩兄弟都才智出眾，那麼他們的孫輩即兩兄弟兒女的後代就很可能有更高的才智。不過，沒人注意到，才智並不是從父母那裏遺傳得來的唯一東西。

為了理解維多利亞在沙皇制垮台中所起的作用，我們需要追溯到 19 世紀中期。當時有個叫格里高爾・孟德爾的不出名的天主教修士對種豌豆有了興趣。他在奧地利布魯恩修道院的園圃裏幹活，對這件事感到困惑不解：他撒下高株豌豆的種子為什麼長出來的豌豆不總是高株的。他試着將矮株豌豆與高株豌豆一對一雜交，撒下種子，出乎他意料的是，長出的豌豆株幾乎全是高的，而不是像他預料的那樣一半高一半矮，或全是中等高度。他繼續工作，得到一種全長高株豌豆的品種和另一種全長矮株豌豆的品種。然後，他把兩個品種一對一雜交後撒種，結果長出的豌豆 3/4 是高株，只有 1/4 是矮株。

孟德爾斷定，一定有一種遺傳因子決定了高矮，但就像高的因子會壓倒矮的因子，這種因子肯定是雙重的。假如這種因子是雙重的，一株純正高豌豆（T）與一株純正矮豌豆（t）雜交，兩個因子就會有四種可能的組合：TT、Tt、tT 和 tt。但真正讓孟德爾感興趣的是，高因子肯定為主，因為其 3/4 的後代都是高的（TT、Tt、tT），只有剩下的 1/4 是矮的（tt）。但在高株豌豆中只有 1/3（TT）會長純種豌豆，而在與另一種 TT 雜交後，會長出不混雜的高株後代；其餘的 2/3（Tt 和 tT）中含有一個矮因子，即使與一個 TT 雜交也會長出一定比例的矮株。

在經過十多年研究後，孟德爾在 1866 年發表了他的遺傳因子理論。不幸的是，他的發現在一本沒有影響的期刊裏被埋沒了，當時沒有引起注意。如果其理論的內涵能被更快地理解，那麼歐洲的歷史就會理所當然地有所不同。事實上，直到 35 年後，才有來自三個不同國家的三位植物學家有了相同的看法。在研究過程中，他們都讀過孟德爾的論文，他們證明孟德爾理論是正確的，這成就了他的身後名。1905 年，在劍橋大學從事香豌豆雜交研究的威廉·貝特森，給孟德爾的遺傳因子起了一個名字"基因"。

這些來自父母任何一方的基因，決定了子女的外貌以及他或她對周圍環境影響做出反應的基本方式。人來自於一個單一的雌性細胞卵子和一個單一的雄性細胞精子的結合。兩個細胞中都有一個細胞核，每個核內都有一種叫染色質的物質，在顯微鏡下看就像一團細心捆紮的螺旋線。染色質的主要成分是核酸，這就是我們今天通常稱為 DNA 的一種非常重要的物質。當卵子受精後，兩個細胞就混合組成一個單細胞。構成人體的幾十億個細胞最終都來自這個單細胞。當這個單細胞最初一分為二時，新的細胞都含有同樣的兩性成分，這一過程貫穿人體的胚胎和發育這個生長階段。在受精卵細胞開始分裂前，染色質的螺旋線就聯合組成許多狀似 X 形的東西，這種東西稱為染色體。正是這些染色體承載着遺傳基因。

孟德爾原有的理論是建立在肉眼觀察基礎之上的。他在種植雜交豌豆時無法看到豌豆內部發生了什麼變化。現代的顯微鏡觀察研究證實了他的假說，遺傳因子（比如 TT 或 Tt）個體都是雙重的，父母一方只能遺傳一半這種因子給後代。在人體中，女性的卵子和男性的精子細胞中都各有 23 條染色體，因此受精卵就有 46 條染色體。在很少情況下，也可能會多一條染色體，這會造成不幸的後果。在人類的所有成員中，隨着每個細胞的分裂，染色體數目也總是保持恆定，但染色體的大小和形狀不同造成了遺傳性狀的不同。

由於染色體承載着不同基因，以及父母只有一半的染色體傳給後代，那麼一個孩子從父母處各繼承 23 條承載基因的染色體，就絕不可能與父母中的一方長得一模一樣。同樣，也不可能長得完全不像。同一個家庭中，也不可能一個孩子與另一個孩子長得完全一樣，除非是由單個受精卵細胞破裂成為雙胞胎，他們在基因上相同。

通過觀察畫像我們可以發現，在幾個世紀前就常有同一家族長相相像的情況，比如哈布斯堡家族的成員都長得垂唇尖頰。儘管如此，如果能找到一幅生活在公元前 100 萬年前哈布斯堡成員的全身像，我們也不應該指望他與 20 世紀初統治奧地利的後人有任何相像之處。差別之大還不能完全用聯姻不斷注入了新的基因來解釋。他的臉和身體實際已與生活於今天的任何人很少有相像的地方了。

這是基因自身變化的結果。在許多世紀的演進過程中，正是由於基因突變，才從類人猿祖先甚至更遙遠的不為人所知的動物造就出了人類。這樣的基因變化對有序的演化過程是必不可少的，因為這些變化使生物能適應逐漸變化的環境以及一種更複雜的生活。在我們掌握的現有科學知識與技術能力的範圍，存在着這樣一種誘惑，鼓勵用人力去實現基因突變。我們之所以必須認識到基因工程有危險，其中原因之一就源於我們了解的在自然演進過程中已經出現的差錯。

凡事皆會有失誤，突變後的基因會產生一種以前基因類型中沒有的怪異基因。這一變化或許會導致疾病。真正的基因疾病並不常見，因為假如這種病限制了個人的活力，這個家族很可能就會僅在幾代人之中完全滅絕。有一個例外，這就是最早被確認的一種基因缺陷——"亨廷頓舞蹈病"。這種病能使病人智力逐漸衰退，並伴有連續不自主的身體痙攣。 1872 年，一位美國醫生喬治·亨廷頓第一次詳細描述了這種病的病情，他在紐約長島診治過幾個有這些病症的患者。亨廷頓的父親和祖父治療過其中幾個病人家族中的先人，他祖父早在 1797 年就開始在那裏行醫。亨廷頓家的孫子因此能追溯病人家族的過去。他指出，這種病（也就是突變的基因）存在於英國薩福克郡布雷斯村的一個家族中，這個家族 1630 年在波士頓登陸上岸。他們的劇烈痙攣和精神病症引起了人們的懷疑，有些人因此在 1692 年臭名昭著的塞勒姆女巫審判中受到指控。亨廷頓舞蹈病是一個罕見的基因

缺陷長期延續的例子，因為無法治療，病人通
常要到中年時才會發病。因此，他們的孩子在
發病前就出生了，這些孩子中約有一半會得病。

在這個例子中，這個移民家族的病史前後不間斷地延續了 12 代。

在其他基因疾病中，卟啉症特別讓人感興趣，不僅是因為它引發了醫學
上相當出色的一次探源工作，而且因為它可能對歷史進程產生了一些影響。
"卟啉" 意為 "紫尿" ，與此病最常見的症狀有關，病人不時會排出紫褐色
尿液。這種症狀通常在 20 多歲或 30 多歲時比較明顯，急性發作並伴有腹痛、
便秘、還有局部的神經症狀諸如皮膚過敏、風濕痛和精神錯亂。通過近來
兩位醫生艾達‧馬卡爾平和理查德‧亨特的細心探究，大不列顛和漢諾威
的國王喬治三世是這種病最有名的患者。喬治在生前被殘酷地看做 "瘋子" ，
用更現代的術語說，他患有躁狂憂鬱精神病，而現在許多醫生都認為他是
一個卟啉症患者。馬卡爾平和理查德‧亨特把他的這種病上溯六代到蘇格
蘭的瑪麗女王。在他們的家族中，發現有這種病跡象的有瑪麗的重孫女安
妮女王和普魯士國王弗里德里希一世。喬治三世的四個兒子都有得病跡象，
到 20 世紀 60 年代還活着的兩位王室成員也有這種病。他們隱名埋姓，一人
是弗里德里希一世的後代，另一人是喬治三世一個妹妹的後代。

喬治三世生於 1738 年，死於 1820 年，在 1762 年 24 歲時至 1804 年間他
八次發病，每次症狀都相似。 1810 年 10 月，他再次得病，在經過兩年的惡
化和緩解後，陷入了沒有希望的精神錯亂之中。他在 81 歲高齡時去世，死
時瘋癲、目盲、耳聾。他最後一次發病開始於 72 歲時，可能與卟啉症無關，
更像是老年癡獃症的嚴重昏聵。

許多人將他的 "瘋癲" 與他統治時最著名的事件即英國喪失美洲殖民
地及獨立的美利堅共和國的誕生聯繫在一起。無疑，喬治是個頑固、缺乏
想像力的人，人也不很聰明，在 1775 年引爆獨立戰爭的愚蠢挑釁中，他支

喬治三世。

持首相諾思勳爵。但在幾次發作之間，他沒有任何精神錯亂的跡象。他有些嘮叨，會問像"蘋果怎樣填進布丁裏去"這樣的怪問題，經常顯得對蘿蔔要比對國政更感興趣，但他統治國家還算勝任且較為穩定。在1762年到1766年1月之間，他只發過一次病，但這次病情不重，只延續了一個月。此後直到1788年7月他都沒病。由於在1766—1788年間找不到任何有關他"瘋癲"的證據，我們就不能把在1775—1781年戰爭中美洲殖民地的喪失歸罪為卟啉症。國王的錯誤判斷可能加速了危機的到來，他的剛愎自用也可能阻礙了友好解決爭端的可能性，但他的錯誤要由他的大臣、下院多數議員和大多數的英國公眾一起分擔。

實際上，喬治的病真正產生影響的不是美洲問題而是愛爾蘭問題。在18世紀期間，儘管天主教徒不能在都柏林的議會當議員，新教移民與天主教本地人在愛爾蘭仍能很友好地一起生活。在18世紀最後幾年，共和制的法國表示願意幫助愛爾蘭從英國奴役下解放出來，這一許諾引發了1798年的叛亂，天主教徒希望建立一個由天主教士統治的"凱爾特共和國"。在叛亂被英國軍隊和愛爾蘭新教徒聯合鎮壓之後，威廉·皮特首相決定兩個島合併，在威斯敏斯特設立一個議會，以期實現恢復秩序和正義的良好願望。他誘使愛爾蘭議會自己解散，並讓其在1800年宣佈與英國議會合併，達成的諒解是天主教徒有資格在新的聯合議會中成為議員。換言之，皮特使自己投身於天主教解放運動。

但皮特沒有把他的意圖告知喬治三世。喬治把自己看做是純正新教信仰的捍衛者。當大法官讓國王注意皮特的建議時，國王立刻表示反對，皮特辭職。十天後在1801年2月，喬治的卟啉症發作，並伴有嚴重的精神錯亂。3月，他恢復正常，皮特對他鄭重允諾，在國王的有生之年再也不提天主教的解放。"現在我總算放了心。"喬治回答道。於是，為了讓國王安心，天主教解放問題被擱置了28年。缺乏這一基本的要素，皮特撫慰愛爾蘭的計劃注定要失敗。對愛爾蘭天主教徒來說，與英國合併就意味着讓外來暴虐的新教徒統治。或許卟啉症要為 19 和 20 世紀的愛爾蘭紛爭負一部分責任。

✛ ✛ ✛

　　維多利亞女王在歷史上所起的最致命的作用是，她把甲型血友病這種罕見的基因疾病傳給了他的不少後代。這種病有一個幾乎一成不變的特點，女性是傳播疾病的攜帶者，而只有她們的男性後代才會受病症折磨。即使是患病的父親也不會直接把血友病傳給兒子。與之不同的是，他的女兒就會成為基因的攜帶者，傳給她們的男性後代。一個女性只有在母親是基因攜帶者且父親是血友病患者的情況下才會得血友病。這種病的症狀是流血不能在正常時間內凝結。這一不正常現象幾個世紀前就被人尤其是行割禮的猶太人注意到了。對此最早的明確描述是由 1803 年一個叫約翰·C·奧托的費城醫生寫下的："一種流血不止的現象存在於特定的家族中。令人驚異的是，只有男性才會得這種怪病。雖然女性不會得病，但她們仍能把病傳給她們的男性後代。" 毛病出在病人體內對凝血有關鍵作用的血清（血的液體部分）中缺少一種蛋白質。正常血液凝結需要 5 － 15 分鐘，而血友病人體內的血凝結則需要至少半小時，一般是幾小時甚至是幾天。因此，血友病人生活在極度危險之中。在正常人是微不足道的小傷口就會使他們有生命危險。皮下毛細血管破裂引起的青紫也會讓病人特別疼痛，因為瘀血湧進了組織中。由於外科醫生只能用清創來對付，因而這樣的內出血特別危險。

　　這種缺陷或突變的基因似乎來源於維多利亞女王，也可能來源於她的母親肯特公爵夫人。維多利亞是唯一的孩子，因而就難以確定其基因的來源。在英國王族和她母親的薩克斯—科堡—薩菲爾德家族中，都沒有血友病史。維多利亞四個兒子中有一個利奧波德親王死於血友病。在她的五個女兒中有兩個把血友病傳給了兒子或孫子。遭遇最慘的是她最小的女兒比阿特麗斯公主，她嫁給了巴騰堡的亨利親王，他們生的兩個兒子都死於血友病。一個女兒恩娜嫁給了西班牙國王阿方索八世，他們兩個患血友病的兒子分別死於 20 歲和 31 歲。這是一部典型的家族病史，由於患者不能追溯到維多利亞已知祖先的母系或父系的任何一方，有關她是

維多利亞女王。

私生女的話題就不可避免地被提出。她真是肯特公爵的女兒呢，還是某個不知名者的孩子？儘管她的面容很像肯特公爵和她的祖父喬治三世，也有可能基因就是首次在維多利亞身上或她的公爵父母其中一位身上自發突變（血友病有記錄的病例中約有 1/4 是這種情況），但對她生父的身份仍有人懷疑。

維多利亞的第三個孩子即她的第二個女兒艾麗思生於 1843 年，嫁給了黑森—達姆施塔特大公路易四世。他們婚後生了兩個兒子，其中一個三歲時死於血友病。他們還有五個女兒，活下來的最小的一個叫艾莉克斯，她嫁給了全俄羅斯沙皇和皇帝、至高無上的君主尼古拉二世，因而就把維多利亞女王的血友病基因帶給了羅曼諾夫家族。

艾莉克斯全名艾麗思·維多利亞·海倫娜·路易絲·比阿特麗斯，黑

森—達姆施塔特公主，1872 年 6 月 6 日生於達姆施塔特。她六歲時在白喉流行期間失去了母親和一個妹妹。全家人每年正常拜訪一次"維多利亞外婆"。在女兒去世後，女王把她喪偶的女婿當成了自己的兒子，他們去英國宮廷的拜訪更頻繁了。

艾莉克斯長大後容貌姣好，是一個身材高挑的少女，滿頭金紅秀髮，藍眼睛，膚色白皙中透着緋紅，惟有她孤傲、冷漠的表情有損她的古典氣質。作為一個少女，她不是特別聰明但也絕不笨，15 歲時已對歷史、地理、文學和音樂有了很好的基礎。她還對醫學很有興趣。維多利亞時代的偉大理想——勤奮、自律和奉獻貫穿於她的一生。她成了維多利亞時代一個典型的正經"淑女"，私下裏對性感到困惑，將公開討論這一話題看做令人作嘔之事。她有着病態的羞怯，缺乏本應成為王室成員基本條件的魅力。了解她的人不多，對那些了解她的人來說，她是"亮麗的"（Sunny），這一叫法用來指她富有光澤的秀髮和明亮閃爍的眼睛。

1884 年，這個無足輕重的 12 歲小王室公主第一次去歐洲最強大的陸上帝國的宮廷旅行，是去參加她姐姐與謝爾蓋大公婚禮的，大公是沙皇亞歷山大三世的弟弟。在那裏，她遇到了沙皇亞歷山大 16 歲的兒子皇太子尼古拉，尼古拉出生於 1868 年 5 月 18 日。這是個一見鍾情的例子。

假如艾莉克斯有基因問題，那麼尼古拉也有。他問題的根子出在孟德爾觀察到的第一個"遺傳因子"——高度的變異。亞歷山大三世是個大個子，身高 6 英尺 6 英寸，肩膀相應地也寬。他能夠用手指折彎銀幣，有一次他用肩膀頂住損壞的軌道車的頂篷，全家人才得以逃脫。還有一次，奧地利大使不明智地在飯桌上談到，可能有必要在邊境上動用一兩個師時，亞歷山大拿起一把沉甸甸的銀叉，輕易地把它彎成個結，扔給這個大使說："這就是我要對你的師做的事。"這個像頭強壯大公牛的男人，看起來像個木頭疙瘩，但實際上說話做事都很乾脆利落。他娶了個性格要複雜一些的嬌小女人。尼古拉更多受他母親瑪莉亞‧達格瑪而不是受他讓人敬畏的父親遺傳。尼古拉的性格特點是有魅力、勇敢、敏捷、聰慧，也表現出羞怯和猶疑，但致命的一點在於他易受個性更強者的擺佈。他長得矮小瘦削，只有5英尺6英寸高，而在他周圍有一批牛高馬大的羅曼諾夫王朝的親戚。

維多利亞女王對這門婚事很熱心，因為他們結婚對她心愛的外孫女來說是個極好的機會。但一開始，這件事上就蒙上了一層陰影。亞歷山大和皇后都不同意，因為他們兩人討厭德國人。另外，未來的俄羅斯沙皇皇后必須是東正教徒，而艾莉克斯是狂熱的路德派新教徒。孝順兒子尼古拉在日記中寫道："長久以來我壓抑着感情，盡量用不可能的事來欺騙自己，認為我最甜的美夢終將成真。"在他寫下這些話的兩年後，他的夢真的成真了。1894年4月，沙皇得了嚴重的腎病，他兒子的婚事突然成了一件國家大事。尼古拉除了艾莉克斯對別的姑娘都不了解，他的父母只有順從他的心願。

亞歷山大的身體每況愈下，到10月他顯然快要死了。艾莉克斯被匆忙召來，10月23日到達克里米亞的里瓦幾亞。正式的訂婚儀式在沙皇的寢室裏舉行，垂死的沙皇還象徵性地堅持要在儀式上身着全副盛裝。10月28日，艾莉克斯在尼古拉的日記中插入了一段話，似乎是對未來的預言："親愛的孩子，你的亮麗姑娘會為你和你所愛的父親祈禱的。堅強起來，每天要讓醫生單獨到你這兒來，這樣你就總是第一個知道，不要讓別人搶了先，你卻被丟下了，要表達你自己的想法，不要讓別人忘了你是誰。"1894年11月1日，偉大的亞歷山大去世，時年49歲，26歲的尼古拉二世獲得了全俄羅斯君王、沙皇和皇帝的稱號。

艾莉克斯以亞歷山德拉‧費奧多羅夫娜的名字被東正教會接納，婚禮在11月26日一種深切哀悼的氣氛中舉行。尼古拉陷於國務之中，無暇去度蜜月。但皇室婚姻不管是出於愛還是出於策略，它的主要目的都要實現，亞歷山德拉在這方面沒有疏於職責。1895 年 10 月，他們的第一個孩子出生，在以後的六年中又生了三個。每生一個孩子都多增添一份失望，因為這四個孩子都是女孩。最後在 1904 年 8 月 12 日，災難的日俄戰爭正在進行中時，聖彼得堡的大炮轟鳴，報告發生了一件改變俄國歷史進程的頭等大事。這天，不幸的男孩阿列克賽出生了，亞歷山德拉把維多利亞的血友病突變基因傳給了這個她期盼已久的兒子。

在阿列克賽六周大時，血友病最早的跡象是他的臍帶流血不止。很快，他在爬行或學步時輕微的碰傷就會出現瘀血。毫無疑問，他得了血友病。

尼古拉二世夫婦帶孩子去拜訪維多利亞女王。

亞歷山德拉對她所有的孩子都是一個事無巨細都要管的母親，她不得不承認是她把這種可怕的病傳給了自己無辜的兒子。她一直都無法從知道真相的打擊中恢復過來。沒有生育一個血友病兒子經歷的人不可能完全理解這個母親的痛苦，她陷入了一個陰暗、沒有陽光的孤獨世界。假如這個男孩成為皇位繼承人，痛苦必然就會更大，因為無法對人述說，生活成了一派謊言。

這就是尼古拉和亞歷山德拉逃避社交生活、在皇村隱居的原因，他們在沉悶、狹小的宮廷圈子裏過着中產階級的家庭生活。在許多方面，亞歷山德拉都像她的外祖母維多利亞。她在皇村隱藏自己的絕望心情，就像維多利亞在失去深愛的阿爾伯特後在郊區的溫莎城堡所做的事一樣。她們兩人都有要強的個性，但兩人也都要求被人控制，從社會下層中選擇她們的主人。維多利亞有她的約翰·布朗和芒希，亞歷山德拉有她喝醉酒的農民。像這樣生活，不可避免就會產生謠言。有段時間人們都在傳言，隱居的維多利亞步她祖父的後塵也瘋了。彼得格勒的社會也在傳聞，沙皇皇儲不被允許在公開場合露面，是因為他得了癲癇或許天生就是個白癡。由於這個得血友病的男孩是俄國皇位的唯一直接繼承人，真相更不能透露。

尼古拉、醫生和侍臣們都對此束手無策，皇宮教堂教士的祈禱也同樣無濟於事，東正教聖人的祈求沒有回應。但上帝不會完全拋棄像亞歷山德拉這樣的人，她堅信主的仁慈是這樣熱誠，崇拜主是這樣真摯，在什麼地方一定會有個人，他的聖潔和力量足以能從上帝那裏得到神奇的干預力，能獨自拯救她的孩子阿列克賽。因為是這樣真誠希望有這樣一個人，這個人出現就是理所當然的了。他出現時用了 "拉斯普廷" 這個名字，意思是 "心靈導師" 或雲遊聖人。

1907 年 7 月，阿列克賽在床上躺了三天，瀕臨死亡。拉斯普廷被皇后召到皇村，他是由一位大公夫人也可能是皇后的身份卑微但卻關係密切的

尼古拉二世全家。皇后手上抱的是小王子阿列克賽。

朋友安娜‧維魯鮑娃引薦的。聖人靜靜地坐在男孩的床邊，握住他的手，給他低聲講童話故事和西伯利亞民間故事。第二天，阿列克賽不疼了，能夠坐起來。當時很可能採用這種“治療”方法，能讓病人安靜休息也算成功了一半。

下一次發病的情況與這次完全不同。1912年9月阿列克賽九歲時，沙皇全家去訪問波蘭東部的比亞羅韋扎。這個男孩在跳出小船時摔了一跤，左大腿根部大片瘀血。他抱怨疼得厲害，於是他們的家庭醫生尤金‧博特金強制他臥床休息幾天。兩個星期後，當阿列克賽看來已恢復後，他們全家人去了斯帕拉，住在茂密森林中一個密閉陰暗的獵棚裏。在這樣昏暗的環境裏，阿列克賽的病情沒有起色，他看起來很不舒服，臉色蒼白，感覺不好。亞歷山德拉認為坐在敞篷馬車裏長途旅行會對他有好處，但道路崎嶇不平，馬車顛簸得厲害。在走過幾英里後，阿列克賽開始感到大腿根部和下腹部劇烈疼痛，他的驚恐萬狀的母親下令立即返回。歸途成了一場噩夢。很顯然，阿列克賽必須盡快臥床讓醫生來照顧，但讓馬快跑又使得顛簸更厲害，這個孩子痛苦得大叫。當他們終於到達斯帕拉時，他已處於半昏迷狀態。

兩個星期前，阿列克賽跳出小船時重重地摔在一根船槳的頭上，腿部表面的瘀血誤導了醫生。阿列克賽跌破了一根小血管，這根血管位於大腿根深處或是腹腔內壁。只要他不動，流血會很少。馬車的顛簸不僅造成了新的出血，還可能擴大了已經受損的小血管上的傷。

沒有辦法止住出血，在 11 天內，阿列克賽在生死之間徘徊，他失血過多，發高燒，受着疼痛的折磨。在這期間，亞歷山德拉坐在他床邊，簡直不睡覺，只是抓緊時間在他房間裏的沙發上休息片刻。最後，外科醫生費奧多羅夫提醒沙皇，他的人民必須對皇儲的死有所準備。沙皇下令在全國祈禱，還發佈了通告，但沒有提到病因。 10 月 10 日，教士們主持了臨終聖儀，訃告已經起草好，下一步就可能宣佈沙皇皇儲去世。

那天夜裏，亞歷山德拉決定召拉斯普廷來。他已經回家去西伯利亞了，只能通過電報聯繫。他不能立即上火車趕來斯帕拉，於是他回了一封電報："上帝已經看到你的眼淚，聽到你的祈禱。不要悲傷。小皇子不會死。不要讓醫生打擾他太多。"

24 小時後流血止住了。

無疑，這個故事基本上是真的。除非醫生參與了這個有些神秘的陰謀，否則無法說明白，但這不影響結果。我們會懷疑，此時拉斯普廷已對阿列克賽的母親是必不可少的了嗎？任何有關拉斯普廷劣跡的報告有可能讓皇后反對他嗎？只有這個人才值得她為他祈禱，只有這個人擁有能直接並成功地與上帝溝通的神奇力量。既然上帝傾聽他的話，他就肯定是好人。既然他是好人，任何違背他意願或中傷他的人都肯定是壞的。事情就這麼簡單。

有關格里高利・葉菲莫維奇（又稱拉斯普廷）這個人的情況已出版了許多書和學術文章，但他仍然是個謎。在這裏，我們只關注他與沙皇皇后和她兒子之間的奇特關係，以及他控制她對俄國未來所造成的影響。拉斯普廷在約 1860 年或 1865 年生於西伯利亞的波克羅夫斯克村，1903 年他第

拉斯普廷。

一次出現在聖彼得堡。1905 年 11 月 1 日，沙皇在日記中寫道："我們今天會見了一位聖徒格里高利，他來自托博爾斯克省。""聖人弄臣"、占卜者和侏儒歷來是俄國宮廷侍從的一部分。拉斯普廷不是第一個進入沙皇家庭內層圈子中的行奇蹟者。急於盼望生兒子的亞歷山德拉一度深受一個名叫菲利普·尼采爾——瓦紹的江湖醫生影響，以致於她誤以為自己懷了孕。拉斯普廷很少拜訪沙皇家庭，一年不會超過六次，但他與皇村之間的聯繫，他與一些大公夫人、富裕工業家和貴族妻子的密切關係，他在公眾場合喝醉酒以及他公開的淫亂都在報紙上被報道過（1905 年後取消了新聞檢查），這使許多有責任心的俄國領導人感到吃驚。

作為一個極少能進入皇村內層圈子的外來者，拉斯普廷顯然對那些希望影響政府政策的人有用。不能指望他會明智地選擇自己的僱主，這是他控制沙皇家庭最糟糕、最災難的方面。但即使是他在不知不覺間破壞了所有人對政權的信任時，他的建議也不總是壞的。他深諳世故，了解他的農民夥伴。1914 年戰爭期間，他不停地敦促更公平地分配食品。他預言，如果不採取措施加快分配的速度以防止人們在寒風中排長隊等好多小時，那麼必然出現嚴重的麻煩。他的預言被證明是對的，因為 1917 年 3 月的革命就是在彼得堡為買食品排長隊時爆發的。假如皇后少依賴他一些，他在宮廷的出現就能施加一種穩定政局的影響，因為大多數農民對他縱

小父親沙皇　拉斯普廷親切地稱沙皇為"父親"、皇后為"母親"——譯者註

慾狂飲的故事沒什麼印象，而對他們中的一員能衝破貴族的壁壘到達他們的小父親沙皇身邊印象深刻。

他是用什麼方法止住導致阿列克賽劇烈疼痛並使他生命垂危的內出血的呢？他串通好了御醫，讓他們告訴他施展他那所謂神力的恰當時間了嗎？他採用了江湖醫生彼得·巴德馬耶夫介紹的"西藏神方"了嗎？還是採用催眠術了呢？還是他碰巧發現有這種可能，任何病甚至是無法控制的大出血或許都有心理因素，可以用精神療法來輔助治療呢？還是只碰運氣呢？對這些問題，我們永遠也弄不清楚了，但基本的事實是，亞歷山德拉堅信拉斯普廷擁有神力。

有證據表明，沙皇並不像他妻子那樣對拉斯普廷着迷。他的日記及他寫給皇太后和亞歷山德拉的信中對拉斯普廷的神力着墨並不多。他把皇儲在斯帕拉的復原歸功於所做的臨終聖儀。尼古拉把拉斯普廷看做一個普通的俄國農民。"他不過是一個善良、虔誠、頭腦簡單的俄國人，"他這樣寫道，"當我遇到麻煩或感到困惑時，我就喜歡和他談談，然後總能感到心情安寧。"能收到警察報告的沙皇肯定比亞歷山德拉更多了解拉斯普廷的放蕩生活，無疑，他有時也為皇后依賴這樣一個人感到煩惱。不管他怎麼和善、樸實，按上流社會的標準，這人的行為放浪形骸。據說，沙皇有個寵臣尼洛夫海軍上將有一次斗膽問他，為什麼還容忍拉斯普廷的傲慢無禮行為。"拉斯普廷比歇斯底里的人好些。"尼古拉簡短地回答。

1914年7月，與德國的戰爭已迫在眉睫，這時拉斯普廷在西伯利亞家中調養以前匕首留下的刀傷。在聽說沙皇已下達動員令後，他給皇村發去了電報："讓爸爸不要計劃戰爭，因為這場戰爭會斷送俄國和你自己，你將損失掉最後一個人。"沙皇氣憤地把電報撕成碎片。他希望直接指揮他心愛的軍隊，好不容易才勸說尼古拉·尼古拉耶維奇大公擔任總司令，此人是皇族中最有經驗的軍人。沒有準備的俄國仗打得很糟。8月26—30日的坦能堡戰役分散了在西線的德軍，從而挽救了法國，但卻幾乎毀了俄國的正規軍。軍火匱乏不斷地阻礙着俄軍戰鬥力的復甦。雖然俄軍對奧地利取得了一些驚人的勝利，但對德軍作戰沒有什麼進展。到 1915 年 8 月，俄屬波蘭的大部分都丟失了，近 400 萬人陣亡、受傷或被俘。這時，沙皇決定自己接過最高指揮權。他不聽從所有大臣的勸告，決意這樣做，但他得到了亞歷山德拉的全力支持。

這一舉動即使可以理解但也是愚蠢的，她之所以熱誠支持沙皇這樣做，是因為她受這樣的信念支配，即在這個帝國內，她的丈夫決不能屈居於任何人之下。無論寫信還是發電報，沙皇夫婦通常都用英語聯繫。 1915 年 6 月 24 日，亞歷山德拉給當時在前線的尼古拉寫信："親愛的，你總是需要別人推一把，提醒你是皇帝，能夠做任何你樂意做的事 —— 你從沒享受過其中的樂趣 —— 你必須表現你有自己的辦法和意志，不要讓尼古拉大公和他的參謀軍官牽着鼻子走，他們限制你的行動，你到什麼地方去都必須得到他們的允許。不，你要擺脫大公自己行動，用你的出現把祝福帶給前線的將士們。"

從 1915 年 9 月 5 日尼古拉離開皇村接過軍隊指揮權起，一直到 1917 年 3 月 20 日他在莫吉廖夫被捕那天為止，通過他和妻子間的通信，我們可以追尋沙皇制度最後這些月份中所發生的幾乎讓人難以置信的悲劇事件。這一套信札組成了一份讓人驚異的重要歷史檔案。但我們無法理解這些信件，除非我們理解並同情這對不幸的父母，他們完全信賴那個唯一能恢復他們心愛兒子健康的人。

1915 年 9 月 4 日，亞歷山德拉給很快要到大本營的丈夫寫了一封信："別擔心遺留的事……親愛的，我在這兒，別笑話你的傻老伴，但她已穿上了你看不見的褲子。"尼古拉的回信欣喜萬分："想想，我的妻，你就不來幫幫你此時已心不在焉的丈夫？真遺憾，你已很長時間至少是在戰爭期間沒有盡自己的義務了！"9月10日，亞歷山德拉接受了對她的委託，回信道："哦，心愛的，對你需要我的幫助我深受感動，我總是願意幫你做任何事，只要不是不經同意的亂攪和就行。"就這樣通過這些傻氣的孩子話，俄羅斯的最高管理權落入了皇后手中。喜好權力的皇后對此欣然接受，但她仍需要被人控制。她唯一能依靠的只有一個人，這人就是拉斯普廷。

直到皇后亞歷山德拉在1915年底插手政府事務之前，有關拉斯普廷的醜聞都不是一個迫切的問題。沙皇在即位之初決心大權獨攬，但在1905年革命臨近爆發時做出妥協，同意建立一個稱為"帝國杜馬"的議會政府。亞歷山德拉有兩個原因討厭杜馬。首先，這個機構在1911年要對有關拉斯普廷的醜聞進行一次公開調查。其次，這個選舉產生的杜馬只要存在，就意味着限制了他丈夫的絕對權威，更糟的是對她兒子未來的統治也是限制。她對孩子健康的病態的擔心轉變成了一種信念，她的兒子必須成為一位擁有全權的君主。為了這個目的，尼古拉自己必須成為像伊凡雷帝、彼得大帝那樣能把不受挑戰的權力傳給兒子的嚴厲專制君主。她一再提到這個話題："看在寶貝的份上，我們必須堅強，否則留給他的遺產將糟透了。按他的個性，他不會向任何人低頭，他要自己做主。""我們要把一個強大的國家交給寶貝，為了他的緣故決不能軟弱，否則他的統治將會更艱難，他要來糾正我們的錯誤。勒緊你放鬆的韁繩。""他有自己的強烈的意願和想法，別讓東西從你的手指間滑掉，再讓他不得不再次全部重建。"正是這樣的驅動力引導尼古拉在他掌權的最後18個月中犯下了本可避免的致命錯誤。

在戰爭爆發時，沙俄的總理是個圓滑的老官僚，叫戈列梅金，他就像沙皇的管家一樣主持朝政。他也反對沙皇接過指揮權的決定，但沒有料到在1916年2月2日被解職，由宮廷典禮官B·V·施蒂默接任。不用說是亞歷山德拉提出了這個人選。此人起初是拉斯普廷靠得住的朋友，得到亞歷山德拉支持，被委任了內務大臣這一額外的關鍵職務。他對自己的職責一無所知，並很少盡力去完成這些職責。即使他不乏才幹，但施蒂默這一條頓人的姓也讓他招人懷疑。許多有影響的人包括協約國的大使都認為他會促使沙皇與德國單獨媾和。11月初，杜馬對他進行了激烈的批評。亞歷山德拉形容他為"一位誠實、正直、可靠的人"，但1916年11月7日她給尼古拉寫信："為了安撫杜馬，施蒂默應該稱病離開，休息三個星期，他已成了招惹那座瘋人院的紅布，他最好應該消失一段時間，到12月等那些人離開後再回來。"

尼古拉同意他妻子的說法："誠如你所言，他不僅對杜馬是塊紅布，而且對整個國家也是如此，哎！我聽到四處都在談論他，沒人相信他。天啊！我擔心他將不得不走得乾乾淨淨。"11月22日，他解除了施蒂默的兩個職務，任命內閣資深閣員交通大臣Ａ‧Ｆ‧特列波夫擔任臨時總理。亞歷山德拉對此一點也不高興："特列波夫，我個人不喜歡他，對他也不可能有像對老戈列梅金和施蒂默的那種感覺……假如他不信任我或我們的朋友，事情就麻煩了。我讓施蒂默告訴他，好好對待格利高里並始終要保護他。"

特列波夫的任期一直延續到1917年1月，然後被沙皇統治時的最後一任總理尼古拉‧戈里岑親王取代。伯納德‧佩爾斯形容戈里岑是"一位身體虛弱的誠實老紳士，皇后了解他是因為他曾為皇后出任一個慈善委員會的代主席"。戈里岑對這一任命誠惶誠恐，聲稱自己體弱沒有經驗，但他不能不聽從沙皇的直接命令。他根本不必擔心自己或特列波夫要為沙皇統治最後歲月的任何事情費心。皇后和拉斯普廷發現了一個理想的搭檔來配成三人政治，這人就是Ａ‧Ｄ‧普羅托波波夫，他先當代理大臣，然後是沙皇政府最後一任的內務大臣。

乍看起來，挑選普羅托波波夫是明智的，因為他曾是杜馬的副主席。

實際上，他甚至連出任第一個職務都很不合適。在亞歷山德拉對沙皇多次要求後，他才在 1916 年 9 月 23 日擔任這一職務。幾年前他曾得過梅毒，由江湖醫生彼得‧巴德馬耶夫用"西藏神方"治癒，拉斯普廷有效治療沙皇皇儲的病可能就得益於巴德馬耶夫，此人是"拉斯普廷幫"中名聲更臭的一員。無疑，普羅托波波夫此時得的是典型的後期梅毒，又稱為"麻痹性癡獃"。許多跟這位大臣有來往的俄國人都把他看做瘋子。他對自己的工作一竅不通，在當內務大臣時把大部分時間都花在制定要求徹底改革軍隊、政府和整個帝國的怪異計劃上，計劃裏還畫了繁雜的圖表。他怕麻煩，很少出席內閣會議並明智地躲開杜馬。

尼古拉開始懷疑讓一個瘋子留任主管內部事務的大臣職位是否明智。1916 年 11 月 10 日，他給妻子寫信："我對普羅托波波夫很抱歉 —— 他是個善良誠實的人，但他常從一個主意跳到另一個主意，不能決定任何事。一開始我就注意到了這一點。他們說他幾年前生了場病後就很不正常（那時他正向巴德馬耶夫問醫）。在這樣的時候把內務大臣位置留在這樣一個人手中是危險的……我只是求你，別把我們的朋友扯進這件事裏來。責任在我肩上，所以我希望能自由做出選擇。"但沙皇不能"自由做出選擇"，因為"我們的朋友"拉斯普廷已經做出決定，普羅托波波夫必須留任。亞歷山德拉給丈夫送去一封言辭相當激烈的信："我請求你不要現在就換掉普羅托波波夫 —— 他對我們是誠實的。哦，親愛的，你可以信任我。我也許不夠聰明 —— 但我有一種強烈的感覺，這種感覺經常比大腦還管用。我求你，在我們見面前不要撤換任何人，讓我們平心靜氣地一起討論這個問題。普羅托波波夫尊重我們的朋友，他會得到祝福。他沒瘋，只是他的妻子為看自己的神經病找過巴德馬耶夫。讓我放下心來，答應我吧，原諒我吧，但我這樣抗爭都是為了你和我們的寶貝。"

亞歷山德拉已經安排好去看望在莫吉廖夫的丈夫。在寫過這封信的兩天後即 11 月 12 日,她出發去大本營,在那裏待了三個星期。這不是一次輕鬆的旅行,因為尼古拉表現得一反常態的固執。他聲稱自己在各方面都很討厭普羅托波波夫。她懇求他要"堅強",要"嚴厲冷峻",要表現出自己是一國之君,不在乎民意鼎沸,尤其重要的是他必須信任拉斯普廷。就在這場危機爆發前不久,她寫道:"啊,親愛的,我誠心向上帝禱告,想要讓你感覺並意識到,他是關心我們的,如果他不在這裏,我都不知道會發生什麼事。他用他的(His)禱告和睿智忠告救了我們,他是我們的信仰和救助的基石。"應該注意到,在這裏拉斯普廷不僅是"我們的朋友",還在用指稱他的代詞時冠以代表神的大寫字母。12 月 4 日,亞歷山德拉離開沙皇時,尼古拉寫信給她,對自己在她來訪期間表現出如此"情緒鬱悶和不受約束"表示歉意。但她仍隨心所欲,普羅托波波夫保住了自己的位子。

到 1916 年秋天,沙皇、皇后和拉斯普廷在全俄國各階層中都極不得人心。這種仇恨情緒在不到 18 個月中發展起來了。許多人善意地想讓沙皇了解真實情況。他母親、大公們、英國和法國大使、杜馬主席都懇請他擺脫

拉斯普廷在貴族中有很多崇拜者。

拉斯普廷，"讓自己與人民站在一起"。亞歷山德拉最喜歡的姻叔保羅大公和她自己的親姐姐伊麗莎白大公夫人，都懇請她擺脫拉斯普廷的邪惡影響。他們試圖讓她明白，拉斯普廷對軍事事務的干預給人的印象是，她在背叛國家來幫助德國的統帥部。他們全都沒有成功，因為她聽不進任何說拉斯普廷的壞話。結果，皇族中有些成員決定直接行動。

不幸的是，他們不能就行動的最佳方案達成一致。大多數人認為，亞歷山德拉現在可以被看做是瘋子，但他們發現，除非沙皇退位，否則沒有辦法除去她。極端的方案遭到了拒絕，因為大家認為這樣做太危險。最後，他們決定謀殺拉斯普廷，認為此人一死就可以使亞歷山德拉住進精神病院治療，那時就可以勸沒有主見的沙皇不再擔任總司令，並與杜馬合作統治。謀殺計劃由沙皇的姻侄費利克斯·尤蘇波夫親王制訂。他還得到了兩個人的協助，這兩人是沙皇最喜愛的堂弟、保羅大公的兒子德米特里大公和一個狂熱的君主主義者、杜馬的極右翼成員 V·M·普里什克維奇。

這次 1916 年 12 月 30 日對拉斯普廷的謀殺水平低劣、計劃不周，有關的故事已講了許多遍，也有多種不同的說法，因而就不需要在這裏詳細討論了。肯定有不少人懷疑在他喝的酒和吃的餅中到底被投入了多少氰化物（假如有的話），但他確實被左輪手槍近距離擊中一次，又在較遠一點被擊中一次。然後，他被扔進涅瓦河的冰面下，人們隨後發現他是在嗆水後才死的。所有這些表明，如果羅曼諾夫家族的其他成員當兇手都如此無能，那麼他們當沙皇也不會比尼古拉好多少。拉斯普廷的死對亞歷山德拉的影響似乎與預料的正好相反：她遠未陷入無望的躁狂中，而是很快就從剛開始的驚愕中恢復了過來。這個故事中最精彩的一章是這個病女人表現出令人驚訝的堅強，她支撐這個家庭度過了以後 18 個月悲慘和屈辱的生活。

沙皇卻垮掉了。在妻子的迫切要求下，他匆忙從大本營返回皇村，在那裏只住了兩個多月。在這段時間，所有見到他的人都為他外貌和態度的改變感到吃驚。他昔日的魅力消失了，臉上佈滿皺紋，表情麻木，眼白變得渾濁，瞳孔失去光澤。他鬱鬱不樂，遲緩猶疑，有時看上去連當天是星期幾都不知道，對周圍環境也視而不見。有些人認為他喝醉了或是使用了毒品（"由巴德馬耶夫提供"）。沒有任何證據支持這些說法，但我們可以假定，他的崩潰有精神和身體的原因。在過去 18 個月中，沙皇不僅生活在極度的壓力之下，而且還幾乎完全被孤立開來，因為他所有的顧問和舊日的密友都在亞歷山德拉的命令下辭職或被免職。他肯定知道，他的這種孤立狀態是由他忠於妻子和她對拉斯普廷的看法造成的。拉斯普廷對她已必不可少，所以必須不惜一切代價來保護。現在拉斯普廷不在了，實際上亞歷山德拉看來卻不為所動。所有這些犧牲和錯誤都是不必要的。

導致沙皇崩潰的身體原因見於他的兩封信中。早在 1915 年 6 月，他在回覆亞歷山德拉詢問的信中寫道："是的，我親愛的，我開始感到心臟的老毛病又犯了。第一次犯病是在去年 8 月薩松諾夫大災難之後，這次又犯了 —— 在呼吸時我感到疼得厲害。" 1917 年 3 月 11 日，他從大本營回

來時又留下一段更加不祥的記載："今天早晨，我在祈禱時胸部感到一陣難以忍受的劇痛，持續了一刻鐘。我都不能堅持着把祈禱做完，我的前額上佈滿了豆大的汗珠。我不知道出了什麼事，因為我沒有心悸的毛病，後來疼痛消失了，在我跪在聖母像前時突然消失了。如果它再發作，我要去告訴費奧多洛夫。" 沙皇似乎是得了不嚴重的心肌梗塞，也可能是心絞痛。

就在三天前，尼古拉被阿歷克賽耶夫將軍從皇村緊急請回到大本營，可能是因為一些軍隊中的紀律出了問題，引起了他們的警覺。同一天，彼得格勒爆發騷亂。即使是對俄國的冬天來說，當年的天氣也異乎尋常地酷烈。由於許多火車頭的鍋爐被嚴霜凍裂，鐵路幾乎陷於停頓，沒有煤和食品能夠運到城市裏。據說政府存有大量麵粉，但卻因燃料太少烤不成麵包。

杜馬猛烈抨擊政府的食品政策，大批民眾在街頭漫無目標地遊蕩，要求得到麵包，但他們沒搞什麼破壞就在警察的命令下散開了。第二天人更多，一些食品店遭到搶劫。哥薩克幫助警察恢復秩序，但無論是示威者還是執法者似乎都不願意攻擊對方。

一直到 3 月 10 日星期六，遊行隊伍中才出現了政治活動的跡象。人群中有幾個人舉着紅旗，一些人呼喊"打倒那個德國女人"的口號。從其他方面來看，這場混亂不過是場範圍較大的食品騷動。到星期天，群眾的情緒更激烈，警察召集軍隊向人群開槍。帕夫羅夫斯基團兵變，拒絕開火，但他們被著名的普列奧布任斯基近衛軍解除了武裝。夜幕降臨時，秩序得到恢復，在白天表現得不可靠的沃倫斯基團回到了營房。當天夜裏，他們發動兵變，至少殺死一名軍官。3 月 12 日星期一早晨，他們也加入了街頭的人群之中。就是這次行動把一次無目的的麵包騷亂轉變為一場革命。

實際上，自從上星期五以來，俄國就不存在一個有效的政府了。那天阿列克賽和他的姐姐奧爾加都在出麻疹，不久後另外三個女孩和安娜·維魯波娃也得了麻疹。亞歷山德拉盡心竭力在照顧他們，無暇關心政務。普羅托波波夫幾乎在獨立實施統治，他能得到的幫助來自於拉斯普廷的幽靈，他讓拉斯普廷在一系列降神會上顯靈。

接着在 3 月 12 日星期一，一個杜馬的左翼代表亞歷山大·克倫斯基建議沃倫斯基團到杜馬開會的塔利達宮去。沃倫斯基團派代表去衛戍部隊的各個團，請他們離開兵營，大家一起"保衛杜馬"。到了晚上，除了伊斯麥洛夫斯基近衛軍的三個連和輕步兵師的三個連以外，整個彼得格勒的駐軍都發動兵變了。杜馬給在大本營的沙皇發去了急電。

這時，杜馬已經成了某種暴亂統治的中心，力不從心地企圖恢復秩序，但時而得到工兵代表委員會（蘇維埃）的支持，時而遭到反對，蘇維埃代表是在 1,000 人選一名代表的基礎上用舉手方式匆忙選出的。3 月 14 日夜裏，在經過激烈爭論後，杜馬和蘇維埃達成一致意見，尼古拉必須退位，但繼續保留沙皇制度，阿列克賽出任立憲君主，由他的叔叔米哈伊爾大公攝政。尼古拉試圖去皇村，但被擋了回去，這時他正在普斯科夫與軍隊指揮官聯繫。兩名杜馬成員亞歷山大·古契可夫和巴西爾·叔爾根起草了一份退位詔書，他們在 3 月 15 日黎明時分啟程去普斯科夫。

同時，將軍們也在商議後做出決定，尼古拉必須退位。沙皇在猶豫片刻後同意退位，3 月 15 日下午他自己起草了詔書，指定阿列克賽為繼承人，他的弟弟米哈伊爾為攝政。然而他在與醫生費奧多洛夫商量後又改變了主意。當古契可夫和叔爾根於那天晚上 10 點到達時，他告訴他們他不能與自己得血友病的兒子分開。他會退位，但他只贊同米哈伊爾大公當沙皇。

這兩位都是君主制支持者的杜馬代表嚇壞了，尼古拉破壞了整個計劃。在杜馬監護下的 12 歲孩子才能夠被各方接受，米哈伊爾只會成為另一個羅曼諾夫王朝的專制統治者。結果證明確是如此。當兩位代表在彼得格勒車站宣佈米哈伊爾為沙皇時，遭到了民眾的怒斥，他們費盡周折才逃離了憤怒的人群。24 小時後，米哈伊爾也放棄了俄羅斯的皇冠。血友病毀掉了挽救羅曼諾夫王朝的最後機會。

接下來的夏天，在一個臨時政府低效率的統治下，人們經歷了無政府狀態、幻想的破滅和戰爭中的失敗。本來還要在 12 月選出一個制憲會議來確定政府，但在 1917 年秋天，唯一能召集起俄國絕望民眾的東西是麵包、土地和和平。少數派的布爾什維克黨向他們許諾的就是這些，因而他們贏得了政權。在隨之而來的內戰中，沙皇全家被送往由布爾什維克控制的一個礦業城鎮——烏拉爾山脈東側的葉卡婕琳堡。就在這裏，1918 年 7 月 16 日夜裏，葉卡婕琳堡蘇維埃下令將他們全部槍殺。他們死時就像平時活着時一樣，一家人聚在一起。

80 年後的同一天，人們為在葉卡婕琳堡被殺的羅曼諾夫家族大部分受害者的遺骸在沙皇帝國過去的都城重新舉行了葬禮。在 1998 年，大約七年以前結束了蘇維埃的統治，他們的遺骸被送回這座城市。這座城不再叫列寧格勒，而是恢復了聖彼得堡的舊名。棺材裏放的是尼古拉和亞歷山德拉的遺骸，還有他們的女兒奧爾加、塔季亞娜和安娜斯塔西亞以及四個忠實侍從的遺骸，被一起安葬在聖彼得和聖保羅堡式教堂內作為羅曼諾夫家族陵寢的小禮拜堂內。然

處決末代沙皇。

而，第三個女兒瑪莉亞的遺骸還沒有找到。另外，在整個故事中最具悲劇色彩並將維多利亞女王和俄羅斯沙皇命運聯繫在一起的那個男孩，患血友病的沙皇皇儲阿列克賽，他的遺骸也沒有找到。

在聖彼得堡舉行的葬禮最引人注目的是，有約 50 位與尼古拉二世有不同親疏關係的羅曼諾夫家族親屬出現。這些來訪者中有些人藉機四處看看：在涅瓦河上停泊着的過去帝國海軍的 "阿芙樂爾" 號巡洋艦，布爾什維克起義開始時艦上的士兵曾用大炮威脅在冬宮裏的臨時政府的部長們，並由此揭開了 70 年共產主義專政的序幕。毫無疑問，這些皇族成員從蘇維埃政權最近的解體中獲得了一些寬慰，但他們又顯然感到不滿。在為羅曼諾夫王朝末代統治者舉行葬禮時，聖彼得堡大主教竟拒絕參加以及給予教會的認可。他認為這場葬禮毫無意義，理由是根據他的教義信念，法醫所用的 DNA 測試根本無法鑒定出這些屍骨是皇室的遺骸。可悲的是，這件事只是表明，在沃森和克里克建立 DNA 分子模型將近 50 年，在孟德爾再次發現

1998 年重新安葬末代沙皇及其家人遺骨。

遺傳因子近 100 年後，基因的觀念還沒有深入某些人的頭腦，這些人隨心所欲地對現代科學尤其是生物學視而不見或是肆意嘲笑。隨着 20 世紀臨近尾聲，在蘇維埃統治之後的發展時代，俄國人為建立穩定的管理和經濟結構的努力遇到了嚴重的困難。所以，大主教這樣做就更讓人感到遺憾，在 1998 年 7 月這一由重新安葬沙皇為標誌的政治和解的莊嚴時刻，人們看到教會仍堅持蒙昧主義，而這正是沙皇政權的主要弊端之一，這又使面臨諸多問題的俄國遇到的麻煩更多。回想起革命和內戰的痛楚，以及隨之而來的斯大林‧古拉格體系的恐怖，人們不禁會產生疑惑，從一個無能的沙皇獨裁制度轉變為一個更具壓制性的共產主義政權，對整個世界尤其是對俄國是否有益。一個大好機會被錯過，這或許就是維多利亞血友病基因留下的真正遺產。

10

暴民癔症與大眾暗示

Mob Hysteria and Mass Suggestion

逮捕女巫。

　　從廣義上講，疾病有兩類：肉體的疾病和精神的疾病。肉體疾病有時又稱為器官疾病，有明顯的損傷，醫生可以通過病人口述病症以及他們自己能發現的病人體徵來診斷疾病，可以採用觸診和聽診的古老方法或是像 X 光和驗血這樣更現代的輔助手段治療。而精神的或情緒的疾病就沒有明顯的身體損傷，但病人也確實受到真實病症的折磨。癌症是一種可以通過特定體徵和症狀確定的肉體疾病。恐癌症就是一種很常見的精神病，病人或許會述說與癌症有關的症狀，但在身體檢查時卻沒有相關體徵。上面所說的是一種簡單化的說法，因為疾病很少是單純肉體或單純精神的。病人得病有可能與身體原因無關，諸如財政困難、事情不順、失眠和食慾不振這些麻煩都會造成與病人肉體疾病無關的精神症狀。相反，一種精神的疾病常會造成像抽搐、癱瘓或食慾紊亂這樣的身體變化，這些都與疾病本身的症狀無關。

因為這些原因，我們可以說，所有疾病都程度不等地存在精神和肉體兩方面的特徵。可以來看看在前面幾章中討論過的兩個例子。亨利八世得的幾乎可以肯定是肉體疾病梅毒。假如是這樣，其影響就被他強有力的地位，被他的傲慢和不寬容增強了。而後兩點就是精神缺陷。他的主要麻煩無疑是一種肉體疾病，精神因素是次要的。相反，拿破崙在一生中得過許多肉體上的小病，但他真正的病是精神性的。他把自己當做世界的主人，因此就把自己看得超出實際。

我們在聖女貞德這個讓人迷惑的個案上，可以發現精神與肉體疾病結合的極好例證。貞德生於法國洛林杜瑞米一個富裕農民家庭，1425 年她 13 歲時開始聽到神秘的聲音。後來，她宣稱聽到的聲音來自聖米歇爾、聖瑪格麗特和聖凱瑟琳。這些聲音告訴她，上帝選擇她來從英國侵略者手中解救法國。他們引導她去見法國王太子，勸他成為加冕的國王。王太子的使命就是驅逐英國人和勃艮第人出法國，奉獻上他純潔的王國為上帝效勞。在這一點上，無疑，貞德是不正常的，因為正常人不會聽見超自然的聲音，他們也不會看見聖徒的形象。但貞德肯定沒有瘋，不然的話，弗洛倫斯・南丁格爾也會被看做是瘋了，因為她在 17 歲時聽到上帝對她說話。就像南丁格爾小姐所做的，貞德表現出她相當講究實際，制定出最終獲得成功的策略。所以，把她聽到的聲音和看到的形象當做是腦子有病的幻覺就很不明智。當人們承認她是個"奇怪的姑娘"時，就是說她的行為與一個普通姑娘不同，我們應該來尋找這些視覺和聽覺迷亂的肉體原因。

唯一可靠的證據是她 1431 年 2 月和 3 月受審時在博韋主教面前所做的陳述。起初，貞德很不願意講述她的來自天上的客人。審判她的法官急於想證明是巫術給了她靈感，有一次還暗示她服了迷幻藥。他們問她要曼德拉草做什麼用，她回答道："我沒有曼德拉草，從來都沒有。我聽人說在我家鄉附近有。我還聽說這是邪惡、危險的東西。我不知道它有什麼用。"

她勇敢地為自己辯護，整個審判期間都很堅強。在問到聽到的聲音時，她告訴法庭她第一次聽到是在 13 歲時，聲音把她嚇壞了。她不能理解它們要告訴她的內容，直到第三次時她才理解。它們對她說了一遍又一遍，除非周圍非常安靜，否則她就不能弄懂這些聲音的意思。對她說話的聖徒的模樣也是到後來才顯露出來的。她拒絕描述他們的具體模樣，但卻說她擁抱了他們，他們身上有很好聞的味道。再問下去時，她兩次聲稱幻影把她嚇得要死以致她跪倒在地。然後，她繼續陳述，這是從醫學角度來看她最重要的陳述："我聽到聲音在我的右邊響起……如果沒有一道光亮時我很少聽到聲音。當聲音響起時，光亮來自同一邊。通常是一道強光。"有一次她睡着了，聲音把她驚醒，不是被觸摸而單是被聲音驚醒的。聲音不在貞德睡覺的牢房裏，但她能肯定是在城堡堡樓的什麼地方。她為感謝聲音而起身，坐在床上緊握雙手。

貞德在火刑柱上被燒死 25 年後的 1456 年，法國又為她舉行了平反審判，這次提供了更多一點的證據。兩位牧師做證說，在她被燒那天早晨，他們在她的牢房裏拜訪過她。她告訴他們，她的聖徒以小斑點的形式出現在她面前，數量非常多，尺寸非常小。其他唯一有暗示含意的證據是，在審判期間她得了某種很神秘的病，使得審判被延遲了三天。看押她的獄卒把這場病歸因於她吃了西鯡魚，一道盧瓦爾名菜，而貞德本人則認為禍根是博韋主教送給她的鯉魚。負責照顧她的醫生約翰·蒂費納問過她，發現她有病，還嘔吐了幾次，而這次發作與其他幾次的不同只是這次的持續時間更長。

在這裏還不能下一個明確、準確的診斷，但總可以試着猜一猜。貞德在發育年齡時這種毛病就開始了。她間斷着有耳鳴的毛病，耳朵裏有唱歌聲或鳴鈴聲，有些人還把它們轉變為說話聲（本書作者之一就有一個病人向他抱怨說耳朵裏不斷有《基督徒士兵向前進》的歌聲）。貞德的耳鳴在一邊，總是在右邊，這是通常出現的樣式。她還有視覺障礙，眼前會出現亮光或閃光，並混雜着舞動的黑斑點。眼前出現斑點是噁心通常的症狀，貞德有時卻特別嚴重，使得她實際都嘔吐了。同時她還感到頭暈，使得她只能坐着或跪着。貞德可能得的是 1861 年最早由普羅斯帕・美尼爾描述的一種綜合症 —— 內耳性眩暈病，現在通常稱為美尼爾氏病。

但在這個故事中，貞德的肉體毛病無論是什麼，顯然都是次要的。她讓自己相信她聽到的聲音要求她去解放法國。她對自己的使命是這樣堅信，以致她也讓許多其他人相信了，從而引發了一場大規模的民眾運動。法國當時正處於一種糟糕境地，國內人民在經歷了 70 年不成功的戰事和外國佔領後感到沒有希望。貞德以自己的榜樣給她的同胞注入了新的希望。在貞德的例子中，我們可以有把握地認為，個人可以引起民眾行為的巨大變化。在歷史上，有許多這種有關民眾行為變化的例子。有時，我們能挑選出造成一系列連鎖反應的個人或事件，但在別的一些例子中我們就發現不了個人的促進作用，因為這時似乎有一種普遍的看法，有些看法無疑已被接受成為慣例。一個簡單的例子是英國人對獵狐和獵鹿的態度。在 20 世紀初，狩獵還被普遍看做是一種受歡迎的、豐富多彩的 "運動"，狩獵集合時所有階層都混在一起，買不起馬的人就步行跟着。不到 100 年，這一 "運動"因其殘酷對待動物遭到強烈反對，社會各方面都要求廢除它。就這個例子而言，沒有人能確認哪個人發動了這場大規模的民眾運動，造成了人們思想方法和行為方式的改變。

在許多世紀中，狐狸被當做害獸捕獵，獵鹿則供人食用。也就是在最近一些年中，人們對動物的感情使得大家開始關心它們。為動物考慮可以

英國人獵狐。

看做是人類文明的一種進步，是人類的動物性外皮之下另有東西覺醒了的
結果。在這些外皮下仍然存在着人作為動物的原始本能。恐懼、仇恨、憤
怒、貪婪、自我保存和人類種族的保存這些本能都始終存在。在人的一生
中都會有個別時候外皮破裂，這時，某種原始本能就會暴露出來，由文明
施加的控制會喪失，我們可以恰當地稱之為個人的獸性狂怒或動物性恐懼。

　　但人是一種群居動物，這樣的物種不喜歡與同伴分開，害怕他們會被
趕出群。這就是為什麼我們會互相模仿的原因，這也是為什麼無理智、無
緣由的恐懼或憤怒在適宜的條件下會從個人中傳到大眾中去的原因。作為
大眾的一部分，那些像個人一樣在面對面的相互交往中顯然很敏感的男女
總會有一種錯覺：他們整個的同類都是相互敵視的。在世界歷史上已有太

多這樣的例子，一群人把另一群與自己非常相似的人看做是怪物、魔鬼的工具、非人和破壞的手段。這就是常被稱為暴民癔症的現象之一。

形式最簡單的暴民癔症可以以常出現的集體昏暈為例。一個工人暈倒在工廠地上，另一人也接着暈倒，在幾分鐘內就有十多人"昏迷"了。有時存在着身體上的原因，或許是車間太熱或氣味有毒，更多情況下並沒有明顯的原因。實際上，第一個姑娘暈倒是因為她來月經失血過多，或是某個男子沒吃早飯就來上班，剩下的人則都是"同情性昏暈"的例子。這種是癔症（歇斯底里）或情感的昏暈，沒有體質原因。

恐懼也可以是傳染的和歇斯底里的，有時會產生悲劇結果。一個著名例子發生在 1883 年 5 月 30 日，新的布魯克林至曼哈頓大橋開通後不久。不知怎麼的，人群中散佈開來一種沒有來由的恐懼感：大橋的框架就要倒塌。在逃離本來很安全的大橋的一陣慌亂中，有 12 個人被踩死，26 人受傷。造成恐懼的起因一直沒有找到。在 1944 年倫敦遭受空襲期間，一陣類似的沒有根據的恐慌造成許多人死在通往深入地下的防空掩體台階上。

同情性昏暈或恐慌感都是依靠大眾暗示，一個人昏暈或恐慌對別人就暗示着他們也應該做同樣的事。這就是大眾為何能夠被操縱的原因。一個很好的例子是，在 1997 年 8 月 31 日戴安娜王妃悲劇性死亡後出現的歇斯底里狂潮。開車的司機喝了酒造成乘客死亡，有時還是有魅力或很有名的乘客，這樣不幸的事很平常，不能引起多少公眾注意。王妃肯定是有魅力的，她婚姻上的糾葛也讓人同情，相當小範圍的人還了解並讚賞她喜愛兒童以及她為禁止使用地雷所做的人道主義努力。假如一個詢問者在事故發生前幾天在英國任何地方挨家挨戶走，問一個簡單的問題："你了解戴安娜王妃嗎？"許多人的回答只會是"不了解什麼"。然而，就在不到一星期後，成千上萬的這些人由一種大眾的行為模仿程序聯合在一起，把一束束花放在肯辛頓宮門前，就像在悼念他們的至親密友。

不管是在教堂的講壇上，還是在街角的肥皂箱上喧囂，今天的媒體和過去的政客的力量都是如此。明智的統治者知道得很清楚，上個星期大聲向他歡呼的民眾或許明天就會要他的命。向暴民懇請可以喚起他們對君王的愛國忠誠，也可以喚起恐懼、仇恨和憤怒這些更原始的衝動。這些衝動對個人來說就意味着，他或她更應該立即採取暴力，但也有可能沒有打擊的目標，或是抗議的對象可能過於強大。當這一對立即行動的要求自身由個人轉到群體時，一場民眾運動就會隨之而來。因為參加者不能將他們的抗議有效地轉化，就可能會採用一種奇怪的形式。

　　中世紀德國的舞蹈躁狂就是後者的一個例證。我們或許能發現一個誘因 —— 黑麥的麥角病。黑麥是歐洲北部通常用來做麵包的一種穀物，有時在潮濕季節會感染上麥角真菌，產生出來的麥角化學成分很複雜，其化合物之一是麥角酸酰二乙胺，通常稱為 LSD，用其瑞士名稱的首字母。這是在 20 世紀 60 年代通俗音樂會上使用的一種致幻藥，因為它能增強對節奏的反應。其他作用還包括產生幻覺、激憤和色彩強烈的視覺形象。

　　從中世紀前期到 16 世紀後期，在德意志一直都有小規模的舞蹈躁狂。這種現象並不限於德意志，在許多國家都有發現。最後一次影響了許多人的著名 “舞蹈病”，是在 1911 年靠近達達尼爾海峽通往地中海的入口處爆發的。最嚴重的發病開始於 1374 年 7 月的亞琛。患者控制不住自己，在街上跳舞，大聲尖叫，嘴上泛着白沫。許多人產生了幻覺，有些人宣稱他們浸泡在血海中；還有些人稱自己看見天開了，基督坐在王位上，身邊有聖母瑪利亞。

　　這些舞蹈者起初沒有明確目的，但他們很快就有了模仿自己跳個不停的追隨者。幾千人受到影響。隨着狂熱情緒的發展，這一活動被具體化為反教士的抗議，目標主要對準讓人痛恨的兼任公國君主的主教。舞蹈者蜂擁進入低地國家，

低地國家　指地勢較低的荷蘭、比利時、盧森堡三國 —— 譯者註

1564 年由彼得‧勃魯蓋爾繪製的畫，描繪一群盧森堡的舞蹈病患者在設法去愛克特奈克朝聖。

沿着萊茵河向前推進，在整個德意志召集新的追隨者。暴民們聚集在修道院門前，趕走修道院正副院長，對修士們肆意辱罵。有趣的是，統治公國的主教中沒有人被殺甚至都沒有被趕走。在後來階段，舞蹈者經常表現出對劇烈的疼痛和其他外來刺激感覺麻木，這是一種歇斯底里症狀而不是 LSD 中毒。這種躁狂症狀很像書中第二章我們已經注意到的鞭笞派運動。要記住鞭笞派運動開始時是為對付瘟疫而向上帝求情的祈禱活動，後來發展成一場反對富人、教會和現有政府的抗議運動。

鞭笞派運動和舞蹈躁動都造成愈演愈烈的性行為。暴力的行動和暴烈的情緒都會促動人最原始的本能、保存種族的性衝動和性本能。這就是舞蹈為什麼是巫術儀式的組成部分的原因。女巫狂熱在好幾個方面都是神秘的。有人肯定地認為，女巫狂熱主要是教會在中世紀前期有意建立的一種魔鬼教義，這可以用來解釋為什麼不同地域、不同國家女巫的活動那麼相似。不過很少有證據表明魔鬼宗教的鼓吹者四處遊蕩去尋找改教者，但通過教士所寫的書面譴責清楚地顯示，這曾廣為人知。

某種崇拜的暴民癔症和對這種崇拜進行鎮壓者的癔症同樣有趣。我們不能把行巫術和獵巫分開來。假如鎮壓巫術的獵巫有時採取的是民眾運動的形式，那麼巫術本身也是採用同樣的形式。就像對它的鎮壓一樣，這種崇拜同時也四處傳播。因此，當我們在談論女巫狂熱時，應該將同樣的說法用於女巫和獵巫者。女巫癔症流行的三個主要時期大致與文藝復興、新教改革和天主教反改革這些事件相吻合。在這每一個事件中，我們注意到，對信仰一致的控制放鬆了，結果就促動了對信仰的偏離以及對它的鎮壓。巫術只是這些偏離中的一種，而獵巫則是對不守教義者進行普遍鎮壓的一部分，無論是天主教徒還是新教徒都要實施鎮壓。

行巫術有癔症的特徵。有關女巫騎着長掃帚遠距離飛行去參加夜半集會的傳說是癔症的一種症狀，人有升空的感覺。在夜半集會裏，大家筋疲

女巫騎着掃帚飛行。

力盡地狂舞，唱怪誕的歌並放蕩縱慾，這是集體的癔症。大嚼讓人作嘔的食物吃不出任何味道，跟惡魔頭子接吻或交媾都感覺不到熱度。女巫經常抱怨有一種螞蟻在她皮膚上爬的感覺。尋找女巫的人會用粗針在嫌疑者的身體上找沒有感覺的地方。所有這些都是癔症明顯的症狀。

女巫被授予了想像的傳播疾病和厄運的魔力，肯定就會成為不知情者實施恐怖行為的對象。但我們或許能發現與獵巫有關的一種更原始的衝動。雖然決不是一成不變，但行巫術者一般都是擁有超自然力量的婦女，是女性邪惡的體現。對那些獨身教士和那些篤信征服婦女的嚴厲新教徒來說，她是仇恨和恐懼的一個特定對象。這些男人在巫術中不僅看到了對宗教的淫穢嘲弄，還看到了對男性至上地位的威脅。女巫成了原始的愛－恨關係和兩性間爭奪統治權長久鬥爭的一種象徵。

在不受約束加以鎮壓的時代，巫術活動的實際增加造成了極大的驚慌失措。恐懼產生出恐懼，仇恨產生出仇恨，人們到處都發現了女巫。洛林的尼古拉斯·里米為人溫和，有學者風度，他在 1595 － 1616 年間把兩三千受害者送上了火刑柱。虔誠的特里爾大主教在 1587 － 1593 年間燒死了 22 個村莊的 368 個女巫，1595 年有兩個村莊都只剩下一個婦女活着。1623 －

1631年，統治維爾茨堡的主教為鎮壓巫術燒死了900多人，其中包括他自己的姪子、一些孩子和19個教士。法國、德意志、瑞士、西班牙、瑞典和蘇格蘭都加入了這種集體謀殺。德意志受影響最嚴重，這個故事後來還有餘波。在實施恐怖的高峰時，相信存在着巫術成了一種信條，而否認存在女巫則會遭到譴責。

在英格蘭和美洲殖民地，殘酷的過火鎮壓與極端的清教主義有關。雖然那裏的鎮壓從未達到歐洲大陸的程度，但有兩次鎮壓卻相當臭名昭著。第一次發生在1644－1647年，受影響的是英格蘭的東部各郡，當時清教的議會軍正佔上風。歇斯底里的指責和控告是由馬修·霍普金斯煽動起來的，他經過鑽營在1645年被委任為搜尋女巫總管。他本是伊普斯威奇的一名律

發現女巫。

師，此時在鄉村中到處尋找女巫。還有一個名叫約翰·戈德博爾德的律師協助他，此人是為這次特定目的經議會投票任命的法官。僅在一年多時間裏，這兩個惡棍就在埃塞克斯郡吊死了 60 多個婦女，在諾福克郡和亨廷頓郡也有許多人被吊死。1647 年，霍普金斯出版了一本書《發現女巫》，同年他自己被控告是江湖騙子。他沒能通過游泳的考驗，也就是把他手腳捆着丟進水裏還要浮在水面上。他被作為一名男巫判處了絞刑。

美洲的事件發生在馬薩諸塞殖民地波士頓城東北約 15 英里的塞勒姆村。女巫狂熱開始於 1692 年，有個十歲的姑娘指控有兩個老女人和一個西印度奴隸對他們施魔法。那個奴隸叫蒂圖巴，他的主人是塞繆爾·帕里斯大人。看來主要應由帕里斯對煽起迅速傳播的歇斯底里情緒負責。在四個月內，幾百名婦女被抓受審。法官判決 19 個婦女絞刑，1 人因拒絕認罪而被壓死，許多人被判監禁。歇斯底里情緒的消失幾乎與其出現速度一樣快，政府很快就做出了對獵巫者的反應。1693 年 5 月，費爾普斯總督下令釋放所有在控告巫術活動時被監禁的人。

波士頓公理派牧師科頓·馬瑟 1713 年成為皇家學會會員，他在這類事件中起了奇特的作用。有時他被認為是獵巫的發起者，但毫無疑問他本人也堅信巫術，在 1700 年以前對這一問題寫過幾篇論文。另一方面，他又警告那些採用不公正手段的法官，說他們不公正地判決了幾個受害者。不管真相如何，確實有趣的是，像馬瑟這樣一個嚴肅的科學家也會相信有女巫存在。

在 200 多年後阿道夫·希特勒和納粹黨的興起表明，當一個有病的人、一種進行大眾暗示的能量、一種實施迫害的狂熱和一種暴民癔症狀態結合在一起，用於整個國家，就能夠推行什麼樣的迫害。希特勒本人不自覺地成為歷史是如何不僅被疾病同時也被個人對疾病的看法影響的一個例證。他對一個有病國家的看法是建立在兩個假定基礎之上的。第一個假定是，社會不僅與一個生物有機體相似，而且在實際上為了所有目的它就是這樣的一個有機體。社會經常以"人體政治"（body politic）這樣的叫法被比作有機體，但希特勒像在他之前的許多人一樣誤解了對現實所做的比喻。在《我的奮鬥》中，他宣稱道："作為雅利安人，我們可以把國家看做只是一個民族活的有機體。"他的第二個假定是從第一個假定衍生而來的，是他的種族主義思想意識的關鍵，其內容為：因為人類社會是一個生物有機體，那麼它也會以與個人同樣的方式患病或退化。再者，如同兩個個人結合會產生出一個體質或智力較差的第二代，兩個社會或"種族"結合也會造成退化的產物。

為了證明這一假說正確，希特勒必須假定存在着一個"純粹人種"，於是他強化並發展出"雅利安神話"即北歐條頓人是純種雅利安人的謬論。由於他認為對雅利安人統治和文化最直接的威脅來自想像中的"猶太種族"，因而猶太人就代表着主要的退化因素。希特勒的遺傳理論建立在古代講究實際的混血觀念基礎之上，因此，他會使用像"種族的有毒污染"和"血液的疫病摻雜"這樣無意義的說法。依照邏輯，他會進一步擴展有關疾病比喻的範圍。由於他把"猶太種族"當做主要污染物，於是他就將猶太人形容為侵蝕他所生活的社會活力的細菌或寄生蟲："將探尋的刀小心插入這種膿腫，人們立刻就會發現一個小猶太人，像一具腐爛屍體中的蛆蟲，突如其來的亮光常會弄瞎他的眼。"這一有關疾病的觀念處於希特勒對宇宙看法的核心地位，因而造成了人類歷史上有記錄以來最恐怖的事件。然而，在某種特殊的意義上，希特勒也說得不錯。從1918年到1945年，他確實生活在一個有病的社會。這種病不是體質上的而是思想上的。

在第一次世界大戰中，德國做出的犧牲比其他任何交戰國都大。在1918年春季，德國的勝利似乎已經最終在望了。俄國在布列斯特——立托夫斯克簽訂了一項屈辱的和約，羅馬尼亞投降，德軍已經打破了塹壕戰的僵局，把協約國軍隊趕回到巴黎和英吉利海峽一側的港口。所有這些都在欣喜的戰報裏向德國人民宣佈過了。但當進攻減緩、停頓並轉而退卻時，報紙上沒有透露一點真相。有關局勢已經迅速變得毫無希望的情況仍然幾乎只限於讓最高統帥部知道。10月初，宣佈政府正在尋求簽訂和約的消息使德國舉國震驚，感到迷惑不解。到這時，國內防線仍完好無損，這一消息傳來就像晴天霹靂一樣造成了恐慌。常常不為人提起的是，即使在11月11日全世界聽到簽訂停戰協議時，德軍仍在外國的土地上堅守陣地，沒有一個協約國士兵進入德國領土。

這時，德國的經濟形勢已從糟糕轉為更糟。在以後的幾個月中，一支復員的軍隊進入了已在失業重負壓力下不穩定的勞力市場，造成更嚴重的普遍不滿情緒。支付賠款的需要造成馬克貶值，美元與馬克的比值從1914年中的1比4降至1921年7月的1比75，而到1923年1月更降至1比17,000。在這個月，法軍佔領了魯爾工業區，減少了德國煤鋼生產的80%。到1923年8月，美元與馬克的比值降至1比400萬，到11月15日，降至了令人難以置信的1比4,200億。貨幣的完全崩潰使得所有儲蓄都化為烏有，企業破產，民眾失業以及食品又重新短缺。對德國社會基礎的動搖，馬克崩潰起的作用遠遠超過戰爭、1918年革命和凡爾賽條約合在一起的力量。

以後，德國開始緩慢復甦，只是在遭遇世界大蕭條時除外。這場經濟大蕭條開始於1929年的美國，在1930－1931年間加劇。德國工業沒有能力對付它。1929年失業人口上升至200萬，到1932年這一數字增加至超過500萬。這時的德國已是有病的國家，大多數成員半飢半飽、生活閒散、前途受挫、幻想破滅，把他們所受的困苦轉變成了一種受迫害的怪念頭。

這就是希特勒所了解的德國。他個人沒有經歷過1914年前很有效率、經濟繁榮的德國，因為他不是德國國民。他是哈布斯堡帝國一個海關小官員的兒子，1889年4月20日出生於奧地利和巴伐利亞邊境的布勞瑙。他的父親阿洛依斯是瑪利亞·安娜·席克格魯貝爾的非婚生子。阿洛依斯的父親是誰不明確，據說是約翰·格奧爾格·希德勒。阿洛依斯在阿道夫出生前13年在法律上採用了"希特勒"的姓。沒有證據表明 J·G·希德勒是個猶太人，但阿道夫可能會相信這個有爭議的祖父有部分猶太血統。可能這就是阿道夫·希特勒惡毒的反猶主

保羅·里克特的素描畫，展示的是歇斯底里的兩個階段。

義的一個基礎，因為如果他的祖母不被一個猶太人誘騙，那麼家譜上就不會有私生的恥辱。至少這一解釋要比另一不止一個作家提出的說法可能性更大，後一種說法認為他的困惑源自他與一個猶太妓女的性關係。

　　阿道夫·希特勒在上奧地利林茨城外的一個小村子裏度過了童年，他父親1903年死在林茨，這時再過幾個月他就滿13歲了。他在當地學校除了自己想學的科目外學業成績不佳。1905年16歲時，他離開了學校，沒有拿到應該得到的結業證書。他繼續與其寡母住在一起，雖然他不給予她經濟

的資助，但仍以自己奇特的方式愛着她。他懷有當一名傑出建築師的雄心，但沒有接受過任何正規訓練，而只是喜歡在筆記本裏畫些畫，還畫了重建林茨的精細計劃。1907年，他決定當一名藝術家並申請進入維也納的藝術學院。他沒能通過入學考試，當他一年後再次申請時甚至都沒被允許參加考試。他的母親1907年底去世。1908年初，阿道夫沒有朋友，沒有能力，不願工作，他有五年時間淹沒在住房價格低廉並供應膳食的維也納，在那裏打零工。1913年，他去了慕尼黑。

但希特勒不僅僅是個不願工作的逃避者，現在已經清楚，他編造了其自傳中一些比較卑劣的部分。為此，他為自己尋找藉口，因為他是最喜好憐惜自己的一個好例子，屬於沒有才幹或能力、卻自以為將成為有作為藝術家的那種人。這樣的人是夢見自己傑作誕生的夢想家，在他們的幻想中，偉大的著作寫就、畫作繪出、交響樂譜成，從開始到完成不經過任何直接的步驟。他們的夢想從來不創造二流的東西，因為他們的思想臆造的產物總是傑作。自然隨之而來的是，他們自己是偉大的，同時發現周圍全是一群小人物，而這些小人物出於嫉妒、誤解和無知會不承認他們的卓越成就或讓他們擁有統治的地位。因此，在長久地幻想自己偉大的同時，也會產生對其無價值同類的仇恨和蔑視。

阿道夫·希特勒的早年歷史清楚地表明，他患有這種妄想症，其行為依賴於某種固定信念，完全與現實脫節。他得的是精神分裂型妄想症，認為自己是受迫害的對象，而其行動也就受對假想中迫害者的厭惡所支配。妄想症造成了他的懶散，造成了他在不得不工作時會爆發出狂熱工作的熱情，造成了在事情不像他希望的那樣得到確切安排時會躁狂暴怒，造成了他時而鬱悶絕望時而又失去理性地抱有希望。但像這樣的一個人到底是如何獲得最高權力的呢？

假如他不在第一次世界大戰中參軍服役，他決不會做成這些事。如果不在軍隊服役，他的悲慘生涯肯定會不可避免地在獄中或是貧民窟中結束，也可能是自殺。1914年時他25歲，戰爭恰好給了他最需要的東西：逃避不了的現實、發洩暴力的渠道、一個團夥的成員、嚴酷紀律的安全感。希特勒在戰前盡量避開服義務兵役，但在戰爭爆發時他卻自願入伍。他沒有加入自己本國的奧地利軍隊，而是要求加入作為德國軍隊組成部分的一個巴伐利亞團。希特勒是個優秀士兵，因為他是自願為他仰慕的國家服役的，因為他發現在軍隊中有他不再能擺脫的穩定一致性。由於這一原因，他在戰爭結束時要比在1914年時能力更強一些，情緒也要穩定一些。但他的毛病並沒治好。他仍患有妄想症，仍迷戀於這樣的幻想，認為自己遠遠高居於同類之上。

希特勒似乎總是對政治活動以及那種在啤酒館和街角流行的政治思想有興趣。據說他在表達極端論點時表現得過分激烈，並在面對合乎情理的反對或是有所克制的辯論時毫無控制力。像這樣一個人，不管他在政治上是右翼還是左翼，對民主類型的政府都沒有用處。因為他認為自己作為一個條頓人是上層精英的一員，所以雅利安人必須成為主宰種族。因而，雅利安人的使命就是在他領導下使破碎的德國恢復昔日的偉大。只有掌握絕對的權力，希特勒才能做到這一點。

希特勒的追隨者或幫派是一伙心懷不滿、嫉妒和憤恨的人。像赫爾曼·戈林這樣的前軍官、像阿爾弗雷德·羅森堡和約瑟夫·戈培爾這樣的失意知識分子、失去工作的工人、被通貨膨脹毀了生意的小店主，所有這些人都能在其中找到自己的位置。希特勒拒絕給予一種階級或年齡的認同，他對自己的大批追隨者寫道："這些好夥計，他們什麼犧牲都願意做出，為了黨整天都在工作，整夜都在執行任務。我特別要尋找那些衣衫不整的人。穿着硬領衣服的資產階級會把所有事都弄糟。"奧地利的資產階級沒能資助偉大的希特勒，弄得他在維也納的貧民窟裏勉強過活。而隨後證明，他必須得到中產階級的支持，他不能像列寧那樣只是靠工人的肩頭登上權力寶座。然而，他還是經常表現出對他的白領支持者的蔑視。

在希特勒奪取絕對權力的 13 年期間，他的組織發展到了德國青年中，創建了新的更有進攻性的團夥。 1926 年前後，希特勒建立了青年團，這是對童子軍的醜陋模仿。這個團夥人數增加很快，到 1931 年在波茨南火炬照亮的體育場已有十多萬團員在他們的領袖面前接受檢閱。學生聯盟和納粹學童聯盟是他向青少年灌輸思想的另外方式。納粹主義活躍的突擊組織衝鋒隊人數發展迅猛，從 1925 年的 27,000 人增加到 1929 年的 178,000 人。但在 1923 － 1929 年間，德國正盡力趨向繁榮時，納粹黨作為不滿分子組成的好鬥黨派難以有大的發展。隨着全球經濟的不景氣，他們的機會出現了轉折。 1928 年，納粹黨在國會選舉中獲得了 81 萬張選票。在經濟不景氣的第一年 1930 年，他們獲得了 6,409,600 票，接近總票數的 1/5 ， 1932 年 7 月他們獲得了 13,745,000 票。此時，希特勒已成為一個主要政治人物。騷動的衝鋒隊有着更加不祥的預兆，連他本人都難以控制。作為一支主要來自失業者的準軍事部隊，衝鋒隊此時人數已超過 40 萬—— 四倍於凡爾賽條約允許德國擁有正規軍的規模。

阿道夫·希特勒 1933 年 1 月 30 日作為總理執掌權力。在 1932 年 11 月的另一次國會選舉中丟了 200 萬張選票後，他只擁有全國選票的 33％。他不是通過愛國的英雄主義急劇高漲（就像這一細心編造的神話所說的那樣）實現了自己的野心，而是通過與右翼政黨這些“舊衛隊”進行卑劣的交易實現的，希特勒和他的追隨者在過去一些年中一直攻擊這些黨派。這些右翼政黨的目的是，要重新發揮其過去統治階級的作用，摧毀共和國，恢復霍亨索倫王朝君主制，鎮壓工人及其工會，推翻凡爾賽條約，重建德國的軍事力量。在此時年老昏聵的 80 多歲的興登堡和貴族氣的弗朗茲·馮·巴本領導下，他們犯了最後的錯誤，相信阿道夫·希特勒是他們找到的會幫

希特勒青年團的集會。

助他們實現這些目標的人。因此，他們沒有懷疑自己控制希特勒的能力，信任了他做出的許諾。他們不是唯一這樣做的人。尼維爾・張伯倫、愛德華・達拉第和約瑟夫・斯大林都犯下了類似的錯誤，造成了災難的後果。精神病學不是培訓一名政治家的必修科目，如果他們不能理解不應相信一個妄想狂患者的行為或許諾的話，我們不能去指責他們。

　　於是，德國落入了團夥幫派的統治之中。這一團夥要求人們服從其法

納粹德國的種族研究。

律和習俗。希特勒及其同伙，自我陶醉的戈林、邪惡的戈培爾、虐待狂的希姆萊，他們都向民眾宣揚納粹主義的美德，而民眾則報以暴民的歇斯底里的大叫，以示崇敬，就像40年後沒頭腦的年輕人聚在一起對他們敬佩的明星歇斯底里尖叫以示崇拜一樣。但年輕人雖然傻卻無害，而德國的暴民則不然。他們攻擊假定的敵人，毀壞其財產並寬縱兇手。

在出任總理後幾個月內，元首就確保了他的納粹黨是德國唯一合法的政黨。然後就開始了一場現代版的獵巫運動，目的是消滅與其團夥類型不一致的每個人。由於希特勒將猶太人當做惡魔的代表或腐敗機體的工具，"猶太種族"就順理成章地遭受了最大的災難。他們受迫害就像在16和17世紀的德意志迫害女巫一樣，但規模更大，並因技術進步，一切能做得精密細緻。在第三帝國期間，大約有500萬猶太人死於德國控制的集中營和滅絕營。在這樣的地方，有關細菌和寄生蟲的說法轉化為醜陋的現實。對最狂熱的納粹分子來說，猶太人不是人。那些信奉希特勒世界觀的人轉而將他們遠古的部落祖先稱為 "人"，這就意味着其他部落、群體或村民不具備人的美德或天性。

納粹分子的目的是，保持他們想像中的種族不受污染，他們害怕並仇恨任何會威脅他們保持自身純潔的東西。因此，恐懼和仇恨、自我保存和種族保存這些原始的本能都突破了文明的外皮，露到表面。20世紀20和30年代，絕望的德國人拋棄了隱藏着原始人性的薄皮或外表。他們發現自己立即就在暴力中獲得了滿足並認同於這一團夥。希特勒的整個活動，包括在紐倫堡的歇斯底里集會、向青年灌輸思想、獵巫和荒唐的種族理論，其中部分是兩次大戰期間那種特有的憂慮促成的。不過，這也體現了對原始時代的仇恨、慾求和恐懼的回歸。這是由大眾暗示和暴民癔症帶來危險和妄想的一個可怕例證。

結語：現在尚存的問題
Conclusion: Current Problems of Survival

　　本書前面部分已清楚地描述了西方"科學"醫學取得的許多傑出成就，尤其是在過去一個世紀前後的成就。即使是允許去考慮植根於世界其他地區不同"傳統"醫學實踐體現出的各種見解，它們也不能替代已被證明的普遍有效治療主要疾病的那些方法，也沒有任何能與之相比的體系在全球範圍取得了類似的影響。在這一點上，可以理解為什麼研究現代西方醫學史的學者會經常使用"進步"這一說法。然而，本書還要說明，對某種病完全征服的例子仍然很少，在其他許多方面以及在整體上征服疾病都太複雜，因而，不能只是將其看做是不斷取得進展的簡單的編年敘事。

　　比如，我們需要注意，醫學科學的發展隨之也帶來了難以解決的社會、經濟和倫理難題。像查德威克和西蒙這些人早期取得的成就，促使保健成為整個社會不斷肩負的一種責任，這是 20 世紀在更為權威的醫學與國家權力擴大之間建立更密切聯繫的基礎，無論是自由的還是專制的政權都是如此。幾乎不管其有什麼特定的意識形態立場，政府都成為為防治疾病進行集體動員的主要代表者。這一過程還受到醫生（他們本身這時已愈來愈多地成為國家僱員）傾向於使政策問題在廣泛範圍內更多醫學化的促進，這些政策問題有環境質量、飲食質量、住房質量和工作條件以及建立"福利"社會的其他內容。

這些發展意味着，到 20 世紀末，醫學在經濟增長中已成為一個大產業。對此，在每個例子中，公共和私人花費間的特定平衡不管是多少，在西方國家最富裕的社會中，保健開支普遍已增加到接近國民生產總值的 10%。然而，在開風氣之先的美國，這一數字已螺旋上升到 15%，自 70 年代初以來翻了一番。這一統計數字顯示，這些社會現在正在盡力攻克疾病，使人們身體更健康、壽命更長，這一過程使醫療成為一項主要的服務業。醫療行業的運轉需要大量投資於各種形式的職業教育以及建造和管理複雜的醫院系統，這些醫院現在都成了使用"高技術"新設備的主要場所。醫療還成了向在醫療保險和藥品生產這樣的領域中積極經營的公司提供巨大商業利潤前景的行業。病人更為常見的只是成為會計算賬的對象，尤其是在那些想要使私人利潤最大化或是要限制公共開支的人看來更是這樣。

在公共開支範圍內，對 20 世紀後期衛生經濟方面衝擊最大的是西方社會幾乎無限制地要求改進醫療保健的傾向。就以心臟手術和器官移植兩者為例，近 30 年來科技的進步激發出的希望，要遠遠超過現有可用資源能夠滿足的程度。在其他許多方面，期望值上升不斷與費用增加發生衝突。在新千年即將來臨之際，現在生活在西方的人一般要比以前任何一代人都更健康。同時，他們卻又大概要比生活在過去時代的人更擔心自己的健康。在他們關心的問題中，比較合理的是對醫療服務"定量配給"的擔憂，這已成為公眾辯論時的一個重要話題。在一個活得更長、活得更老的居民對資源有更多需求時，這是一個極為迫切的問題。但與那些生活在貧窮大陸上的人的命運相比，這些憂慮似乎只是相對富裕的西方因難以選擇而產生的副作用。到 20 世紀結束時，在非洲、亞洲和拉丁美洲廣大地區，長期的政治不穩定和無法解決的貧困排除了所有這樣的選擇，對醫學科學的傳播施加了非常徹底的限制，而醫學科學是戰勝疾病潛在的決定手段。即使在今天，正如拉爾夫·達倫多夫提醒我們的，"全球化社會有一個貧窮和死亡的底層"。

在 20 世紀末，現有的一些困境和憂慮與對科學諸多方面一種可以理解的矛盾態度有聯繫。在醫學領域，從對"醫原性"病症的關注來看表現得特別清楚，"醫原性"病症就是由醫生自己造成的疾病或殘疾。這樣的問題體現出現代治療方法的複雜性。一種藥在治療某種疾病時是無價之寶，但有時也有危險的傷害。在現代，最糟糕的例子可能是薩立多胺，這種藥 20 世紀 50 年代先在西德使用，後來很快成為廣為使用的非處方藥。作為一種催眠藥，它似乎比任何巴比妥類藥物都更安全，不會上癮，其安全劑量

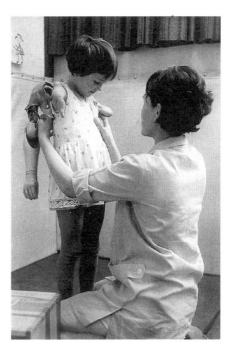

服用反應停造成兒童畸形。

之大足以使得實際不會因服用過量有危險。大約在 1960 年前後，西德的兒科醫生遇到了從未見過的大批嬰兒短肢畸形，又稱"海豹肢畸形"，這是

當時罕見的一種先天性長骨缺失毛病，病兒在軀體上直接長出正常的或殘疾的手腳。這些孩子還有眼、耳和心臟畸形以及消化道和泌尿道畸形。事情很快就真相大白，這些畸形與一種叫反應停（Contergan）的零售藥有關，這些孩子的媽媽在懷孕早期（第二個月是關鍵階段）都服過這種藥。其他以薩立多胺為主的製劑，比如在英國出售的迪亞塔瓦和在美國試用的克瓦東，很快也造成了類似的影響。據估算，約有 20% 在懷孕相關階段服這種藥的婦女生了畸形後代。西德衛生部長估計，大約有 1 萬不正常嬰兒出生，其中只有一半活了下來。英國生了 500 個畸形兒，死亡率與西德大致相當。

薩立多胺是某些藥物的一個突出例子，這些藥物出現是為滿足某種公眾需要，給生活增添某種便利，替代某種更危險的製劑，但它帶來了某種想像不到的更嚴重危險。在其他例子中，對藥物的副作用尤其是長期副作用的懷疑經常被談到，但很少有肯定結論。在使用"女性口服避孕藥"的整個過程中，人們都存在着這樣深深的憂慮。這種藥使用很方便，在 20 世紀後期對性"放縱"的迅速發展起了主要作用。類似的憂慮還可能與偉哥有關，這是一種"治療"男性性無能的藥物，1998 年公佈時大加宣傳，似乎注定很快就成為尋歡用品而不是嚴格的藥用。更為常見的是，醫生習慣於過多使用抗菌素，這也有嚴重危險。經常是病人自己點名想要這類化學"常用藥"，這並不能減輕它帶來的後果。實際上，他們更易受某種細菌基因突變的傷害，這種細菌會增強對抗菌素的抗藥性，而這些抗菌素以前的抗菌效果都不錯。

這一特定問題還具體表現為，到 20 世紀末，醫生和遺傳學家之間相互影響的領域進一步取得科學突破的前景看來最為光明，但自相矛盾的是其威脅也最大。差不多在克里克和沃森破譯 DNA 後兩代人的時間裏，與消滅疾病有關的主要科學的主攻方向對準的是分子而不是細胞。這重點體現在人類基因組計劃中，這是 80 年代發起的一項國際合作計劃，準備在 21 世紀開頭幾年內完成。科學家們計劃繪出每個染色體上每個基因的位置，繪製出通過 DNA 雙螺旋線的 30 億分子 "鹼基對" 順序。在確立了這樣一個基體後，調查者希望能夠確定任何疾病或是遺傳缺陷的準確基因源。此後，最迫切的挑戰不可避免就會是控制遺傳材料，以便消除有毛病的缺陷。到 2000 年，基因篩選已被逐漸用於懷孕時檢查未出生的孩子，看他是否會得囊性纖維變性或血友病這樣的遺傳病，而用於成人的檢驗技術也可加以完善，以便能夠預測某個人是否容易受像亨廷頓舞蹈病或早老性癡獃病這些病最終的攻擊。在這樣的情況下，與現代科學潛力有關的倫理困境似乎在不斷加深，尤其是對基因程序適當改動的性質和限制提出的疑問。在什麼環境下，有益的 "改善" 會成為潛在的危險 "亂弄" 呢？例如，在克隆羊後，一個赫胥黎式 "勇敢的新世界" 令人恐怖的前景似乎離我們愈來愈近，在這個世界裏，人類的嬰兒可以經過 "生物工程化" 後具有預想的完美體質。有關營養的類型也與此相似，人們愈來愈害怕：穀物轉基因技術的迅速發展受到對眼前商業利潤考慮的最強烈的驅動，卻對觸發預想不到、無法控制且長期損害健康的危險沒有予以足夠重視。

✣ ✣ ✣

到 20 世紀 70 年代末，有些人傾向於用大獲全勝的說法描述人類征服疾病的歷史，看來他們這樣說也有些具體根據。正如我們在第四章中提到，最明確的是這時已到全球消滅天花災禍的最後階段。在這樣無可懷疑的基礎上，人們會認為現代醫學科學將繼續迅速地全面取得征服傳染病的重大進展。然而，人們會事後聰明地看到，用相對較嚴謹的說法，天花實際上是比較容易擊中的靶子。正如傑夫·沃茨所說："天花沒有動物充當病原儲存；這種病容易識別、診斷；有很有效的疫苗對付它；大家都很害怕這種病。"而對其他許多類似的主要疾病就遠沒有這麼湊巧。而更關鍵的是，這些因素（在剛開始，對疾病的害怕簡直就是純粹的無知）都沒有被立即用於一種特定傳染病，這種病在人們贏得天花戰役勝利後很快就被發現是對全球健康新的嚴重威脅。

這種病很快被稱為艾滋病（獲得性免疫缺損綜合症）。阿倫·M·布蘭特對艾滋病爆發時機的歷史意義做了這樣的評價："這種病出現於對傳染病相對較為志得意滿的時刻，尤其是在發達世界。不像 1918 — 1920 年的流感有這樣大的潛在破壞力。西方的發達世界在健康上已經歷了從傳染病為主到慢性病為主的轉變，開始關注自身的資源，並注意常規的非傳染性疾病。於是，艾滋病就出現在這一歷史性時刻，這時對應付公共衛生這方面的危機還缺少社會經驗和政治經驗。" 在 1980 年開始的調查初始階段，這一問題的性質和潛在規模都沒被充分意識到。雖然幾乎可以肯定有幾例更早但沒診斷出來的病例，但問題在於這些讓人困惑的免疫缺損病例最早是在洛杉磯人數不多的男同性戀住區發現的，後來又在舊金山和紐約的同類住區發現病例。沒多久，同樣的問題又在歐洲的主要城市出現。在早期階段稱呼這種病的名稱有 "同性戀病" 和 "GRID"（同性戀相關免疫缺損）。患者表現出對疾病的抵抗力大為降低，尤其是對肺炎和肺結核。到 1983 年，致病體被確認是一種核糖核酸逆轉錄酶病毒，後來稱之為 HIV（人體免疫缺損病毒），傳染手段是通過血液和其他體液傳播。另外，讓人感到焦慮的是，有些人在出現得病的任何跡象前好幾年就可能已攜帶了病毒（因而是在悄悄傳播），一旦出現症狀，他們最終肯定會死於艾滋病。

這種病是前所未有的，至少在具體識別的對象和傳播形式上以前沒有見過。然而，病毒專家很快就明確表示懷疑，他們認為 HIV 已經存在了很長時間。 1985 年，在中非西部發現的第二代病毒（被命名為 HIV － 2）說明，這些類型的病毒可能在這一地區生活的孤立社區中已存在了許多年。

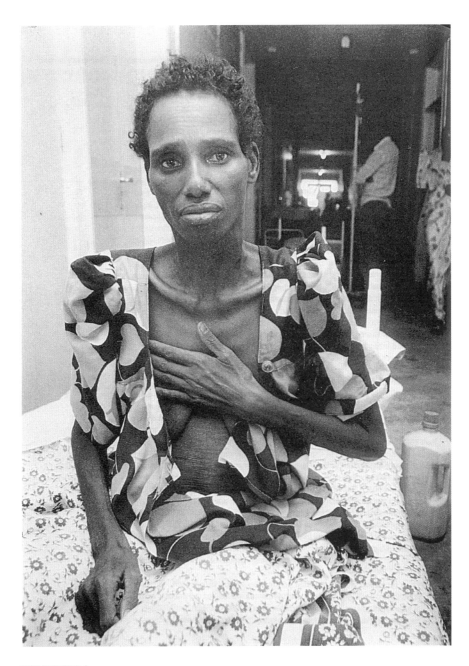

非洲的艾滋病人。

到 90 年代末，在阿拉巴馬大學的協調下，一支國際研究隊伍所做的工作確確實實地表明，人類的得病幾乎肯定是起源於"叢林肉食貿易"的結果，這種貿易在加蓬和喀麥隆這樣的國家極為常見。泛類人猿亞種的黑猩猩與智人基因相似程度很高（98%），黑猩猩長期以來就是一種幾乎與 HIV 一致的病毒的攜帶者。儘管這種病毒看起來對類人猿無害，但一旦通過血液混雜跨越了類別阻隔，它就會將病傳給人，而血液混雜肯定是由屠殺和食用黑猩猩造成的。因此，艾滋病以前未被診斷出，人們以在中非西部肆虐的其他許多傳染病來稱呼它，使它不為人知。它當時是一些自給自足地區的地方病，後來才突破地區界限成為流行病。

艾滋病最終爆發的性質和速度顯示了人們的流動性增強以及其他行為上的改變（包括性行為更加"放縱"），這有助於說明我們所處"全球化"時代的特點。正如威廉·H·麥克尼爾注意到的："艾滋病毒如何避開過去對其棲息地限制的準確傳播路線尚不明瞭，此後它就沿着非洲的牛車路繁衍，再通過飛機傳遍世界，無疑不到 20 年就在全球繁衍。"根本就不用懷疑，以前就有的其他沒有記載的病毒疾病也會有如此的傳播潛力——即使是考慮到已發現的馬爾堡、裂谷、拉撒、埃博拉這些危險熱病在內。這些傳染病已被完全控制住，而還在傳播的艾滋病情況就大為不同。在西方，艾滋病首先主要通過男性間性行為傳播這一點激起了許多人以此尋找替罪羊（就像過去時代對麻風病的反應），自然就指責同性戀不講道德。同樣有害的是，這也使得許多人認為這種磨難就是他們開始想像的"同性戀病"。不管怎麼說，到 1986 年世界衛生組織制定全球艾滋病計劃時，迫切需要提醒公眾意識到的是，艾滋病危險的範圍要廣得多。現在已更為清楚，傳播方式還包括異性性接觸（HIV－2 的病例顯然就是如此）、母嬰之間圍產期的聯繫、輸血以及在靜脈注射非法毒品時共用針頭。另外還愈益明顯，導致艾滋病的病毒要比流感一類病毒能更快突變，而流感這類病毒會轉變為新類型，已經使得要想全面控制它頗為困難。

到 90 年代，流行病學家正在追尋艾滋病在三大地區的分佈類型。在北美、西歐、大洋洲和拉丁美洲的城市部分，傳播的主要動力來自於同性戀，儘管由於靜脈注射毒品造成異性戀傳播率也在上升，而因圍產期傳染又造成兒科病例的數目上升。傳播的第二種類型出現在撒哈拉以南的非洲地區和拉丁美洲大部分農村地區，絕大多數通過異性戀傳播，對男女造成的危害一樣大。第三種傳播地區包括北非、中東、東歐、亞洲和太平洋地區，在那裏艾滋病直到 80 年代中期才出現，主要是通過與以上兩個地區被感染的人接觸得病的。到 1998 年底，世界衛生組織報告，自這種病出現以來，全球死亡人數已接近 1,200 萬，現在還活着的艾滋病患者已經超過 3,000 萬。在 3,000 萬病人中，超過 2/3 是在撒哈拉以南非洲得病的。至少有四個國家——津巴布韋、博茨瓦納、納米比亞和斯威士蘭——成人得病者現在已經超過 20%。儘管加利福尼亞和紐約在 80 年代前期因艾滋病這一嚴重傳染病迅速擴散而成為關注的主要焦點，但必須強調，這一疾病到 90 年代末已成為第三世界的又一主要病患。更為悲慘的是，它現在又以前所未有的有害方式 "返回" 非洲。在 21 世紀初年，艾滋病進一步的迅速且無情的擴散又使這個多災多難的大陸增加了社會和政治進一步不穩定的潛在危險。

為防止艾滋病大流行的威脅，國際上不僅對政府而且對醫學科學所做的動員在許多方面都給人留下深刻印象。正如米爾科·戈爾姆克所說的："現代醫學的偉大——它的高超——或許就體現在能迅速解決像艾滋病這樣的一些複雜問題：它的症狀學和病理學、致病體性質，它的傳播途徑和流行病學的監視。" 不管怎麼說，他也樂於承認，我們在現有情況下也不得不對現有醫學的可悲和低水準感到遺憾，這 "在我們要從了解轉向行動、從知識轉向力量時就顯而易見"。在現代征服疾病的鬥爭中，免疫學發揮的關鍵作用此時最為清楚，現在科學家會突然遇到一種疾病，這種病徹底破壞免疫系統自身的工作。甚至在 20 世紀末，在分子醫學已有新發展的情況下，仍然還沒研究出對付這種特殊疾病的疫苗和治療方法。以"蛋白酶抑制劑"為基礎費用昂貴的藥物治療，在延長艾滋病從傳染到完全發作間的時間上取得了一些成功。即使這些藥物治療有鼓勵人們放鬆對性行為持嚴謹態度的危險，但在經過由公共開支進行大規模健康教育後，仍然在北美和西歐減緩了艾滋病的發展。至於現在世界上最迫切需要從艾滋病傳播中得到解救的那些地區，貧窮繼續限制着它們，使它們得不到任何比避孕套更複雜的預防用品和任何有價值的治療藥物。有數百萬人將注定在與歷史上任何疫病一樣黑暗的"疫病"陰影下進入新千年。

消滅天花這一特定成就激起了人們諸多更大的期望，但因為有艾滋病存在以及其他更為人熟悉的頑疾難以治癒又讓人感到失望。其中一個病是癌症。在西方 20 世紀後期，癌症是激起人們普遍憂慮的疾病，至少在艾滋病的威脅造成人們極度恐慌前是這樣。與艾滋病相比，癌症是一種不傳染的慢性衰竭病，主要受害者都是中老年人。因而頗為矛盾的是，癌症是西方社會普遍趨於長壽的見證者。雖然在古代就已知道癌症，但大部分生活在過去時代的人都不能活得那麼長，以致有可能面對癌症。癌症嚴格地說根本就不是單單一種病，而是包括了許多病，按照世界衛生組織的計算數量超過 100 種。它們共同的特點是，人體失去了對正常細胞分裂過程的控制，最典型的是使得形成腫瘤的細胞增生，散佈開來造成次要傷害。最容易遭受傷害的部位有胃、肺、乳房、頸、結腸、直腸、前列腺和肝。

儘管人類多年來已大量投資於癌症研究，但仍不能基本解釋癌變過程背後的原因，更不用說對其進行任何全面的治療。不過可以肯定，至少在有些癌症中，基因特性或基因突變有可能對致病有着重要的作用，而別的原因有飲食、環境或其他外在因素，這些因素更有可能是誘因。早在 1775年，倫敦的外科醫生珀西瓦爾·波特就已經描述過一種男性生殖器癌症，

津巴布韋宣傳防治愛滋病的廣告牌

這種癌症看來只有掃煙囱工人和其他衣服總是被煤焦油污染的工人會得。自此以後，已知能夠致癌的化學製劑種類大大增加。20世紀20年代，在德國開始提出吸煙和肺癌之間是否可能有特殊聯繫的問題。60年代前期，倫敦的皇家軍醫學院和美國衛生局長咨詢委員會都明確肯定兩者間有聯繫。以後，醫務界就致力於與富有、有權勢的煙草企業家院外集團長期（仍沒有結束）鬥爭，煙草院外集團自欺欺人地否認不斷增加的確鑿罪證，並反對猶豫不決的政府對卷煙課徵重稅。至於核技術，在最近約50年的發展也促使人們對核輻射致癌產生了日益增長且合理的恐懼。人們關注的類似方面圍繞着其他環境問題，比如皮膚癌發病增加與太陽紫外線強度變化之間的關係。到90年代末，據估計當時生活在經濟發達地區的人有1/3遲早會患某種癌病。由於治療主要癌症的最常用的手術、化療和放射線治療還不能對存活率有任何實際的根本改變，其前景看起來讓人感到不安。

　　或許有理由這樣宣稱，癌症在20世紀期間已經代替癆病成為大衛·坎托所說的時代的"主要疾病象徵"。然而，正如我們在第七章末尾看到的，肺結核顯示出的其難以根除的程度要超出醫學專家在一兩代人之前預期的情況。雖然沒有流行，但肺結核仍遠遠沒有被征服，仍繼續頑固地成為一個世界性問題，尤其是還影響着發展中國家的居民。某些主要疾病仍難以根除，比如霍亂，我們已經在第六章中注意到它最近的情況；還有瘧疾，在第八章中我們已探討了它在19世紀非洲探險中所起的作用。在20世紀50和60年代，瘧疾成為一項國際滅絕計劃的對象，目的與最終征服天花類似。可悲的是，消滅瘧疾的戰役只取得了有限的成功。雖然主要在北美、歐洲和前蘇聯大部分地區根除了瘧疾，但在非洲、亞洲和拉丁美洲的大片熱帶和亞熱帶地區，這種病仍是大禍害。蚊子已增強了對殺蟲劑的抵抗力，與之相應的瘧原蟲也對像氯奎這樣的藥物增加了抗藥性，同時國際航空旅行的發展也有可能散佈傳播疾病的昆蟲。在90年代末所做的估計表明，瘧疾患者的人數已經超過 3 億—— 這一數字遠遠超過一代人以前的數目，現在每年至少有 300 萬人死於瘧疾。

瘧疾的意義還體現在，它反映了疾病與近來影響世界生態系統的前所未有的迅速變化間的聯繫。就像萃萃蠅與昏睡病之間的關係，在"全球變暖"的情況下，溫度只升高一兩度就造成了按蚊成功孳生和再孳生區域的明顯擴大。這樣，沒有預料到的氣候轉變也可能導致新類型的旱災和饑荒。在其他環境問題中，突出的是對空氣、土壤和水的污染，尤其是化工產品帶來的污染。有毒氣體的泄漏肯定對消耗大氣上方的臭氧層有影響，因而導致其過濾紫外線輻射的功能降低，使得患皮膚癌的危險增大。最引人注意的可能是，1986 年烏克蘭的切爾諾貝利核反應堆"熔毀"，這一事件預示着對健康的危險已全球化，且健康問題與人類對核能的控制密不可分，甚至是公開宣佈和平控制核能也是如此。

在現在這個千年，對我們這個星球以及我們自己"中毒"的爭論，不能與人口增長對全球環境的影響分開來談。20 世紀醫學取得的成功—— 例如使用抗菌素和免疫技術去對付嬰幼兒死亡災禍—— 最終證明其本身也成為問題的根源。在 1750 — 1900 年間，全球人口大致從 10 億增加到 16 億。1950 年，人口數字上升到 26 億，此後人口數字以前所未有的速度增長，1999 年已超過 60 億。據聯合國組織預測，21 世紀中期，全球人口會達到 90 億，2100 年前後會達到 110 億人的高峰。前面 100 年左右的歷史表明，人類已經處於人口數量大增同時也要顧及質量的一個過程。在統計數字中，可能最引人注目的是，現有和預計增加的人口約有 95% 集中於全球較貧困地區。但這一事實的意義或許在於，在 20 世紀快結束時，這些地區中許多地方不就是艾滋病肆虐最嚴重的地區嗎？甚至就是現在，馬爾薩斯和達爾文的著作仍在提醒我們有這樣的可能，高死亡率—— 不管是艾滋病造成的，還是由當代世界的環境和社會劇變引起的人們預見不到的其他類似疾病造成的

—— 有可能會減緩預計中的人口激增。

由於不斷對疾病開戰，現代醫學 —— 社會、治療和預防 —— 給人類種族提供了過上壽命更長、更健康生活的前景。但在促使全球人口增長的同時，這也造成了或許是無法解決的困難。與此類似，先進技術給許多社會帶來了兩個世紀前實際是無法想像的享受和福利。為做到這一點，它也帶來一些也許無法解決的問題。至於物質的東西，這兩個過程合在一起使人類跑到了自己文明狀態的前面。原始的東西沒有為了安全被深埋，人類會經常像動物一樣生活：不受限制的繁殖，弄髒自己的環境，耗竭自己的資源，不為未來着想。政府告訴我們 "我們要與環境保持和諧"，但這是回避問題。反之，人類必須與自身保持和諧。假如不學會自律，假如解決不了主要是由我們自己製造的困難，那麼我們的問題看來就注定要用更嚴厲的方法去解決，至少是暫時這樣解決。那時解決的手段就必然會在人類的一個或所有古老敵人手中，這些敵人有瘟疫、饑荒和戰爭 —— 與這些《啟示錄》上的騎士一起來的灰馬上還有死亡。

主要名詞中英對照

F

弗拉卡斯特羅，吉羅拉莫　Fracastoro, Girolamo

弗萊明，亞歷山大爵士　Fleming, Sir Alexander

芬萊，卡洛斯　Finlay, Carlos

芬森，尼爾斯　Finsen, Nils

法爾，威廉　Farr, William

法國國王查理八世　Charles VIII, King of France

法國國王查理十世　Charles X, King of France

法國皇帝拿破侖一世　Napoleon I, Emperor of France

非洲　Africa

非洲探險　exploration of Africa

肺炎鼠疫　pneumonic plague

封建主義　feudalism

菲茨羅伊，亨利（里士滿伯爵）　Fitzroy, Henry (Earl of Richmond)

菲利普，羅伯特　Philip, Robert

菲齊克，菲利普・薩因　Physick, Philip S.

腓力斯丁人　Philistines

腓力斯丁人的瘟疫　Plague of the Philistines

斐濟　Fiji

費爾德曼　Feldman, W.H.

費希爾，約翰　Fisher, John

富蘭克林，本傑明　Franklin, Benjamin

G

工業革命　industrial revolution

公共衛生立法　public health legislation

戈爾基，卡米洛　Golgi, Camillo

戈爾加斯，威廉・克勞福德　Gorgas, William C.

戈里岑，尼古拉親王　Golitzin, Prince Nicholas

戈列梅金，伊凡　Goremykin, Ivan

供水　water supplies

哥倫布，克里斯托弗　Columbus, Christopher

格哈德，威廉・伍德　Gerhard, William W.

格萊西，吉奧瓦尼　Grassi, Giovanni

葛洪　Ko Hung

蓋爾，阿瑟　Gale, Arthur

蓋倫　Galen

蓋倫瘟疫　Plague of Galen

H

化學藥物避孕　contraception, chemical

亨特，約翰　Hunter, John

亨廷頓舞蹈病　Huntington's chorea

昏睡病　sleeping sickness 見 trypanoso-miasis

哈欽森，喬納森爵士　Hutchinson, Sir Jonathan

哈維，威廉　Harvey, William

胡斯，馬格努斯　Huss, Magnus

胡騰，烏爾利希・馮　Hutten, Ulrich von

海涅，海因里希　Heine, Heinrich

核輻射　nuclear radiation

華盛頓，喬治　Washington, George

黃熱病　yellow fever

黑死病　Black Death 見 bubonic plague

林德，詹姆斯　Lind, James

朗蘭德，威廉　Langland, William

流感　Influenza

倫敦 "大瘟疫"　'Great Plague' of London

倫琴，威廉·康拉德　Röntgen, Wilhelm Konrad

萊爾德，麥格雷戈　Laird, M'Gregor

痢疾　dysentery

裂谷熱病　Rift Valley fever

落基山斑疹熱　Rocky Mountain spotted fever

雷塞普，費迪南　Lesseps, Ferdinand de

盧卡的西奧多利克　Theodoric of Lucca

盧米斯　Loomis, H.P.

瘰癘　scrofula

癆病　consumption, 見 tuberculosis

鏈霉素　streptomycin

羅，約翰　Roe, John

羅拉德派　Lollards

羅馬帝國　Roman Empire

羅馬皇帝奧略留，馬可　Aurelius, Marcus, Roman Emperor

羅馬皇帝君士坦丁一世（大帝）　Constantine Ⅰ (the Great), Roman Emperor

羅斯，羅納德爵士　Ross, Sir Ronald

羅素，威廉　Russell, William

鐮狀細胞性貧血　sickle-cell anaemia

M

芒圖，查爾斯　Mantoux, Charles

米西，加布里埃爾·德　Mussis, Gabriel de

玫瑰戰爭　War of the Roses

美國的 "禁酒運動"　'Prohibition' in the USA

美國獨立戰爭　American War of Independence

美國內戰　American Civil War

美尼爾氏綜合症　Menière's syndrome

美洲探險　exploration of America

孟德爾·格里高爾　Mendel, Gregor

馬奧尼，約翰　Mahoney, John

馬爾堡熱病　Marburg fever

馬卡爾平，艾達和亨特，理查德　Macalpine, Ida and Hunter, Richard

馬爾薩斯，托馬斯　Malthus, Thomas

馬瑟，科頓　Mather, Cotton

莫爾，托馬斯爵士　More, Sir Thomas

麻風病　leprosy

麻疹　measles

麥角中毒　ergotism

曼，托馬斯　Mann, Thomas

曼森，帕特里克爵士　Manson, Sir Patrick

梅毒　syphilis

蒙塔古，瑪麗·沃特利夫人　Montagu, Lady Mary Wortley

墨西哥被征服　conquest of Mexico

N

女王丈夫阿爾伯特親王　Albert the Prince Consort

內伊，米歇爾元帥　Ney, Marshal Michel

牛痘　cowpox

尼采爾－瓦紹，菲利普　Nizier － Vachot, Philippe

腺鼠疫　bubonic plague

Y

以色列人　Israelites

尤蘇波夫，費利克斯親王　Yusupov, Prince Felix

印度　India

印加　Incas

伊夫林，約翰　Evelyn, John

伊拉斯謨，德西的里烏斯　Erasmus, Desiderius

亞歷山大里亞的阿雷塔歐　Aretaeus of Alexandria

亞歷山大里亞學派　School of Alexandria

英格蘭國王愛德華六世　Edward VI, King of England

英格蘭國王愛德華一世　Edward I, King of England

英格蘭國王查理二世　Charles II, King of England

英格蘭國王亨利八世　Henry VIII, King of England

英格蘭國王亨利七世　Henry VII, King of England

英格蘭國王亨利五世　Henry V, King of England

英格蘭國王亨利一世　Henry I, King of England

英格蘭國王（征服者）威廉一世　William I (the Conqueror), King of England

英格蘭國王約翰　John, King of England

英格蘭女王瑪麗一世　Mary I, Queen of England

英格蘭女王伊麗莎白一世　Elizabeth I, Queen of England

英根豪茲，簡　IngenHousz, Jan

英國汗熱病　'English sweat'

耶爾森，亞歷山大　Yersin, Alexander

約翰遜，塞繆爾　Johnson, Samuel

野口英世　Noguchi, Hideyo

雅典　Athens

雅典瘟疫　Plague of Athens

雅司病　yaws

揚，托馬斯　Young, Thomas

猶太人　Jews

醫原性影響　iatrogenic effects

Z

中國帝王神農　Shen Lung, Emperor of China

張伯倫，尼維爾　Chamberlain, Neville

詹納，愛德華　Jenner, Edward

詹納，威廉爵士　Jenner, Sir William

種痘　vaccination

種族主義　racism

轉基因食品　genetic modification of food

戰壕熱　trench fever

錐蟲病　trypanosomiasis

錐體蟲　nagana

譯者後記

在一場突如其來的"非典"風波已經基本平息之時,我譯完了這本《疾病改變歷史》,等到它出版,或許人們對這一度成為國人最為關注的事件會淡忘一些了。儘管如此,"非典"之災仍給我們留下了深刻的啟示,說明人類對自然尤其是對疾病的征服還遠遠沒到大功告成的時候,甚至,隨着科技進步,人類又會遇到新的亟待解決的問題,特別是與大眾生活息息相關的健康問題。很巧的是,我們從這場意外之變中得到的啟示卻在這本三年前出版的書中論述精詳。痛定思痛,亡羊補牢,在風波底定之際,我們可以平心靜氣地讀點書,從前輩與病魔鬥爭的歷史中有所借鑒,以便更深刻地認識我們與自然、環境和社會的關係。從這一角度考慮,這本書的出版其意深矣。

人類歷史是一個宏大而複雜的系統工程,歷史演進的最終結果受諸多因素的影響。本書則側重於以前史家不夠重視的疾病因素,揭示了疾病對人類歷史的影響,而引用的又往往是鮮為人知的史料,其結論也常常出乎我們意料之外。就以書中重點探討的拿破侖遠征莫斯科大敗而歸為例。我以前讀史時讀到此處時多有不解,以前幾乎百戰百勝的拿破侖為何這次如此大失水準,在擁有絕對優勢兵力的情況下居然一敗塗地,把一支60萬人的大軍幾乎全部葬送在俄羅斯荒原。以前也有史家在試着尋找答案,比如俄國特有的寒冬以及俄國軍民的積極抵抗,這都是原因,但似乎還難說是最主要的原因。此次本書給出了謎底,真正葬送拿破侖大軍的是小小的斑疹傷寒細菌。實際到達莫斯科的拿破侖大軍人數不到10萬人,來去沿途都因病損失了大量兵員。前不久在立陶宛首都維爾納挖掘出的當年拿破崙大軍的叢葬墓，就印證了對這一歷史之謎的解答。

再比如，英國維多利亞女王身帶血友病基因缺陷，這一缺陷在家族內遺傳。受她遺傳的一個外孫女後來成為俄國末代皇后，這一疾病的遺傳鏈傳到了沙皇夫婦唯一的兒子身上，使小皇子得了血友病，而這個皇子又是皇位繼承人。這一寶貝皇子不時發病，病重時甚至生命垂危，皇后為此憂心如焚。"國之將亡，必出妖孽。"末世的俄國出了一個妖人拉斯普廷，他的妖術竟能讓皇子病情有所減輕。當然他肯定用的不是醫術，而是催眠、暗示一類的心理療法。皇后就將這位似乎能保羅曼諾夫王朝香火延續的"聖人"奉若上賓，對他言聽計從。而恰巧沙皇又很懼內，拉斯普廷就通過皇后干預朝政，使得腐敗的俄國政治更為黑暗，終於引發了嚴重危機，最後竟使沙皇統治垮台。儘管不能說拉斯普廷應負全部責任，但平心而論，他的胡作非為在這一政治危機中確實起了關鍵作用。而耐人尋味的是，這一切都起因於皇室的家族遺傳病。這一歷史內幕我以前也有所聞，但本書的敘述最為詳實，分析也最中肯。我想不但一般讀者讀了可以廣見聞，就是史學工作者也可藉此對有關歷史的評說有所補充和修正。

另外，經過這次防治"非典"的全民動員後，大家對公共衛生狀況表現出前所未有的重視。在人們的印象中，西方發達國家一般是環境整潔、講究衛生，殊不知，就在100多年前，這些國家卻是環境污濁，糞便、污水隨意倒入河道，霍亂、痢疾等腸道傳染病四處蔓延。當年，恩格斯寫《英國工人階級的狀況》時就是以此為歷史背景的。1851年，英國為舉辦第一屆世界博覽會才建造了最早的收費公共廁所。時至今日，這些國家為改善衛生條件走過的百多年漫漫長路，值得我們探究，其經驗教訓應有所揚棄地為我所用。這些內容，書中敘述頗多，讀者可以留意。

本書結論部分還特別語重心長地給我們提出一些警示。首先，治病救人的醫學在給人造福的同時也會帶來一些問題，如因治病而引起的"醫原性"疾病，像孕婦服某種藥會造成胎兒畸形。其次，基因技術的發展隱藏着潛在危險，如關於克隆人引起的倫理爭論。兩者，還有艾滋病等難以治癒的新病的出現。另外，人類對癌症、瘧疾等傳統疾病的征服也遠未告捷。最後，人口激增也對健康產生了巨大的影響。這樣嚴肅慎重地提出問題，使本書的價值超出了通常的歷史著作。誠如有的評論者所言，其價值在於"無論是從醫者還是不從醫者，要想理解我們今天的處境，了解我們遇到的所有多種多樣的嚴重問題，只需要閱讀這本特別有趣、寫得極好的書"。

下面談談我個人與醫學以及醫學史間的緣分。我的父母都是學醫出身，兩人曾在醫學院長期任教。我記得兒時家中的書大多是醫學書。少年時我適逢"文革"的書荒之際，當時求知慾正旺，我一度就以讀家中書架上的醫學書為樂。"文革"後期，父親下放當了鄉村醫生，我與他隨行。平時無事時，我就在父親給病人看病時侍立一旁，通過耳聞目睹獲得不少醫學知識。1978年初，我參加剛恢復的高考，語文考試作文題是"苦戰"，我靈機一動，從回憶的庫存裏編了個赤腳醫生治牛皮癬的故事，獲得高分，幸而能進大學歷史系學習。

20年後，1998年我去美國南方的杜克大學訪學，杜克大學歷史系給了我一間辦公室。這間辦公室的原主人是個醫學史專家，當時正在英國某醫學史研究中心訪學。這給我留下的印象是，歐美大學的歷史系都非常重視醫學史研究，將其納入通常的研究範圍。這又勾起我對醫學的留念，也想有機會能為醫學史的研究做些工作。去年，我去英國訪學，在倫敦的科學博物館特意仔細參觀了館裏新設的醫學史展覽。展廳佔了兩層樓，除實物外還製作了幾十個復原醫學史場景的大型模型，栩栩如生，至今記憶猶新。

今年，我終於有機會能為醫學史做些事了，並且做的是很有意義的翻譯工作。這是一本相當值得譯的書，它不是一本一般性的專業技術類的醫學史著作，而是將醫學與歷史有機結合的醫學社會史著作，作者寫得也生動，可讀性較強。為增添其直觀可視效果，我補配了一些與書中內容有關的圖片。周曉政先生翻譯了書中的第五、第七兩章，並為書中醫學術語的翻譯審定費心不少，特此致以謝意。我的研究生熊瑩翻譯了其中第八、第九兩章初稿，為我分勞不少。因限於本人的醫學和語言水準，譯文定會有不盡如人意處，尚望讀者諸君不吝指正。

陳仲丹

書於南京北陰陽營寓所

2003 年 8 月

作者簡介

　　弗雷德里克・F・卡特賴特（Frederick F. Cartwright），倫敦大學國王學院醫學院醫學史系前主任。他還是其他幾本醫學史著作的作者，如《醫學社會史》（1977年）和《現代外科學的發展》（1967年）。

　　邁克爾・比迪斯（Michael Biddiss），英國雷丁大學歷史系教授。他的其他著作有《大眾時代：1870年以來的思想與社會》（1977年）、《種族形象》（1979年）、《撒切爾主義：個性與政治》（合著，1987年）和《紐倫堡審判與第三帝國》（1992年）。

譯者簡介

　　陳仲丹，1956年6月生於江蘇省鎮江市，1978年進入南京大學歷史系學習，1991年南京大學世界史專業博士研究生畢業，後留校任教，次年獲得史學博士學位。現為南京大學歷史系教授、博士生導師。已發表《加納：尋找現代化的根基》、《後殖民理論》等論著、譯著十餘種，近年來轉而關注圖文書的編寫和研究工作，留心收集有關歷史的各種圖像文本，已編寫出版《畫中歷史》（合著）、《圖說兵器戰爭史——從刀矛到核彈》等數種圖文讀物。

　　周曉政，1960年5月生於江蘇省南京市，1978年進入南京醫學院學習，畢業後留校任教，現為副研究員。主要從事醫學情報研究工作，已出版《醫學信息檢索教程》、《太平洋戰場》等著作。